AF404839

A. LE MOINE

CAPITAINE DE FRÉGATE, LICENCIÉ EN DROIT

PARIS

BERGER-LEVRAULT ET Cie, ÉDITEURS

5, rue des Beaux-Arts, 5

MÊME MAISON A NANCY

BIBLIOTHÈQUE DU MARIN

Sous ce titre, on a entrepris la publication d'un certain nombre de volumes, dans lesquels seront traitées toutes les questions offrant un intérêt spécial pour les personnes qui exercent les professions maritimes et plus particulièrement pour les officiers de marine, les ingénieurs, les constructeurs, les mécaniciens, etc., etc.

Les matières qui font l'objet de l'enseignement de l'École navale et de l'École d'application, sauf, bien entendu, les sciences générales, comme l'analyse et la mécanique, la physique et la chimie, auront leur place marquée dans la *Bibliothèque du marin*.

Les volumes seront illustrés chaque fois que des figures ou gravures devront aider à l'intelligence du texte.

Le prix de chaque volume sera fixé suivant son importance.

La nomenclature suivante donnera une idée du plan de la collection ; toutefois, cette liste n'est pas définitive et d'autres titres pourront trouver place dans la *Bibliothèque :*

Titres des ouvrages.

Astronomie et navigation.
Hydrographie.
Météorologie nautique.
Électricité avec ses applications à la marine.
Théorie du navire. (En vente).
Constructions navales.
Machines marines.
Artillerie navale.
Connaissances militaires nécessaires aux officiers de marine.

Histoire des flottes militaires.
Précis de droit maritime international et de diplomatie. (En vente.)
Manuel du service à la mer, à l'usage des commandants comptables et des officiers d'administration.
Organisation maritime des principales puissances.

Les ouvrages marqués d'un astérisque sont en cours d'impression ou en préparation.

Volumes parus dans cette collection :

Théorie du navire, par E. Guyou, capitaine de frégate, suivie d'un traité des évolutions et allures, par le contre-amiral Mottez. Un vol. in-8° de 418 pages, broché. — Prix . . . . **6 fr.**
    Ouvrage couronné par l'Académie des Sciences.

Précis de droit maritime international et de diplomatie, d'après les documents les plus récents, par A. Le Moine, capitaine de frégate, licencié en droit. Un vol. in-8° de 360 pages, broché. — Prix . . . . **6 fr.**

PRÉCIS

DE

DROIT MARITIME INTERNATIONAL

ET DE DIPLOMATIE

NANCY — IMPRIMERIE BERGER-LEVRAULT ET Cie.

BIBLIOTHÈQUE DU MARIN

PRÉCIS

DE

DROIT MARITIME

INTERNATIONAL

ET DE DIPLOMATIE

d'après les documents les plus récents

Par A. LE MOINE

CAPITAINE DE FRÉGATE, LICENCIÉ EN DROIT

BERGER-LEVRAULT ET Cie, LIBRAIRES-ÉDITEURS

PARIS	NANCY
5, RUE DES BEAUX-ARTS	MÊME MAISON

1888

AVANT-PROPOS

Si l'humanité était parfaite, les règles internationales ne subiraient aucun changement notable.
Les principes, une fois établis, seraient un guide
à l'aide duquel chaque communauté politique dirigerait ses actions. Dès lors, il n'y aurait plus ni revendications ni complications. Il s'établirait naturellement
une espèce de solidarité entre les États. L'intérêt particulier céderait devant l'intérêt général et, au lieu de
se contredire et de se combattre, les nations se prêteraient un mutuel appui, c'est-à-dire un concours
efficace et loyal. Les conflits internationaux disparaîtraient des graves préoccupations de nos hommes
d'État.

Tel est le *desideratum* dont la réalisation serait un
bien pour toutes les communautés politiques. Mais,
dans cet ordre d'idées, ce but, facile à concevoir et à
exposer, est, dans la pratique, difficile à atteindre.
C'est une des causes pour lesquelles les puissances,
d'un commun accord, admettent l'utilité de certaines
règles. Il faut donc les étudier pour en faire un bon
usage et en tirer un bon parti. Mais, sommes-nous
bien préparés à cet effet? Notre éducation internatio

nale est-elle ce qu'elle devrait être? C'est douteux.
Les Allemands, gens pratiques et méthodiques à la
fois, ont cent fois raison d'initier de bonne heure aux
affaires spéciales d'outre-mer leurs jeunes officiers de
marine. Depuis longtemps, ils ont doté l'Académie
impériale de la marine, à Kiel, d'un cours spécial de
droit maritime international. Ils pensent, justement,
selon nous, que ces derniers doivent connaître les
règles qu'ils auront l'occasion d'appliquer dans le cours
de leur carrière. A défaut des guerres de conquêtes, il
existe, dans les pays intertropicaux, des rivalités d'influence au sujet desquelles une intervention est souvent nécessaire. Des litiges y sont fréquents, et, dans
l'un comme dans l'autre cas, il faut du flair, du tact,
du bon sens et surtout savoir jusqu'où l'on peut aller.

Mais pourquoi, en ce qu'ils ont de bon, n'imiterions-
nous pas nos voisins d'outre-Rhin? N'y a-t-il pas,
dans le programme déjà si chargé de l'École navale,
une matière moins utile à connaître que certains éléments de droit maritime international?

Par ailleurs, le mouvement universel d'expansion
vers des contrées lointaines est un avertissement dont
il faudrait tenir compte. Bientôt l'action et les intérêts de toutes les puissances se trouveront en contact
et en lutte sur tous les points du globe à la fois. Dans
ces conditions, la prudence la plus élémentaire nous
conseille de préparer des collaborateurs vigilants : une
politique extérieure n'est productive qu'à cette condition. Le chiffre total du commerce de nos possessions
d'outre-mer (Algérie et Tunisie exceptées), tant importations qu'exportations, atteint 474 millions, près

d'un demi-milliard de francs, et leur population s'élève
à plus de onze millions d'habitants. Ces éléments de
statistique semblent justifier l'utilité d'une collabora-
tion internationale, si cette expression est permise,
en rapport avec les exigences de la situation nouvelle.

Entretenir des relations un peu partout pour chercher de nouveaux débouchés à nos produits, c'est
préparer un avenir meilleur et accroître la richesse
nationale. L'Angleterre, notre voisine et rivale, en
est profondément convaincue ; mieux que toute autre
puissance, elle connaît admirablement les secrets de
cette politique pratique, appelée aussi politique des
résultats. En ce qui nous concerne particulièrement,
notre rôle au loin ne manque pas d'intérêt : ne devons-
nous pas empêcher qu'on ne mette la main sur nos
intérêts légitimes ; éviter les conflits dans nos rapports
internationaux ; améliorer la situation de nos possessions dans la mesure de ce qui est possible et permis ;
protéger nos nationaux et défendre leurs droits ; exercer une influence sur la solution des problèmes divers
qui ont pour objet d'accroître notre prestige ; respecter, en temps de guerre, les intérêts des neutres, etc.
etc..... ? Comme on le voit sans peine, le sujet est assez
vaste. Nous en examinerons tous les côtés. Ces questions exposées méthodiquement pour être ensuite étudiées, exercent la sagacité à mesurer les obstacles et à
prévoir les difficultés, surtout lorsqu'elles sont appuyées d'exemples, de citations, de règles.

Certes, les ouvrages que nous trouvons dans nos
bibliothèques de bord (Ortolan et Hautefeuille), ont
encore quelque attrait ; mais, dans quelques-unes de

leurs parties, ils ne sont peut-être plus en complète harmonie avec les tendances et les doctrines de notre temps. Aujourd'hui, grâce aux fréquents échanges de vues des chancelleries et aux facilités nouvelles des communications, le droit maritime contemporain, c'est-à-dire postérieur à la déclaration de Paris du 16 avril 1856, recueille à tout instant des éléments nouveaux qui, pour nous servir d'une expression à la mode, ne sont pas des quantités négligeables. Il y avait donc lieu de faire un nouveau guide pour nos camarades, c'est-à-dire un simple exposé des principes du droit maritime international, sans aucune autre prétention, en le dégageant de tout ce qui est suranné dans la pratique. Par contre, les résultats des événements importants de notre temps y ont trouvé une grande place.

Notre dernier différend avec la Chine a été l'objet de notre attention. Le blocus de Formose, l'*Enlistment act*, les controverses qui ont eu lieu au sujet du riz considéré comme contrebande de guerre et l'exercice du droit de visite tel qu'il a été pratiqué dans l'escadre du glorieux et regretté amiral Courbet, devaient nécessairement nous intéresser. Il y avait, en outre, une place importante à donner aux rapports de la marine de guerre avec les représentants diplomatiques, les consuls et agents consulaires. La question des auxiliaires de la marine de guerre, en cas de conflit, n'est traitée dans aucun ouvrage : elle méritait cependant qu'on s'en occupât.

La diplomatie, cet art difficile entre tous, a été également étudiée. Ne sommes-nous pas mêlés, dans

les pays que nous parcourons, aux événements diplomatiques qui s'y accomplissent, et ce sujet n'est-il pas
intimement lié aux accords ou arrangements internationaux? C'est, dans une certaine mesure, le corollaire
du droit international; n'en rien dire, ce serait, il
nous semble, éliminer un important facteur des problèmes posés et à propos desquels nous avons essayé
de trouver une solution pratique.

D'autre part, les gouvernements se concertent fréquemment dans le but de régler à l'amiable les différends qui surgissent inopinément. Presque toujours
ces efforts sont couronnés de succès. Maintenant on
recherche sérieusement comment un tribunal de la
paix publique pourrait être organisé. C'est encore
une question importante. Partout, les partisans de la
conciliation en matière de conflits internationaux combattent ardemment le recours à la force, qui ne démontre pas de quel côté est le droit. La marche pro-
gressive de l'humanité et la solidarité des nations se
rencontrent sur ce terrain, parce que le juste est utile
et l'utile ne peut pas se passer du juste. — C'est un
progrès véritable et une preuve que le droit n'est pas
un but par lui-même, mais bien plus une condition
essentielle pour la réalisation de ce qui peut contribuer
à la conservation de la vie humaine. Unir peu à peu,
par des liens juridiques, l'humanité entière, telle est
la pensée d'un grand nombre d'esprits d'élite, de beaucoup d'écrivains dont les œuvres sont connues. C'est
une nouvelle constitution à élaborer, dont le tribunal
international sera le point dominant; celui-ci sera
un organe d'expression et le dépositaire du principe

juridique de la communauté des intérêts des nations. Dès qu'il fonctionnera, les États sentiront leur sécurité augmenter ; l'organisation de leur existence ne sera plus à la merci d'un rêveur ambitieux ! Pourquoi un État ne reconnaîtrait-il pas ses torts quand il en a ; n'est-ce pas aussi honorable pour lui que de remplir ses engagements quand il en a pris ? A notre époque, la guerre ne devrait jamais être déclarée qu'après épuisement de tous les moyens de solution pacifique : recours au hasard, négociations directes, bons offices, médiations, conférences, congrès, etc., etc. L'arbitrage, surtout, est un excellent régulateur des conflits publics et privés ; il offre de nombreux exemples de difficultés aplanies et de litiges internationaux arrangés. Kant, un esprit distingué de notre époque, croit que nous nous acheminons vers la paix perpétuelle ; que la marche vers ce but s'accélère à mesure que les nations pensent et vivent plus longtemps, car elles veulent avant tout conserver leur prospérité et leur indépendance. Dans le traité de commerce et d'amitié récemment conclu entre la France et l'Équateur, il est spécifié qu'en cas de dissentiment entre les deux parties contractantes, le différend sera soumis à l'arbitrage d'une troisième puissance. C'est la première fois qu'une clause de cette nature est insérée dans un traité.

Ces aperçus sur les tendances pacifiques de notre époque ne doivent pas nous empêcher d'étudier tout ce qui est relatif à l'état de guerre et à ses conséquences. Rien, dans la situation actuelle de l'Europe, n'annonce une solution prochaine du problème posé par les esprits éclairés cités à l'instant. Trouver la manière de tuer la plus grande quantité d'hommes dans le temps le plus court ; d'amener rapidement le plus d'hommes possible sur un point déterminé du champ de bataille ; de faire, en un mot, un effort suprême avec quelque espoir de succès, telle est aussi la préoccupation, dans un autre ordre d'idées, d'un nombre considérable d'hommes éminents. Ces efforts simultanés, contradictoires dans une certaine mesure seulement, ont leur raison d'être. Ils n'ont rien de chimérique ; les uns et les autres, quoique visant un but différent, sont nécessaires : donner satisfaction aux intérêts de la société humaine ; travailler en vue de son bien général ; chercher les moyens de régler les litiges, c'est-à-dire d'épargner les vies et les fortunes et fortifier cependant les États contre les périls de l'avenir, sont des sentiments élevés qui concourent ensemble au succès d'une cause dont le but est digne de séduire les hommes véritablement justes et désintéressés.

Plusieurs jurisconsultes d'une grande valeur se sont occupés aussi, au point de vue du droit des gens, de l'entrée des torpilleurs dans les combats sur mer. Suivant eux, et nous partageons leur manière de voir, ces nouveaux éléments ne peuvent rien modifier, quant à ce qui concerne la doctrine admise. Ces petits navires de guerre, aussi bien que les cuirassés, n'auront point, le cas échéant, pour mission de couler les navires de commerce des belligérants. Comme par le passé, les ports sans défense seront soumis au régime des villes ouvertes dans les combats sur terre. Il existe toujours, entre les nations civilisées, *un engagement tacite* de

respecter les usages reçus, *sauf déclaration contraire.*
Certes, les lois de la guerre permettent de réduire par
la force les villes ennemies, ouvertes ou fortifiées, qui
ne se soumettent pas de plein gré ; mais elles sont en
communauté d'idées avec les prescriptions de l'humanité pour protéger contre la violence les villes qui ne
résistent pas. Il est généralement admis que les effets
d'un bombardement doivent être limités aux fortifications et à leurs dépendances. A la guerre, les combattants sont seuls en cause ; la vie des non-combattants
doit être conservée. C'est une violation du droit et un
crime que de frapper ceux-ci directement et volontairement. Quant à la guerre sur mer, on peut affirmer
qu'elle sera toujours soumise à des règles, parce que,
comme le dit fort bien M. Desjardin dans sa *Jurisprudence internationale,* le droit des gens n'est pas seulement une doctrine philanthropique, c'est aussi le
bouclier de tous les intérêts. Nous ne partageons pas
les idées émises dans une brochure intitulée : *La Guerre
navale* [1], où l'auteur anonyme oppose incessamment
« à la *grande guerre* la guerre *industrielle,* celle
« qui, visant les richesses de l'ennemi, les frappent
« partout où elles existent, sur mer par la course, sur
« les côtes, à terre, par la destruction des ports sans
« défense ». Dans cette guerre sans merci, atroce,
nous voyons, ajoute le même auteur dans son second
opuscule *Marine et Colonies* [2], « la sanction suprême
« de la loi du progrès, dont le dernier mot est l'aboli-

---

1. Une brochure chez Berger-Levrault et Cie. Prix : 1 fr. 25.
2. Une brochure chez Berger-Levrault et Cie. Prix : 1 fr. 50.

« tion de la guerre ». C'est un point que nous examinerons.

Les questions de droit sont moins ardues qu'on ne le suppose. Avec un peu de bon sens et de jugement on en conçoit assez vite l'esprit, le caractère distinctif. Mais, quand on veut les étudier pour les commenter ensuite, pour en tirer un enseignement, c'est un peu moins simple. On y parvient tout de même avec quelques efforts et de la ténacité : en restant juste, en oubliant ses prédilections personnelles. L'impartialité, en semblable matière, est nécessaire ; elle est, selon nous, la principale règle de conduite à laquelle il faut savoir se soumettre. Par ailleurs, d'un bout à l'autre de notre étude, nous n'avons pas oublié un instant que le droit positif est, pour ainsi dire, le régulateur du droit maritime international. Quant aux règles que nous y avons formulées, elles sont empruntées aux auteurs nouveaux les plus compétents d'une part, et à la pratique internationale de l'autre. Dans le doute, nous avons eu recours à une discussion succincte ; à des exemples puisés aux meilleures sources et à des comparaisons appuyées de précédents, c'est-à-dire à l'intervention des compétences techniques ; nous avons cité des auteurs, invoqué des analogies, cherché, en un mot, dans le passé, la leçon du présent. L'histoire est toujours une institutrice de haute valeur. En procédant ainsi, nous pensons avoir rendu service à tous ceux qui vont au loin servir et défendre au besoin les intérêts de notre chère France !

A. Le Moine.

PRÉCIS

DE

DROIT MARITIME INTERNATIONAL

ET DE DIPLOMATIE

PRÉLIMINAIRES

Sommaire. — Définitions. — Droit positif. — Droit des gens. — Droit international public. — Droit international privé. — Droit maritime. — Droit maritime public international. — Sources, caractères et buts du droit international. — Droits d'une nation. — Rapports des États. — Représailles. — Rétorsion. — Droit conventionnel et droit coutumier. — Arbitrage. — Des différends internationaux. — Violation du droit international. — Fondements du droit international. — Opinion de plusieurs auteurs à ce sujet.

Le mot Droit, *dirigere*, diriger, trace les règles du juste et de l'injuste et dirige l'homme dans la voie qu'il doit suivre.

Le droit naturel est intimement lié à la morale. Le droit positif s'en écarte sous bien des rapports : la morale engendre des devoirs, tandis que le droit positif n'engendre que des obligations.

Les lois de la morale sont universelles. Les lois positives sont particulières et n'obligent que ceux pour lesquels elles ont été faites. Les premières sont immuables ; les secondes subissent fréquemment des changements.

Le droit positif, dont nous aurons à nous occuper plus

particulièrement dans le cours de notre étude, est l'ensemble des lois par lesquelles le législateur humain donne une sanction aux préceptes du droit naturel, en même temps qu'il en déduit les conséquences. Son but est d'arranger les lois naturelles aux mœurs du temps et de déterminer les formalités à suivre pour maintenir et faire valoir nos droits. La mobilité de ces lois naturelles ne doit pas nous étonner puisque l'homme se perfectionne chaque jour. Il en résulte que les idées au point de vue de la justice changent et se développent proportionnellement aux connaissances que nous acquérons. M. Oudot, dans ses *Premiers essais de philosophie du droit*, dit que le droit positif n'est *qu'un essai progressif de la distinction du juste et de l'injuste*. Ces raisons, et bien d'autres, démontrent que les règles relatives aux rapports des nations entre elles, règles variables suivant les traditions, les mœurs, les traits caractéristiques, les progrès des divers peuples, sont essentiellement positives et doivent être envisagées et étudiées au point de vue du droit positif.

Le droit des gens, appelé dans la langue moderne « droit international », est l'ensemble des lois d'après lesquelles les nations, considérées comme individus, règlent leurs rapports entre elles. Il se divise en droit international public et en droit international privé.

Le droit international public s'occupe principalement des rapports de nation à nation.

C'est un ensemble de règles, dit Lorimer, traitant des obligations mutuelles des États, des devoirs et droits qu'ils ont à remplir et à défendre les uns à l'égard des autres.

Le droit international privé régit les rapports qui existent entre particuliers appartenant à des nations différentes. Nous y aurons recours à propos des tribunaux des prises, car, dans l'espèce, les intérêts des deux parties en présence sont réglés suivant le droit international public pour l'une et le droit international privé pour l'autre.

Le droit maritime comprend les règles juridiques des

relations maritimes : il est tributaire du droit privé, du droit public interne et du droit des gens.

Le droit maritime public international embrasse les règles juridiques qui servent aux relations internationales ayant lieu par la mer. Il est appelé quelquefois : « Droit des gens de mer ».

Dès que les communautés politiques furent établies et reconnues, le droit des gens fut admis comme une chose nécessaire. Aujourd'hui, dit Montesquieu, toutes les nations ont un droit des gens, jusqu'aux Iroquois. Mais il est bien difficile de déterminer exactement l'époque à laquelle remontent les premières lois dont les prescriptions relatent une indépendance et une autorité acquises par les premières nationalités. Les lois Rhodiennes sont cependant citées comme étant la source de la jurisprudence maritime. Le *Guidon de la mer*, traité de droit maritime, publié dans la seconde moitié du xvie siècle, fut une œuvre de grande valeur. Plusieurs de ses dispositions sont encore quelquefois invoquées. L'Ordonnance de la marine de 1681 en est, pour ainsi dire, la reproduction. Le *Jus gentium* des Romains, à l'époque où il parut, était loin d'être un droit international positif fondé sur le consentement mutuel des peuples ou sur les pratiques généralement admises. Plus tard, Rome devint néanmoins la ville du droit par excellence.

Les œuvres des publicistes ont une grande autorité en matière de droit international. « Si les principaux publi-« cistes, dit Kent, sont d'accord sur un principe, la pré-« somption en faveur de la légitimité de ce principe aura « une force telle qu'il ne pourrait être violé que par une « nation qui se ferait un jeu de la Loi et de la Justice. »

Les traités résolvant une question d'une manière uniforme sont considérés comme traduisant l'opinion même des nations sur la matière. L'histoire des guerres, des traités de paix et de commerce, des négociations internationales ; les papiers d'État, la correspondance diplomatique, mentionnent des précédents précieux à consulter. Les lois ou ordonnances des États souverains, relatives aux prises maritimes en temps de guerre, lorsqu'elles ont un caractère général et non local, renferment un enseignement pratique.

Dans plusieurs cas de différends internationaux, on peut invoquer comme principe d'autorité les lois, les règlements commerciaux des États et aussi les instructions ou ordres de service donnés en temps de guerre aux croiseurs de la marine militaire.

Toutes les décisions des questions qui ont été l'objet d'un arbitrage sont des sources sûres du droit international. Les consultations des jurisconsultes ou des légistes renommés ont également une grande valeur.

Les ouvrages des auteurs les plus accrédités sont toujours consultés avec fruit pour résoudre une difficulté. Presque tous admettent que les traités ont, en matière de droit international, une valeur considérable.

Les lois internationales diffèrent essentiellement des lois civiles, politiques ou administratives. Leur caractère repose sur une base spéciale. Elles sont non seulement obligatoires moralement, mais elles le sont aussi matériellement. Il n'est pas une nation qui oserait, dans ses relations extérieures, violer les principes de droit reconnus et acceptés des autres peuples. Un acte de piraterie, par exemple, mettrait au ban des nations civilisées un État qui s'en rendrait coupable.

Les États ne peuvent être punis pour avoir dérogé aux principes du droit international, parce que les relations de droit pénal, qui existent entre les hommes d'un même pays, n'existent pas entre les gouvernements. Toutefois, un État offensé a le droit non seulement de demander une réparation, mais encore de l'obtenir par la force. Il en résulte donc une pénalité, un châtiment pour l'offenseur.

Un droit appartient encore au caractère général des lois

internationales : c'est le droit international particulier, qui est déterminé par les actes volontaires des États, les pratiques suivies, les principes admis dans certains cas, les règles de courtoisie traditionnelles, les rapports internationaux, spéciaux ou transitoires.

En thèse générale, les droits d'une nation peuvent être comparés aux droits de la personne. Cependant, les uns sont complexes, subtils ; les autres, au contraire, sont définis. Ceux de la personne ont un caractère de stabilité que n'ont pas les autres. D'un côté, on voit bien les doctrines générales ; de l'autre, le défaut de cohésion et de précision des matières est parfois la source d'opinions contradictoires.

RAPPORTS DES ÉTATS.

Les rapports sont réguliers ou irréguliers, c'est-à-dire normaux ou anormaux.

Les rapports normaux comprennent les droits et les devoirs des États vivant en paix. Des lois positives permettent de les régler.

Les rapports anormaux, quelquefois nécessaires, souvent inévitables, sont considérés comme des faits transitoires auxquels correspondent des droits particuliers, et ceux-ci impliquent naturellement des devoirs qui sont comme le corollaire de la solidarité des intérêts entre nations. Les conditions et les lois positives sont ainsi déterminées : entre les belligérants ; entre les belligérants et les neutres ; entre les neutres. C'est ce qui constitue une des parties les plus importantes du droit international public, dont l'application des principes tempère les rigueurs souvent excessives d'une situation transitoire et anormale. C'est un pondérateur utile et même nécessaire, parce que les nations, comme les individus, sont parfois dominées par une perception étroite de leurs intérêts et non par la raison.

L'état de représailles est aussi une situation irrégulière ou anormale. On y a recours dans des cas particuliers : notre dernier et récent différend avec la Chine en est un exemple. On règle de cette manière une difficulté dans l'intérêt des États qui redoutent une complication plus sérieuse. En Europe, une déclaration de guerre répondrait immédiatement aux représailles, car une situation mixte ne saurait convenir à certaines nations. Nous verrons plus loin que, sous plusieurs rapports, les représailles empruntent quelques-uns des attributs de l'état de guerre. Grotius dit que le droit de représailles peut s'étendre aux biens privés. Cette doctrine n'est plus admise ; des restrictions y sont apportées. Dans tous les cas, le gouvernement d'un pays possède, seul, le droit d'ordonner les représailles, de les exercer, puisque c'est un acte d'hostilité. Mais, avant d'y recourir, tous les moyens de paix et de conciliation sont essayés.

Il est à peu près admis partout aujourd'hui qu'une guerre n'étant qu'une lutte de gouvernement à gouvernement et non de nation à nation, on ne peut exercer de représailles ou de rétorsion que sur ce qui appartient aux gouvernements belligérants et nullement sur la personne et les biens des particuliers étrangers à la profession des armes.

Le but des représailles est d'obtenir satisfaction avant de recourir aux armes. C'est un moyen préliminaire à l'aide duquel on cherche la réparation d'une injustice sans entraîner un peuple entier dans les maux de la guerre. Mais, lorsqu'à des représailles individuelles succèdent des représailles générales, publiquement décernées et publiquement exécutées, l'état de paix disparaît pour faire place à l'état de guerre qui est la représaille dernière et suprême !

D'autres moyens violents sont encore quelquefois employés pour résoudre les conflits entre les États. Ce sont : la rétorsion, le blocus commercial et l'embargo.

Si un État, par exemple, sans excéder ses droits envers

un autre, use d'un mauvais procédé envers lui, la rétorsion consistera dans une réponse de même espèce du second État au premier. D'autre part, un État augmente ses droits d'entrée sur les produits d'un autre État ; celui-ci, de son côté, répond à cet acte hostile par une augmentation de même nature. C'est ce qu'on appelle une rétorsion légitime au point de vue du droit international.

Le blocus commercial est plutôt ce qu'on appelle : le blocus pacifique, dont nous parlerons plus loin.

Nous examinerons également ailleurs ce que l'on entend par « embargo ».

DROIT CONVENTIONNEL.

Le droit conventionnel est celui qui résulte des conventions et traités solennellement stipulés entre nations qui s'obligent réciproquement à en exécuter les clauses. Le droit coutumier, au contraire, est celui qui, en l'absence de conventions ou de traités, prend pour règle l'usage établi parmi d'autres nations et sanctionné, pour ainsi dire, par les traditions du passé et une coutume devenue presque une loi.

Pour qu'une convention soit légalement et moralement valide, il faut qu'elle remplisse trois conditions :

       1° Compétence des parties ;

       2° Objet licite et possible ;

       3° Consentement sincère.

Nous verrons plus loin, à la troisième partie, comment sont conclues les conventions et quelles sont les conditions les plus essentielles de leur validité. Il n'y a qu'une nuance entre un traité et une convention. On emploie souvent l'un ou l'autre de ces deux termes pour exprimer la même chose. Cependant, le mot convention a une portée moins importante.

Toutes les conventions sont obligatoires si ceux qui les

ont conclues sont restés dans les limites de leurs attributions. Elles sont pour les individus, comme pour les États,
un moyen de créer, de modifier ou d'amplifier les droits
réciproques des parties contractantes et de celles qui
veulent bien y accéder.

Quand un mandataire, muni de pouvoirs en règle,
outrepasse ses droits, une convention n'est ordinairement
bonne qu'après avoir été ratifiée soit expressément, soit
tacitement par l'État intéressé.

ARBITRAGE.

Beaucoup de gens s'imaginent que la guerre pourrait
toujours être évitée au moyen d'un arbitrage. Pourquoi,
vous disent-ils, lorsque deux peuples ou deux gouvernements manifestent des prétentions opposées et s'apprêtent
à les faire valoir par les armes, ne pas appeler des arbitres
qui jugeraient la querelle, qui substitueraient ainsi la
justice à la force, au moyen d'un grand tribunal international des conflits? Par la raison bien simple qu'un
tribunal ainsi constitué n'a pas une autorité suffisante.
D'autre part, à tout arrêt, il faut une sanction ; quelle serait
la sanction de ses arrêts? Quel moyen aurait-il de les
faire exécuter et respecter ?

La sentence arbitrale est néanmoins sans appel en droit
international comme en droit civil, et elle peut être attaquée comme nulle dans les cas suivants :

1° Lorsque l'arbitre était atteint d'une incapacité légale
ou mentale ignorée de l'une des parties ;

2° Lorsque l'arbitre ou la partie adverse n'a pas agi de
bonne foi;

3° Lorsque l'une des parties n'a pas été entendue;

4° Lorsque l'arbitre a outrepassé ses pouvoirs ;

5° Lorsqu'il a statué sur des choses non demandées;

6° Lorsque la sentence arbitrale contient des dispositions qui seraient nulles dans un contrat ou dans un traité.

L'arbitrage est sans doute la loi de l'avenir, mais non
du présent. La force, hélas ! prime encore le droit, et
celui-ci fera bien de ne pas compter sur sa vertu intrin-
sèque, s'il ne veut pas éprouver de cruels mécomptes. Un
grand maréchal allemand disait encore récemment : « La
paix est un rêve ; elle n'est même pas un beau rêve. »
Donc, de ce côté, comme des autres, tout se réduit à la
sérieuse mise en pratique d'une variante du vieux pro-
verbe : « Aide-toi, les voisins t'aideront. »

N'ayons point d'illusions à cet égard : le passé est là,
du reste, pour nous rappeler que nous nous trouverons en
face d'une malveillance effective si nous sommes les plus
attaqués et les plus faibles !

DES DIFFÉRENDS INTERNATIONAUX.

Pendant des milliers d'années, les dissentiments entre
États ont été résolus par la force. Aujourd'hui les solutions amiables sont au moins étudiées sinon toujours appliquées. A ce point de vue, il faut cependant admettre
que les États, en général, sont en progrès. De nombreuses juridictions arbitrales ont été constituées et obéies.
La clause compromissoire commence à être introduite
dans les conventions et les traités. On organise aussi dans
certains États des tribunaux communs auxquels une compétence déterminée est conférée. Ce sont des précédents
importants et des symptômes qu'il n'est pas inutile d'enregistrer.

L'union internationale commence aussi à faire son chemin ; bien qu'elle soit de date récente, l'idée possède déjà
des racines profondes dans les relations des peuples et
dans la science. Cette union est fondée sur l'unité du
genre humain ; elle est appelée à lier les peuples entre
eux ou plutôt les représentants, les délégués de ces peuples. Les membres de l'union ne perdraient ni leur indé-

pendance extérieure ni leur liberté intérieure ; leur vie entrerait, au contraire, dans une nouvelle phase de développement, de prospérité, de tranquillité, phase élevée et surtout humaine. Ce but recherché n'est pas atteint, mais il est réalisable. La situation actuelle, quelque grave qu'elle soit, ne doit pas empêcher les profonds penseurs de tous les pays de continuer leurs recherches et d'exprimer leurs sentiments sur l'avenir du droit et des idées de paix. Certes, le moment n'est pas favorable pour concevoir de pareils projets, pour parler de solutions amiables. Mais il faut toujours tenter l'impossible lorsque les intérêts de tous sont en jeu. La diplomatie peut seconder efficacement les efforts de ces vaillants lutteurs. Les collisions de la féodalité n'empêchèrent pas la renaissance du droit. C'est à cette époque de désordre que les premières assises de notre législation nationale furent posées. Et c'est précisément parce que les événements sont très durs pour nous, que les symptômes caractéristiques se multiplient, qu'il est nécessaire d'appliquer nos yeux et nos oreilles à la situation internationale afin de la rendre meilleure si faire se peut. Les leçons douloureuses que nous avons reçues ne nous empêcheront pas pour cela de regarder dans une autre direction et d'accorder une grande attention aux graves questions qui y sont posées et étudiées à notre sujet. De tout temps, il y a eu, entre les États, des différends, des malentendus au sujet desquels des conflits peuvent naître. Les chocs deviennent parfois inévitables. Quand on en est là, les transactions ne sont plus faciles. Un individu, dans un pays libre, jouit de ses droits, sans obstacle, et remplit ses devoirs envers la société dont il est un des membres. Un État peut assurément être comparé à un individu, pris isolément. Telle est, du moins, l'idée du droit, et c'est sous sa sauvegarde que les uns et les autres peuvent jouir des bienfaits de la paix, que les progrès de toutes sortes améliorent l'œuvre commune.

Les causes des conflits varient à l'infini; on en peut discerner le germe dans les relations qui s'établissent entre les peuples. Chaque époque, sous ce rapport, produit une matière plus ou moins inflammable avec laquelle il faut compter. Mais de même que dans notre société; de même que dans la plupart des actions humaines, l'égarement, l'emballement, les passions, l'intérêt surtout, sont les principaux éléments de discordes. Le droit qui surgit de l'union internationale à laquelle les différends entre États seraient soumis est le droit international ou droit des gens si l'on veut. Il révèle les sentiments de l'humanité; il ne veut pas d'aventures, qui produisent presque toujours des catastrophes. S'occuper de ses propres affaires; écarter toute pensée offensive, sans avoir la moindre défaillance, tel est son but. Répondre à la rigueur, aux représailles économiques, par des mesures de même espèce, mais accueillir loyalement tous les témoignages de sympathie, sont des attributs qui lui appartiennent et qui n'empêchent pas un État quelconque de se mettre en garde contre toute éventualité. Les droits d'une nation se placent sur la même ligne que ceux de la personne. Cependant, le caractère distinctif de la nation est plus difficile à préciser dans certains cas; si l'on recherche, par exemple, à quel moment exact celle-ci acquiert ou perd l'existence, la solution est complexe.

C'est à partir de 1870, que tous les esprits, dit M. Pradier-Fodéré, se sont mis au travail avec ardeur pour installer le droit dans l'empire de la force, pour prévenir la guerre par le recours à la médiation et à l'arbitrage. Plus tard, en 1873, une association s'est fondée à Gand, sous le titre d'*Institut de droit international*. Son programme est vaste et comprend des matières importantes, et son but est de : « favoriser les progrès du droit des gens; de pour-« suivre la consécration officielle des principes reconnus « comme étant en harmonie avec les besoins des sociétés « modernes; de travailler, dans les limites de sa compé-

« tence, soit au maintien de la paix, soit à l'observation
« des lois de la guerre, et de contribuer au triomphe des
« principes de justice et d'humanité qui doivent régir les
« relations des peuples entre eux .» — Certes, la solution
de ces divers problèmes serait facile à indiquer si les États
mettaient en pratique cette maxime que proclamait déjà
Confucius « Ne faites point à autrui ce que vous ne vou-
« driez pas qu'on vous fît », ou cette autre de la science qui
dit : « Dans votre propre intérêt, faites à autrui ce que vous
« voudriez qu'on vous fît ; en agissant de la sorte, vous
« vous soumettrez à une loi à laquelle vous tenteriez en
« vain de vous soustraire. »

VIOLATION DU DROIT INTERNATIONAL.

L'objet des violations du droit international concerne
tantôt des particuliers, tantôt des États pris séparément,
tantôt enfin l'union internationale dans son ensemble.
Les États doivent évidemment protéger les nationaux dont
ils sont responsables. La personne, en général, quel que
soit le lieu où elle se trouve, est placée sous la sauvegarde
du droit international. Tous les conflits entre les nations
peuvent se résumer en deux points : réparation d'une offense ou reconnaissance d'un droit. En termes plus scien-
tifiques, on les divise en deux catégories : 1° la violation
des engagements contractuels, résultant des stipulations
de traités d'un caractère positif ou négatif ; 2° la violation
des droits généraux des États, basés sur leur nature.

Dans le premier cas, la partie lésée peut demander une
indemnité pour la non-exécution de la convention, ou
bien la dénoncer à son tour. Ici, comme ailleurs, de la
violation d'un droit surgit un nouveau droit. C'est en cela
que consiste la force juridique.

Dans le second cas, l'État lésé est autorisé à demander
la reconnaissance du droit violé et la réparation de l'of-

fense dont il a été injustement victime. Des garanties particulières contre le retour d'une nouvelle violation peuvent aussi être demandées. La dignité et l'honneur du lésé doivent être de nouveau et solennellement reconnus par la partie à laquelle une réparation est demandée. Mais celle-ci doit être proportionnée à la violation commise ; elle ne doit pas avoir, en outre, un caractère humiliant et offensant pour le violateur. Tous les États peuvent, dans un cas de cette espèce, intervenir au besoin afin de sauvegarder le droit, commun à tous. C'est en cela encore que consiste la solidarité juridique qui existe entre les divers États. C'est de la procédure internationale dont nous dirons un mot quand nous examinerons, sommairement, la question du tribunal international.

Il semble évident qu'en matière de réparation à demander, un État, pas plus qu'un individu, ne doit ni s'égarer ni élever des prétentions absurdes ou inadmissibles. Des susceptibilités exagérées aggravent une situation au lieu de l'améliorer. Les différends internationaux et autres se dissipent dès que les parties en cause en font une question de bonne foi. La conscience est la même partout : elle repousse les injustices, les violations, les iniquités. Un État qui, sans aucune espèce de raison, ennuie son voisin, commet une violation et s'expose à des représailles. Celui qui témoigne son hostilité par des actes précis, par des tracasseries vexatoires, doit s'attendre à ce qu'on use de réciprocité à son égard, sous une forme ou sous une autre. Quand une politique extérieure ne menace ni ne provoque personne ; quand elle est simple, claire, pacifique et digne, les appréhensions ou plutôt le danger des conflits n'est pas à redouter. Quoi qu'il en soit, nous ferons bien d'être sages, pratiques et forts tout à la fois. Plus de sentimentalité : elle nous a égarés pendant des siècles. Un État, comme une personne, ne doit compter que sur soi : chacun pour soi et chacun chez soi, est une devise qui ne manque pas d'à-propos dans la situation actuelle.

Quand les nations seront unies par des intérêts communs,
solidement établis, les incidents de toutes sortes, les dis-
sensions, perdront de leur acuité et de leur importance.
Mais nous n'en sommes pas encore là, et comme l'écrivait
récemment M. John Lemoinne : « Nous ne devons compter
« que sur nous-mêmes.... — Quand donc finiras-tu, ô
« peuple français, ajoutait-il, de crier : Vive la Pologne !
« Vive l'Italie !...... Et quand crieras-tu simplement :
« Vive la France ! » Voilà un langage sensé ; l'histoire d'un
côté et les événements de chaque jour de l'autre, nous
enseignent que notre illustre homonyme connaît bien la
pente sur laquelle nous glissons toujours malgré nous.

FONDEMENTS DU DROIT INTERNATIONAL.

Les auteurs ne sont pas précisément du même avis au
sujet des fondements du droit international.

Albert Gentilis passe pour avoir le premier traité les
questions de droit international en les séparant des questions théologiques et morales, en leur donnant une base
plus raisonnable, et en accordant à la partie historique
une importance à laquelle elle a des droits incontestables.

Grotius donne pour base à son système le droit naturel, *Jus naturale* ; il s'exprime ainsi :

« Le droit naturel est une règle que nous suggère la
« droite raison, qui nous fait connaître qu'une action,
« suivant qu'elle est ou non conforme à la nature raison-
« nable, est entachée de difformité morale, ou est morale-
« ment nécessaire, et que conséquemment Dieu, l'auteur
« de la nature, l'interdit ou l'ordonne. Les actes à propos
« desquels se manifeste cette règle sont par eux-mêmes
« ou d'obligation, ou illicites, et comme tels ils sont né-
« cessairement ordonnés ou défendus par Dieu. »

En concluant, il ajoute qu'il ne faut pas confondre le
droit naturel et le droit des gens. Celui-ci se fonde sur

les convenances des nations, sur les règles établies pour l'utilité et la convenance, non d'un État ou d'une nation particulière, mais de toutes les nations.

Certains auteurs considèrent le droit des gens comme le droit naturel des individus appliqué aux États. D'autres disent que ce même droit s'appuie seulement sur le droit naturel ou le font dériver de la raison et des usages consacrés par les traités et les ordonnances.

Leibnitz, ce grand philosophe qui avait pris pour devise cette phrase si connue et si souvent citée : Tout est pour le mieux dans le meilleur des mondes possibles, admet trois catégories d'obligations internationales, correspondant aux trois degrés de la justice, savoir : les obligations de droit strict, desquelles découle une action juridique entre les États ; les obligations qui naissent de l'équité et dont l'accomplissement ne peut être réclamé comme un droit, et les obligations qui dérivent de la justice universelle dont il faut chercher les préceptes en dehors de l'humanité.

De nos jours, les relations internationales s'appuient sur une idée de justice. Les principes en sont définis par les traités et les règles déduites naturellement et logiquement des conventions particulières ou des divers cas résolus dans la pratique ; en un mot, par la jurisprudence consacrée. Les auteurs les plus nouveaux enseignent que trois éléments divers ont donné naissance au droit des gens :

1° Les principes généraux du droit naturel, dont nous avons parlé ; 2° le droit coutumier ; 3° le droit conventionnel. Le premier indique un consentement *présumable* des nations ; le second un consentement *tacite* et le troisième un consentement *exprès*. Quand le droit public externe est basé sur le droit conventionnel et coutumier, on le désigne sous le nom de : droit international positif ; lorsqu'il s'appuie sur le droit naturel, il est appelé : droit des gens primitif.

Mais le droit des gens, envisagé au point de vue positif et pratique, n'a pas une étendue universelle. Il est presque limité aux États européens et à l'Amérique. C'est sans doute pour cette raison que plusieurs auteurs appellent le droit international : droit public européen, ou en circonscrivent l'application aux peuples civilisés. Pourtant, il est évident que tous les peuples, par le fait même qu'ils existent et entretiennent des relations avec les autres, possèdent un droit international. Les peuples sont les sujets de ce droit; les États en sont les facteurs, les dépositaires. Comme tout ce qui est d'un ordre juridique, les organes du droit international visent deux choses principales : 1° rechercher et exprimer le droit ; 2° le réaliser dans la pratique.

Au moyen âge, le droit romain et le droit canonique étaient les deux grands fondements sur lesquels reposait le droit international, mais celui-ci différait déjà essentiellement de l'étroite signification qu'il avait sous la république romaine et même sous l'empire : la civilisation chrétienne en avait adouci les principes.

A ce même point de vue, la réforme de Luther et de Calvin est un des événements les plus considérables. Les relations de peuple à peuple deviennent alors le domaine propre de chaque État. Cette réforme imprime au droit international un caractère positif, qui se reflète dans les ouvrages de tous les auteurs contemporains des deux innovateurs.

PREMIÈRE PARTIE

ÉTAT DE PAIX

CHAPITRE Ier

SOUVERAINETÉ DES NATIONS.

La nation, dit Calvo, marque un rapport de naissance, d'origine ; elle implique la communauté de race, caractérisée généralement par la communauté de langage, de mœurs, de coutumes, et quelquefois même d'aptitudes spéciales, d'un génie particulier. C'est donc une réunion d'hommes éparpillés sur une plus ou moins grande étendue de territoire et doués de ces caractères communs.

Il existe une différence très grande entre une nation et un État.

L'État n'est que l'organe de la nation, son mandataire,

pour ainsi dire. Un État n'existe pas s'il n'est pas en mesure de soutenir son indépendance au moyen de ses propres ressources, ni en possession d'une société stable. Le mot État englobe toutes les possessions d'une nation. A ce sujet, Vattel dit : « Toutes les fois que les lois politiques ou les traités n'ont pas établi de distinctions contraires, ce que l'on dit du territoire d'une nation s'applique en même temps à ses colonies. »

Toutes les nations ne sont pas des États. La nation polonaise, par exemple, n'est plus un État. En général, les États sont des sociétés politiques en situation de s'affirmer elles-mêmes, des individualités juridiques distinctes ; ils peuvent n'avoir qu'une existence factice, tandis que les nations ou les peuples ont, au contraire, une existence réelle.

La souveraineté d'un État est la réunion de toutes ses forces individuelles. Le pouvoir tient son origine de la nation. Chaque peuple a une constitution et chaque État est démocratique ou représentatif ou monarchique. Le caractère essentiel de la souveraineté d'un État est surtout fondé sur la faculté qu'il a de se donner une constitution, de fixer ses lois, d'établir son gouvernement comme il l'entend, de diriger ses affaires particulières en dehors de toute espèce d'influence étrangère.

Dès qu'un État se gouverne par ses propres moyens ; dès qu'il s'est affranchi de toute tutelle ou influence quelconque, il devient un État souverain. Cette souveraineté lui confère une individualité politique, sans laquelle les rapports internationaux n'auraient qu'une importance secondaire.

SOUVERAINETÉ DE LA MER.

Les mers ouvertes ne comportent pas d'appropriation exclusive. Leur libre usage constitue le patrimoine commun de tous les peuples. Elles échappent, par leur situation propre, à ce qu'on appelait autrefois l'Empire des mers, comme à la propriété réservée d'une nation unique.

Là, l'égalité est la même pour tous les États. Le principe de la liberté des mers, autrefois si cher à nos voisins, n'est plus discuté. La haute mer appartient à tous les pavillons, pourvu que les principes généraux du droit des gens soient respectés. La suprématie de la mer ne peut plus être l'apanage exclusif d'une puissance, pas plus, du reste, que le monopole colonial. Les nations admettent :

1° Que la mer n'est susceptible ni de la propriété ni du domaine d'aucune nation ;

2° Que toutes les nations ont un droit égal au libre usage de la mer, en se conformant aux règles du droit international ;

3° Que les restrictions consenties relativement à la juridiction ou à la police de la haute mer, n'engagent que les contractants ;

4° Que l'inégalité de force entre nations n'entraîne pas l'inégalité de droits.

Autrefois, la Turquie voulut être la maîtresse de toutes les mers baignant ses possessions, en particulier de la mer Noire. Gênes voulut dominer sur la mer de Ligurie ; Venise prétendit à la domination de l'Adriatique ; Éric, roi de Danemark et de Norwège, en 1432, déclara au roi d'Angleterre qu'il ne permettrait à personne de faire le commerce ou la pêche dans ses mers, sans une autorisation spéciale. Cromwell déclara un jour que l'Angleterre ne souffrirait pas qu'un autre drapeau que le sien flottât contre son gré sur l'Océan. Toutes ces prétentions n'ont plus de nos jours qu'un intérêt purement historique. Un traité par lequel une nation renoncerait pour elle et ses sujets à l'usage de la mer qui lui appartiendrait en vertu d'un droit primordial, n'aurait aucune valeur, d'après Hautefeuille et Vergé ; toutefois, quelques auteurs admettent qu'il serait valable pour les parties contractantes. Le consentement tacite des intéressés, dans une question de cette nature, ne suffirait même pas pour justifier un droit semblable.

Au principe de la liberté de la mer correspondent certaines obligations imposées à tous les navires : ils doivent se conformer aux prescriptions destinées à empêcher les abordages ou collisions et être en mesure de prouver leur nationalité, etc., etc. Ces mesures et règles de police sont une garantie qui n'a qu'un but : assurer, à tous, la libre et paisible jouissance de la mer.

En mer, les individus sont, à l'égard de leurs concitoyens, dans les mêmes conditions que sur leur propre territoire, et, à l'égard des étrangers, comme sur un territoire neutre. On y est chez soi pour ce qu'on y fait et ce qu'on y recueille. Ce qu'on y abandonne est laissé hors de chez soi. La matière criminelle y relève de la nation des coupables, sauf : 1° le cas de crime flagrant contre l'humanité ; 2° lorsqu'il y a une convention internationale contraire ; 3° lorsque le coupable est embarqué sur un navire qui n'est pas de sa nation et lorsque les faits dont il est l'auteur intéressent l'ordre public à bord de ce navire ; 4° quand la partie lésée est étrangère à l'équipage dont fait partie le coupable et appartient à une autre nationalité.

Mais, si les mers ouvertes ne comportent pas d'appropriation exclusive, la même règle ne peut être appliquée à la mer territoriale, qui est considérée comme un domaine national, comme la continuation du territoire, bien entendu jusqu'à une certaine distance du rivage. Cette exception est justifiée de la manière suivante :

1° Il est nécessaire, pour la sécurité d'un État, de protéger la frontière du territoire national, et, pour cela, il doit avoir, en toute propriété, le rivage jusqu'à une certaine distance de la mer ;

2° Il est nécessaire, au point de vue des intérêts financiers, politiques et commerciaux du pays, et pour assurer une bonne police, de surveiller en cet endroit les mouvements des navires ;

3° Ensuite, il est indispensable de conserver ce patrimoine aux habitants des côtes qui y exercent leur industrie.

Tous les traités, du reste, reconnaissent aux nations le droit de dicter des lois sur les mers territoriales qui baignent leurs côtes. Donc, la haute mer est libre, mais le littoral est soumis à des règles particulières, dans l'intérêt de la protection des côtes, de la navigation et du commerce.

Une souveraineté passagère sur des parties de la haute mer existe en faveur des bâtiments de guerre, en vertu d'une fiction d'après laquelle ces navires constituent une partie de la force armée d'un État, jouissant partout et toujours de ses droits de souveraineté. Quel que soit le lieu de la haute mer où sont ces parties de l'État auquel ils appartiennent, on les considère comme la continuation du territoire. La souveraineté de l'État dont ils portent le pavillon s'étend au navire tout entier et à la partie de la mer occupée par le navire.

LIMITE DU LITTORAL.

La ligne de démarcation entre le littoral et la mer territoriale varie selon les marées, les vents et les courants. Toutefois, en ce qui concerne les conventions relatives à la pêche, la laisse de basse mer sert de base pour établir un point de départ. La plupart des auteurs pensent que c'est encore la meilleure règle. Dans tous les cas, cette question est controversée : la limite entre le littoral et la mer territoriale, disent quelques écrivains, doit être fixée d'après l'état de la marée au moment de chaque fait particulier; par suite, une opération de capture doit être considérée comme faite dans les eaux territoriales ou au large de celles-ci, suivant que la marée était haute ou basse à ce moment précis. En général, laissant de côté les opinions plus ou moins justes exprimées çà et là par quelques écri-

vains, on peut dire que la limite d'un littoral baigné par
la mer, c'est la laisse de basse mer. Les Anglais admettent cette définition qui fait loi dans tous les cas particuliers : « *One marine league of the coast measured from law-
water mark.* »

LIMITES DE LA MER TERRITORIALE.

Les limites de la mer territoriale, du côté de la haute
mer, sont généralement déterminées par la ligne extrême
jusqu'à laquelle s'exerce la protection, c'est-à-dire d'après
la portée des canons de chaque époque, que la côte soit
ou non pourvue de canons à longue portée.

La distance de trois milles nautiques ou marins, comptés
à partir de la laisse de basse mer, est assimilée à la portée
des canons. La pratique anglaise admet les deux mesures.
Les Américains partagent la manière de voir des Anglais.
Un auteur italien, Schiaratella, dit que la limite de la
mer territoriale est la plus grande portée des canons. Des
publicistes anciens sont du même avis.

En Norwège, la mer territoriale embrasse une zone
d'environ quatre milles (7,500 mètres) au large des lignes
qui joignent les promontoires des côtes et des îles.

Vattel pose, en principe, que la domination d'un État
s'étend généralement sur les mers riveraines, aussi loin
que l'exige sa sécurité et que le permet sa puissance.
Kent va encore plus loin que Vattel. Rayneval voudrait
comme limite extrême l'horizon que l'on peut voir de la
côte.

La Grande-Bretagne exerce, *dans l'intérêt de sa douane,*
un droit de surveillance jusqu'à douze milles de la côte.
Elle prétend avoir le droit d'arrêter et de visiter tous les
navires de commerce à destination des côtes anglaises et
qui sont dans les limites précitées. En cas de contrebande
ou de fraude (*Hoverings acts*), elle se réserve la faculté de

saisir et de faire juger le navire coupable par un de ses tribunaux. Ces mesures locales ne sont pas admises par les autres États, et lorsqu'un navire en aura été victime, son droit strict est de protester par les voies légales et même, s'il en a réellement souffert, de réclamer des dommages-intérêts.

Hautefeuille, dans son ouvrage, proteste contre ces empiétements : « La définition de la mer territoriale, dit-il, suffit pour fixer son étendue. Les eaux maritimes ne deviennent territoriales que lorsqu'elles peuvent être défendues par le souverain du rivage, d'une manière absolue et permanente. Tous les peuples civilisés regardent comme territoriale toute la partie de la mer comprise sous la grande portée d'un canon placé à terre. »

En résumé, les règles les plus usitées, en ce qui concerne les eaux territoriales, sont les suivantes : trois milles marins, à partir de la laisse de basse mer ou la grande portée d'un canon placé à terre. La première est d'un usage infiniment plus fréquent que la seconde ; on pourrait même dire que c'est celle que l'on observe plutôt que l'autre. Dans tous les cas, au delà de ces deux données, un navire est en mer libre et, sous aucun prétexte, sa liberté ne doit être atteinte. Les règlements de la police côtière ne sont obligatoires que pour les parties contractantes. Nous le répétons : la limite de trois milles est la règle, la portée des canons l'exception. Celle-ci est difficile à préciser ; cependant on estime la portée de nos canons actuels à environ huit milles marins, le mille marin valant, bien entendu, 1852 mètres. Avec nos anciens canons qui ne portaient guère au delà de trois milles, les deux règles étaient, à très peu de chose près, identiques.

D'autre part, en vertu de ce droit accordé aux nations de dicter des lois sur les mers territoriales qui baignent leurs côtes, droit de souveraineté, c'est-à-dire de législation, de surveillance et de juridiction, la circulation permise à tous est réglementée pour tous dans la mer territoriale. La nation riveraine y assure la sécurité, y conserve les richesses marines et y possède le droit d'exploiter ces dernières.

MERS FERMÉES.

Une mer est considérée comme fermée lorsqu'il est possible d'y exercer, d'une manière permanente, la souveraineté ou lorsqu'elle n'a aucune communication avec l'Océan. En dehors de ces conditions, dit Pérels, il ne peut jamais y avoir une appropriation complète. Une mer fermée ou intérieure, située entièrement au dedans des frontières d'un État, est la propriété absolue de ce dernier.

Si plusieurs États touchent à cette mer, c'est alors une propriété collective. Des règles particulières ou traités, conclues entre les parties intéressées, admettent, dans ce cas, certaines réserves relatives aux eaux territoriales.

Une mer ou un golfe communiquant avec l'Océan par un ou plusieurs détroits est la propriété d'un État, si toutes les côtes qui en font le tour lui appartiennent et si le détroit est à lui et est commandé par des canons placés sur les deux rives. C'est alors ce qu'on est convenu d'appeler une mer territoriale. Hautefeuille dit que, du moment où le littoral appartient à plusieurs souverains, aucun d'eux, pas même le propriétaire des deux bords du détroit, n'a le pouvoir de fermer le passage.

LA MER NOIRE.

Autrefois, la mer Noire était considérée comme une possession turque. Plus tard, elle fut une propriété commune des deux grands États maîtres de la côte. Le traité de paix de Paris du 30 mars 1856 modifie la situation de cette mer ainsi qu'il suit :

La mer Noire, y est-il dit, est déclarée neutre et ouverte, avec toutes ses eaux et tous ses ports, à la libre navigation et au commerce de toutes les nations ; elle est interdite aux navires de guerre, même à ceux des États riverains.

Exceptionnellement, la Russie et la Turquie pourront entretenir un nombre restreint de petits bâtiments de guerre, pour le service des côtes, notamment six vapeurs de cinquante mètres de long à la ligne de flottaison et d'un tonnage maximum de 800 tonnes, et quatre vapeurs légers ou bâtiments à voiles de 200 tonneaux, au maximum.

Chacune des parties contractantes peut faire stationner aux bouches du Danube deux légers bâtiments de guerre, afin d'aider à l'application et à l'observation du règlement sur la navigation du Danube, etc., etc.

L'article 13 stipule que : en conséquence de la neutralisation de la mer Noire, la conservation ou l'établissement d'arsenaux de marine militaire sur ses côtes sont déclarés inutiles et sans objet, et la Russie et la Turquie s'engagent à y renoncer.

C'était, il est facile de le voir, une entrave sérieuse apportée au développement de la puissance maritime de la Russie ; mais celle-ci profita du désarroi occasionné par la guerre de 1870 pour s'en affranchir. Des protestations, auxquelles la Prusse ne voulut pas s'associer, s'élevèrent à ce sujet. Ensuite, une conférence fut décidée entre les puissances signataires du traité de Paris. Elle eut lieu à Londres. Comme résultat, ce fut un nouveau traité portant la date du 13 mars 1871, dans lequel on abandonna le principe de la neutralité de la mer Noire. C'était, en somme, une révision à peu près complète des parties importantes du traité du 30 mars 1856, car les articles 11, 13 et 14 furent aussi abrogés. La liberté du commerce maritime, pour les navires de toutes les nations, y fut de nouveau proclamée.

LE BOSPHORE ET LES DARDANELLES.

La Turquie ferme l'entrée de ces détroits aux navires de guerre de toutes les puissances ; ce droit est admis par celles-ci : l'Angleterre l'a reconnu dans le traité de paix de 1809. La convention du 13 juillet 1841 et l'article 10 du traité de Paris de 1856 reconnaissent que l'ancienne règle, d'après laquelle les détroits sont fermés aux navires de guerre étrangers, doit être maintenue aussi longtemps que la Turquie restera en paix, sauf, toutefois, les réserves suivantes :

Le Sultan conserve le droit de délivrer un firman de passage aux petits navires de guerre affectés au service des ambassades des puissances amies ;

Sont également exceptés les deux bâtiments que chacune des puissances contractantes peut envoyer aux bouches du Danube.

Néanmoins, le Sultan admet des exceptions en faveur des navires de guerre à bord desquels se trouve un souverain, en visite de courtoisie, ces navires étant, pour la circonstance, revêtus d'un caractère particulier. Donc, sans autorisation spéciale, on ne peut entrer ni dans le détroit des Dardanelles, ni dans le Bosphore.

LA MER BALTIQUE.

En temps de paix, cette mer est ouverte au commerce de toutes les nations. En temps de guerre, les puissances riveraines de la Baltique auraient, selon l'avis de plusieurs auteurs, le droit de la fermer. Cependant, il est bon de remarquer qu'elles n'en ont point usé pendant la guerre d'Orient de 1854, ni pendant la guerre de 1870. Si les cours du Nord déclaraient cette mer *Mare clausum*, elles ne s'attribueraient pas, dit Ortolan, un droit de propriété. En 1780, un accord fut conclu, dans ce sens, entre la Russie et le Danemark. La France admit la légitimité de ce traité qui, du reste, n'avait qu'un but : restreindre les maux de la guerre dans la mesure du possible.

PORTS, RADES, BAIES ET EMBOUCHURES DES FLEUVES.

Les ports, rades, baies et embouchures des fleuves font partie du territoire de l'État possesseur riverain. Les îles situées devant ces embouchures ou ports sont dans le même cas; elles sont, en quelque sorte, des parties détachées de la terre ferme, et la mer territoriale commence à partir de leur rivage. Scott déclare que de telles îles, même lorsqu'elles ne sont pas occupées, forment le commencement naturel de la côte du pays auquel elles appartiennent, parce que les éléments qui les composent par alluvion, se sont détachés de la terre ferme.

Lorsque deux États sont situés au bord d'un fleuve, si les droits et les devoirs de chacun ne sont pas fixés par l'usage ou une convention, la ligne du milieu des eaux est considérée comme la limite de la souveraineté.

Les rades sont, plus directement que les mers territoriales, placées sous l'empire et la juridiction de la nation riveraine. La circulation y est réglementée plus étroitement que sur la mer territoriale, et quand elles sont fermées, l'exploitation en est interdite aux étrangers. Foraines, elles sont à peu près dans les mêmes conditions qu'une mer territoriale, avec moins d'avantages pour les étrangers.

GRANDES BAIES OU GOLFES, RIVIÈRES.

Les prétentions de l'Angleterre, dit Pérels, concernant l'extension de sa souveraineté territoriale sur les grandes baies, les golfes et les détroits qui entourent la Grande-Bretagne et l'Irlande, c'est-à-dire sur les mers dites *narrow seas* et *adjoining seas,* n'ont jamais été admises ; il ajoute même qu'un pareil droit ne peut, dans tous les cas, être opposé aux États qui, d'une manière quelconque, soit tacitement, soit expressément, n'y ont pas acquiescé. Du reste, aujourd'hui, l'étendue du droit de juridiction des eaux *territoriales* s'arrête à la limite de trois milles et le *Territorial waters Juridiction act,* de 1878, admet cette doctrine. A cette règle, il y a des exceptions pour les baies dont la largeur comprend au plus dix milles : pour celles-ci, quelques États se réservent le droit exclusif de pêche, mais pour les autres, au delà de trois milles, ils ne peuvent exercer qu'un droit de surveillance ou de police maritime.

L'exploitation des rivières, ports, rivages, est exclusivement réservée aux nationaux. La circulation y est libre, mais avec une sujétion plus étroite que partout ailleurs; des dispositions d'ordre et de police en déterminent les règles.

Lorsque deux États, dit Bluntschli, sont situés au bord d'une mer libre, mais si étroite que la bande de mer faisant partie du territoire de l'un empiète sur la bande de mer appartenant au territoire de l'autre, ils sont tenus de s'accorder réciproquement les droits de souveraineté sur l'espace commun ou de fixer ensemble une ligne de démarcation.

Enfin, Calvo résume comme il suit la question de propriété des golfes et des détroits :

Dans les temps modernes, le droit international ne reconnaît aucune souveraineté privilégiée ou exclusive sur les détroits situés entre des mers également libres ou aboutissant à des côtes et à des ports appartenant à des États distincts, attendu que les grandes voies commerciales créées par la Providence pour faciliter les échanges, rapprocher les peuples les uns des autres, et développer ainsi la civilisation, constituent un patrimoine commun dont la jouissance doit être accessible à tous et ne saurait être, à aucun titre, monopolisée ni restreinte au profit d'une seule nation.

CONGO ET NIGER.

M. Engelhart, plénipotentiaire français, dans son rapport
au ministre des affaires étrangères sur les travaux du congrès de Berlin (1884-1885) s'exprime de la manière suivante, au sujet de la neutralisation de ces deux fleuves :

« Le principe de la liberté du trafic fluvial en cas de
« guerre, que le congrès de Vienne avait négligé et qui
« n'était prévu que dans quelques-unes de ses applications
« par les règlements auxquels l'acte de 1815 avait donné
« naissance, a été nettement posé, dans son acception la
« plus large, par les deux conventions relatives au Congo
« et au Niger. Ces fleuves, leurs affluents, *comme la mer*
« *territoriale que commandent leurs embouchures,* demeure-
« ront accessibles en tout temps pour l'usage commercial,
« et la neutralité la plus absolue couvrira le personnel,
« ainsi que les ouvrages et établissements dépendant du
« service de la navigation.

« Les bâtiments commerciaux des puissances belligéran-
« tes jouiront des mêmes immunités que ceux portant pa-
« villon neutre, c'est-à-dire, qu'ils seront inviolables, au
« même titre que la propriété privée dans les guerres con-
« tinentales. Cette disposition d'un caractère exceptionnel
« est plus libérale que celle à laquelle le congrès de Paris
« a donné sa sanction par la déclaration finale du 16 avril
« 1856.

« Le transport des munitions de guerre ou des articles
« que le droit des gens considère comme contrebande de
« guerre, a été naturellement exclu de ce bénéfice.

« Suivant l'acte final du congrès de Vienne, les affluents
« d'un fleuve international ne sont soumis aux lois qui
« président à la navigation de ce fleuve qu'autant qu'ils
« relèvent eux-mêmes de plusieurs États. L'acte de Berlin
« ne fait pas cette distinction en ce qui concerne les
« affluents du Congo et du Niger. Tous, voire même les

« lacs et les canaux, sont ouverts au trafic général dans
« les mêmes conditions que la voie principale à laquelle
« ils se relient.

« Pour la première fois des routes, des chemins de fer
« et des canaux seront assimilés, sous le rapport conven-
« tionnel, au fleuve dont ils suivent les rives. Tel sera le
« régime des voies de communications artificielles qui
« seront construites le long du Congo et du Niger, dans
« le but de suppléer à leur innavigabilité ou à leurs imper-
« fections locales. »

C'est l'application la plus libérale des principes adoptés
jusqu'à présent par les congrès européens. C'est un progrès considérable qui mérite, à tous égards, d'être enregistré.

CANAL DE SUEZ.

De ce côté, l'œuvre de neutralisation est en bonne voie
(voir la 4ᵉ partie). — L'institut de droit international avait
déjà formulé à ce sujet les résolutions suivantes :

« Il est de l'intérêt de toutes les nations que le maintien
« et l'usage du canal de Suez pour les communications
« de toute espèce soient autant que possible protégés par
« le droit des gens conventionnel. Dans ce but, il est à
« désirer que les États se concertent à l'effet d'éviter autant
« que possible toute mesure par laquelle le canal et ses
« dépendances pourraient être endommagés ou mis en
« danger, même en cas de guerre. Si une puissance vient
« à endommager les travaux de la Compagnie universelle
« du canal de Suez, elle sera obligée de plein droit à
« réparer, aussi promptement que possible, le dommage
« causé et à rétablir la pleine liberté de la navigation du
« canal. »

Certes, la législation internationale relative aux cours
d'eau de toutes sortes est en progrès. Les deux actes du
traité de Berlin se distinguent, à plus d'un égard, des

conventions analogues qui président au régime des fleuves internationaux de l'Europe et de l'Amérique. Le texte original du projet franco allemand accusait clairement cette différence, en disposant tout d'abord que le Congo et le Niger resteraient ouverts à tous les pavillons. La rédaction qui lui a été substituée n'en constate pas moins que ces deux fleuves, occupés encore sur la plus grande partie de leurs rives par des tribus indigènes, sont et demeureront libres pour les navires marchands de toutes les nations ; ce principe est défini dans ses applications diverses, afin de prévenir toute argumentation de nature à en restreindre la portée. Les maximes du congrès de Vienne (1815) ne répondaient plus aux exigences contemporaines. Il convenait de modifier celles-ci dans le sens le plus large, en tenant compte de l'extension qui leur a été donnée par le traité de Paris de 1856 et par celui de Londres de 1883.

De quelque manière que soit possédé un cours d'eau navigable, il est certain que la navigation y est libre pour les riverains. Les travaux hydrauliques susceptibles de rejeter le courant du côté opposé ou d'amener une altération du thalweg[1] sont interdits. Les mêmes règles sont applicables aux lacs.

---

1. Chemin d'aval : c'est une ligne idéale, tirée sur le cours d'eau à égale distance des deux rives qui est considérée comme le milieu. Il est admis, lorsqu'une rivière ou un fleuve coule entre deux États, que le thalweg représente la frontière.

CHAPITRE II

NATIONALITÉ DES NAVIRES.

Les relations maritimes ne sont possibles que si la sécurité de la mer existe en temps de paix comme en temps
de guerre. La mer est libre ; toutes les puissances sont de
cet avis, par suite les navires de toutes les nationalités
ont le droit d'y circuler librement, mais à la condition que
cette liberté soit réglée par des lois ou des principes.
C'est une garantie qui permet à chaque nation d'exercer
son droit dans toute sa plénitude. La nationalité est aussi
une sécurité pour les navires, puisqu'elle leur permet, le
cas échéant, de se faire protéger et ensuite de ne pas encourir le soupçon d'exercer un commerce défendu.

Tout navire appartient à une nation et doit être en mesure de prouver sa nationalité. C'est une condition *sine quá non* pour qu'une intervention ait lieu, lorsque le droit des gens a été violé à son égard. Il y a deux manières de démontrer la nationalité à laquelle on appartient : le pavillon et les papiers de bord ; ceux-ci surtout sont une espèce de signalement des navires. Le nombre, la nature et la formule de ces papiers sont réglés d'après la loi de chaque pays, souvent d'après les règles ou dispositions des codes de commerce maritime.

En ce qui concerne le pavillon, les ordonnances du XVIIe siècle prescrivaient déjà des mesures très sévères : « Défendons, y est-il dit, à tous nos sujets de prendre « commission d'aucuns Roys, Princes ou États étrangers « pour armer des vaisseaux en guerre et courir la mer sous « leur bannière, si ce n'est par notre permission, à peine « d'être traités comme pirates. »

Pour apprécier, suivant Calvo, la nationalité des navires, il faut tenir compte des conditions auxquelles elle est soumise et des preuves que les navires doivent en donner.

D'abord, il faut séparer les navires de guerre des navires de commerce : les premiers sont considérés comme une portion des forces militaires de la nation dont ils portent le pavillon ; ils ont, par suite, des droits et des devoirs exceptionnels. Les navires de commerce sont assimilés à de simples particuliers et soumis, comme tels, aux lois qui règlent, à l'étranger, les relations des personnes privées.

Chaque État fixe les conditions auxquelles il confère sa nationalité aux navires, leur donne le droit de porter son pavillon et leur accorde sa protection. Généralement, ces conditions comportent quatre points principaux : 1° la construction ou l'origine du navire ; 2° le propriétaire ; 3° le capitaine et les officiers qui le commandent ; 4° l'équipage. Il faut aussi relater dans les papiers de bord, la nationalité du propriétaire de la cargaison et la destination des marchandises.

Le pavillon, l'une des marques extérieures de la nationalité d'un navire, est aussi employé dans certaines circonstances pour indiquer, par exemple, un cas de détresse, une fête, une solennité, un salut, etc., etc.

Plusieurs États ont deux pavillons différents pour leurs navires; celui des navires de guerre n'est pas le même que celui des navires marchands. Le choix d'un pavillon est parfaitement libre; il n'est limité que par l'obligation de n'en pas prendre parmi ceux qui sont déjà les marques distinctives d'une puissance quelconque.

Les navires de commerce portent, en France, le même pavillon que les navires de guerre, par la raison bien simple qu'il n'y en a qu'un. Dans des circonstances déterminées et spéciales, ils sont autorisés à arborer la flamme militaire. Les autres États, dans certains cas, autorisent aussi leurs navires marchands à porter le pavillon des navires de guerre. C'est, du reste, un droit en vigueur partout.

Comme une personne, le navire marchand peut changer de nationalité. En temps de paix, un État peut conférer sa nationalité à qui bon lui semble, pourvu que cet acte ne soit entaché d'aucune mauvaise intention. En temps de guerre, un navire acheté de sujets belligérants prend la nationalité de l'acheteur, dès que son inscription est faite sur les registres de l'administration de la marine.

Un navire de commerce peut circuler librement dans tous les pays, lorsqu'il est pourvu de ses papiers de bord ou lettres de mer, qui indiquent ordinairement le signalement du navire, ses dimensions, son nom, son genre de construction. Tous ces renseignements sont consignés dans un passe-port ou patente de navigation. Il doit avoir, en outre, un acte qui l'autorise à porter le pavillon dont il est pourvu, ensuite un rôle d'équipage sur lequel sont enregistrés les noms et la nationalité des matelots, et un titre de propriété. Du reste, à ce sujet, chaque État établit ses papiers de bord suivant ses coutumes ou lois intérieures.

Les preuves de nationalité d'un navire de guerre sont : son pavillon, sa flamme, l'attestation de son commandant et, au besoin, la commission dont il est muni.

Dans certains cas, un bâtiment de guerre peut appuyer ses marques distinctives, au moment même où celles-ci sont hissées, d'un coup de canon. L'attestation d'un commandant est toujours une preuve suffisante de la nationalité et du caractère d'un navire de guerre, sa commission n'est demandée que dans des cas tout à fait exceptionnels. L'usage et les convenances réciproques des puissances admettent dans la catégorie des navires de guerre, les navires marchands affrétés spécialement et en entier pour transporter des troupes ou d'autres objets appartenant au gouvernement ; ils sont généralement, dans ce cas particulier, commandés par des officiers de la marine militaire.

Ainsi, un navire de commerce, propriété privée, maison de commerce flottante, doit toujours être en mesure de prouver sa nationalité. Par ailleurs, le but et le caractère des navires de guerre et des navires de commerce étant très différents, il en résulte qu'ils ne prouvent pas leur nationalité de la même manière ni par les mêmes moyens. Nous verrons plus loin que les privilèges et immunités des navires de guerre ont un caractère particulier, qui est l'indice de l'indépendance de la souveraineté dont ils sont une délégation, tandis que ceux des autres navires sont plutôt le résultat d'une entente, d'accords internationaux, de stipulations à l'aide desquelles les deux souverainetés en présence (celle du bâtiment et celle des eaux où il se trouve) observent ensemble certaines règles définissant parfaitement les droits et les devoirs de chacun.

DES NAVIRES EN DEHORS DE LEURS EAUX NATIONALES.

On a défini le navire une portion ambulante du territoire national. Deux cas sont possibles : le navire est en pleine mer ou dans des eaux territoriales étrangères.

1ᵉʳ Cas. — Navires en pleine mer.

En dehors des eaux territoriales, un navire de commerce est soumis à la juridiction et aux autorités de sa nation. Il a le droit de se défendre contre toute agression injuste. On ne peut ni l'arrêter, ni le visiter, ni l'inquiéter. En pleine mer, en paix, chacun est libre de ses mouvements, sauf dans deux cas particuliers : lorsque l'équipage d'un navire s'est rendu coupable d'un crime sur le territoire, et lorsqu'un navire est soupçonné de commettre des actes de piraterie ou de se livrer à la traite des nègres. Il est permis de poursuivre en mer, à l'aide de navires de guerre, les navires de commerce qui se sont rendus coupables de ces deux crimes, mais il faut le faire sans empiéter sur la sphère juridique d'un autre État. Ce droit, accordé aux navires de guerre de toutes les puissances, n'est pas considéré comme une exception à la règle générale qui vient d'être citée et suivant laquelle un navire quelconque ne dépend que de la juridiction de sa patrie, parce que les pirates n'ont pas de nationalité. Ces malfaiteurs de la mer, ennemis communs de toutes les nations maritimes, doivent être assimilés aux criminels de grands chemins et traités comme tels.

Mais, avant d'arrêter des pirates, il faut d'abord s'assurer qu'ils le sont ; il faut une certitude à cet égard, afin d'éviter des mécomptes dont les conséquences sont toujours désagréables. Voici comment on procède, le cas échéant :

D'abord, tout navire de guerre, en pleine mer, a le droit et le devoir d'arrêter, de s'en rendre maître, tout bâtiment quelconque ayant commis un acte évident de piraterie. S'il n'existe que des soupçons, le navire de guerre est autorisé à s'assurer de l'identité du bâtiment en question, mais le visiteur est responsable et doit être, par conséquent, très circonspect et prudent. Le navire visité injustement peut

prétendre à une satisfaction ou à des dommages-intérêts.
Ortolan dit à ce sujet: « C'est à la prudence des capitaines
qu'il faut laisser la décision de cette question délicate. En
pareil cas, ils doivent prendre conseil des circonstances,
et surtout ne jamais perdre de vue qu'en temps de paix
l'usage de la force n'est permis qu'à la dernière extrémité.
Ils sont tenus d'agir avec la plus grande modération pour
écarter, dans la mesure du possible, les réclamations du
navire visité. Dans ces cas difficiles, ajoute-t-il, un officier
commandant ne doit pas craindre d'engager sa responsabilité par ses actes. »

Pérels est plus explicite : « La question de savoir si les
circonstances justifient suffisamment la demande de
hisser le pavillon est seule difficile et délicate. Mais si
le commandant d'un navire de guerre s'est décidé à faire
la sommation, il doit ensuite faire tout ce qui dépend
de lui pour qu'elle soit suivie d'effet, sinon, il compro-
mettrait son prestige et celui de son pavillon et le détriment qui en résulterait serait, en toute hypothèse,
plus grave que si, après avoir adressé une demande lui
paraissant juste et opportune, il devait constater qu'elle
était sans fondement et reposait sur une erreur. »

L'enquête du pavillon se fait comme il suit : le navire
de guerre hisse son pavillon en y ajoutant, selon les circonstances, un coup de canon à poudre ou à boulet perdu
(coup de semonce, coup d'assurance). Au besoin, et en cas
de résistance, il rend sa sommation effective par l'emploi
de la force.

Est-il permis de poursuivre un bâtiment pirate, sans le
consentement de l'autorité du lieu, dans les eaux territoriales étrangères? Ce point de droit international est
controversé. En principe, les autorités du lieu, seules,
agissent dans ce cas. Toutefois, si des actes de piraterie
s'accomplissent sans qu'ils soient réprimés, on peut supposer qu'il existe un accord tacite entre les auteurs de ces
actes, d'une part, et le gouvernement du lieu, de l'autre.

Plusieurs auteurs laissent entrevoir que, dans ce cas, un commandant de navire de guerre peut intervenir. A notre avis, nous pensons qu'il sera sage et prudent d'y regarder de près avant de prendre une détermination aussi grave. Ses instructions, du reste, sont toujours un guide sûr à consulter. Quoi qu'il en soit, une intervention pareille, sans l'autorisation préalable du gouvernement local, ne peut avoir lieu que dans les parties de la côte où ce gouvernement n'exerce aucune surveillance et n'est pas en mesure de réprimer la piraterie. Ainsi, en 1869, le gouvernement chinois permit à la corvette allemande *Méduse*, de visiter et de fouiller certains villages chinois, dont les habitants avaient, à quelque temps de là, détruit et saccagé un navire marchand allemand. Abstraction faite de ces deux cas, piraterie et traite des nègres, le pouvoir de juridiction des navires de guerre, en pleine mer, est limité aux navires marchands de leur nationalité. Des lois spéciales en définissent l'étendue. Ce pouvoir s'explique par une fiction en vertu de laquelle les navires en pleine mer sont toujours considérés comme faisant partie du sol national. Les étrangers même sont soumis, en pleine mer, aux lois et à la juridiction de l'État auquel appartient le navire ; les personnes revêtues d'un caractère d'inviolabilité font exception à cette dernière règle.

2ᵉ Cas. — Navires de commerce dans les eaux territoriales étrangères.

Les navires de commerce qui séjournent dans les eaux territoriales d'un État étranger sont soumis, pendant toute la durée de ce séjour, à la juridiction et à la police de cet État.

Dans certains pays, les droits des navires de commerce étrangers sont déterminés d'après la nationalité à laquelle ceux-ci appartiennent. Ainsi, la juridiction consulaire est établie, par des conventions ou des traités : en Turquie d'Europe, en Chine, au Japon, en Perse, etc.

D'une manière générale, lorsque des infractions sont commises à bord d'un navire de commerce, de passage dans des eaux territoriales étrangères, la justice du lieu n'intervient que si la paix du port ou de la rade est troublée ou si l'assistance des autorités est réclamée par le navire. Dans les mêmes conditions, si des conflits surviennent entre capitaine et gens de l'équipage, les consuls de la nation de ceux-ci procèdent à une enquête et sont juges ou arbitres. Les règlements du lieu ne sont appliqués qu'en ce qui concerne la police du port, le chargement, le déchargement des navires et la sécurité des marchandises. Les consuls aplanissent tous les différends qui surviennent à bord des bâtiments de leur nationalité, sauf le cas déjà cité où les désordres commis ont troublé l'ordre et la paix du lieu, de la rade ou du port.

Dans les ports étrangers, le navire de guerre n'a pas le droit d'intervenir, en matière de police, lorsqu'un conflit survient à bord d'un navire de commerce de sa nation. Le consul est seul compétent. Toutefois, il est traditionnel que les commandants de la marine militaire sont des conseils toujours précieux dans ces occasions ; le capitaine du navire délinquant et le consul, au besoin, ne manquent jamais d'y recourir.

Lorsqu'un délit ou crime est commis à bord d'un navire de commerce, soit en pleine mer, soit à l'étranger, une enquête minutieuse est faite par le capitaine. Dans un port de sa nationalité, celui-ci doit recourir aux autorités compétentes. Dans un port étranger, le capitaine, si le délit ne peut être puni par une mesure disciplinaire, doit déférer le coupable aux autorités du pays, par l'intermédiaire de son consul, en supposant qu'il y en ait un et, directement, dans le cas contraire. Si les autorités refusent de poursuivre le coupable, le capitaine sévit et prend les mesures qui lui sont commandées par les circonstances.

En pleine mer, lorsqu'un capitaine du commerce rencontre un navire de guerre quelconque, il peut demander l'assistance de celui-ci et même lui déférer tout homme de son équipage ayant commis un crime flagrant contre l'humanité.

DES NAVIRES DE GUERRE DANS LES EAUX TERRITORIALES ÉTRANGÈRES.

Un corps de troupes appartenant aux armées de terre et de mer ne peut mettre le pied sur un territoire étranger qu'en vertu d'une convention ou autorisation spéciale. Les navires de guerre et autres ont un droit d'hospitalité dans les eaux territoriales étrangères, et si celles-ci constituent une voie de communication pour les parcours internationaux, les navires de toutes catégories peuvent toujours les traverser.

L'un de nos petits bâtiments de guerre, en 1880 ou 1881, de passage dans un port étranger, fut amarré dans un bassin à flot. Par habitude, sans doute, son capitaine fit mettre un factionnaire en armes sur le quai, comme si son navire se fût trouvé dans le bassin de l'un de nos ports de commerce. L'autorité étrangère du lieu s'en émut et n'admit pas cette manière de faire. Le factionnaire ne resta pas longtemps à terre, quinze minutes à peine : on s'était vite aperçu qu'une erreur avait été commise. Néanmoins, ce petit incident, si maigre d'importance, donna lieu à un échange de notes entre les deux gouvernements intéressés ; ils n'eurent pas de peine à reconnaître que, dans cette affaire, il n'y avait pas de quoi fouetter un chat.

Les ports de mer de toutes les nations sont ouverts à tous les navires de guerre des puissances en état de paix. Ce n'est pas un droit : chacun est maître chez soi ; un État peut fermer ses ports aux navires de guerre étrangers ou en déterminer les conditions d'entrée et de séjour. Ortolan n'est pas de cet avis. Il voudrait que la prohibition fût consentie par une convention, surtout pour les ports de commerce, et il ajoute que dans un cas de danger de mer, l'entrée ne peut jamais être refusée.

Toutefois, ce principe de fermeture des ports n'est en vigueur que dans les eaux territoriales du Montenegro et le port d'Antivari. Presque tous les traités stipulent l'admission réciproque des navires de guerre sur le pied des droits concédés aux nations les plus favorisées.

Le séjour des navires de guerre dans les ports étrangers est réglé par les dispositions ou usages exposés ci-après :

Le nombre des navires de guerre d'une seule et même nation, autorisés à séjourner en même temps dans un port étranger ; ce nombre est quelquefois limité par des conventions ou règlements.

La durée du séjour dans les ports militaires ; le lieu où les navires doivent mouiller.

Le devoir de donner avis officiel de l'arrivée, de faire connaître le pavillon, l'espèce, le nom et le genre d'armement du navire, la force de son équipage, la qualité du commandant, le but et la durée probable du séjour.

Les saluts.

La défense de faire, dans les eaux territoriales, à moins qu'on n'y soit autorisé préalablement, des sondages autres que ceux nécessaires à la sécurité du bâtiment.

La défense de débarquer, sans l'assentiment des autorités locales, des hommes en armes et de faire des exercices de tir. L'autorisation ne doit être demandée, pour ces cas particuliers, que si on a la certitude qu'elle ne sera pas refusée.

Ordinairement, les hommes de l'équipage qui vont à terre en dehors du service, ne portent pas d'armes, à moins que ce ne soit dans un but de sécurité personnelle.

Les navires de guerre n'ont pas à subir de visite douanière. Ils avisent les autorités des réparations qu'ils ont à entreprendre, des acquisitions de matériel, des provisions d'eau qu'ils auront à faire.

L'observation des prescriptions relatives aux quarantaines.

Bien entendu, les navires de guerre ne peuvent entrer dans les fleuves ou canaux accessibles par les ports de mer qu'après en avoir obtenu l'autorisation préalable.

DROITS ET DEVOIRS DES NAVIRES DE GUERRE DANS LES EAUX TERRITORIALES ÉTRANGÈRES.

Les navires de guerre sont une partie de la force armée de l'État dont ils dépendent et dont ils sont directement les représentants. Leurs commandants sont chargés de cette représentation.

Les navires de guerre ont droit à des honneurs internationaux particuliers et participent, en outre, à la souveraineté et à l'indépendance de l'État dont ils dépendent. Ils ne sont subordonnés à aucun pouvoir étranger, car une subordination semblable, dit Pérels, porterait atteinte à l'autorité et à la dignité de leur gouvernement. Ils jouissent des prérogatives qui appartiennent à celui-ci et, par suite, du privilège de l'exterritorialité. Aucun pouvoir étranger ne peut s'immiscer dans ce qui se passe à leur bord ou dans leurs canots ; un agent quelconque ne peut y mettre le pied sans y être autorisé par le commandant. Ce principe est admis, que le navire de guerre soit en pleine mer ou dans les eaux territoriales d'un État étranger. Cette espèce d'inviolabilité ne rend pas cependant les commandants irresponsables, mais, le cas échéant, ceux-ci n'ont de compte à rendre qu'à leur gouvernement qui, par la voie diplomatique, arrange les différends ou conflits, lorsqu'ils n'ont pas été l'objet d'une transaction ou d'un compromis à l'amiable de la part des deux parties en présence. Toutefois, si un navire de guerre accomplit des actes de violence ou d'hostilité sur un territoire étranger, le gouvernement intéressé peut prendre immédiatement toutes les mesures commandées par la légitime défense et le maintien de sa propre inviolabilité.

Par ailleurs, un navire de guerre doit respecter les lois du pays où il est; il ne porte aucune atteinte à l'ordre établi dans le port. C'est dans ce sens que sont rédigés les traités relatifs au séjour des navires de guerre dans les eaux territoriales étrangères.

Presque tous les publicistes déclarent que les vaisseaux de guerre de nations étrangères échappent à la juridiction de l'autorité du lieu où ils ont été autorisés à séjourner. L'exterritorialité leur est accordée comme une concession que les États maritimes se sont faite réciproquement. Les immunités, dit Bluntschli, dont les navires de guerre jouissent vis-à-vis de la police et de la justice locales, s'appliquent au navire lui-même, mais elles cesseraient naturellement si l'équipage d'un navire de guerre, tout en restant à bord, venait à commettre envers les autres navires au mouillage ou les habitants du port, des actes de nature à troubler l'ordre public.

Berner dit que les flottes de guerre étrangères sont soumises aux lois de leur patrie. Altmayer, traitant la même question, dit que les crimes et délits commis à bord d'un navire de guerre, de quelque nature qu'ils soient et quel que soit leur auteur, tombent sous la juridiction de l'État auquel appartient le navire. C'est aussi notre opinion. Il ajoute : lorsque des gens d'un navire de guerre, passagers ou autres, se rendent, à terre, coupables d'une infraction et se réfugient ensuite à bord ou sur des canots du navire (les canots sont assimilés au navire) pour échapper à l'arrestation, les autorités locales n'ont d'autre ressource que de réclamer leur extradition, si elle est prévue, ou, tout au moins, une punition.

Dans le même ordre d'idées, Ortolan est aussi net :

Les bâtiments de guerre, dit-il, doivent participer pleinement à l'indépendance et à la souveraineté de la puissance qui les arme.... Ainsi, quel que soit le lieu où ils se trouvent, qui que ce soit au monde, étranger au gouvernement auquel ils appartiennent, n'a le droit de s'immiscer en rien dans ce qui se passe à leur bord, et encore moins d'y pénétrer par la force. On exprime généralement cette règle par une métaphore passée en coutume et tellement accréditée, traditionnelle, que, dans la plupart des esprits, elle est devenue comme une raison justificative de la proposition dont elle n'est qu'une expression figurée. On dit que tout bâtiment de guerre est une partie du territoire de la nation à laquelle il appartient, d'où la conséquence que, même lorsqu'il est dans un port étranger, les officiers, l'équipage et toutes les personnes qui se trouvent à son bord, sont censés être sur ce territoire. C'est par une expression résumée de la même figure qu'on appelle ce privilège : le droit d'exterritorialité. Cette expression attache au navire l'idée même du sol de la patrie ; elle confond, elle identifie l'un avec l'autre ; elle enracine au cœur du marin le sentiment instinctif que le navire c'est le pays. Si cette locution n'était pas en usage, si elle n'était pas devenue vulgaire chez toutes les nations, il faudrait l'inventer. En d'autres termes, le pont d'un bâtiment de guerre, c'est le territoire national, la patrie et les droits de souveraineté.

Tous les publicistes, français ou étrangers, sont du même avis sur ce point spécial. On en déduit les règles suivantes :

Aucun agent de l'autorité ne peut accomplir un acte quelconque de justice ou de police à bord d'un navire de guerre, étranger à cette autorité.

Toutes les infractions commises à bord par une personne embarquée sur le navire tombent sous la juridiction et les lois du pays dont le navire porte le pavillon ; il en serait de même si l'auteur de l'infraction ne faisait point partie de l'équipage, se trouvait accidentellement à bord et était même sujet de l'État dans le territoire maritime duquel le navire se trouve. Toutefois, dans ces derniers cas particuliers, le commandant du bâtiment s'inspire des circonstances et remet généralement le coupable à la justice ou à la police étrangère.

Ortolan pense que les autorités locales peuvent arrêter des individus ayant enfreint les lois du pays à terre, si on parvient à les saisir avant qu'ils aient réussi à gagner le bord ou un des canots de leur navire. Cette question est traitée et résolue dans un règlement ministériel du 25 juin 1858. Il y est dit ceci : « Sur les rades étrangères, « les relations de MM. les commandants et des autorités « du pays sont généralement fort délicates, aussi y a-t-il « un sérieux avantage à s'entendre au préalable avec les « consuls de France, chaque fois qu'un de nos marins a « été arrêté par les autorités locales ou chaque fois qu'un « étranger s'est rendu coupable d'un crime ou d'un délit « de la compétence de nos conseils de guerre. En pareil « cas, on ne saurait agir avec trop de prudence, et s'il « arrivait que les autorités du pays refusassent de déférer « aux réquisitions qui leur seraient adressées, il faudrait « se borner à m'en rendre compte, sans jamais recourir « à la force ou à la violence. Toutefois, si certains de nos « marins étaient poursuivis devant les tribunaux du pays, « MM. les commandants, d'accord avec les consuls, de- « vraient faire toutes les démarches nécessaires pour que « les prévenus fussent traités avec humanité, défendus et « jugés impartialement et conformément aux traités exis- « tant entre ces pays et la France. »

Pérels pense que si une infraction est commise à terre par des hommes d'un navire de guerre, il y a lieu d'exa- miner si les inculpés étaient à terre pour une raison de service ou pour tout autre motif.

En 1862, la frégate anglaise la *Forte* eut, à Rio-Janeiro, des difficultés qui se rapportent à la question dont nous nous occupons et qui sont un exemple à citer :

La frégate était en rade. Trois personnes de l'état-major

se trouvant à terre, se prirent de querelle avec un factionnaire brésilien ; elles furent arrêtées par une patrouille
de la police. Le gouvernement anglais considéra l'affaire
comme une violation de ses droits de souveraineté. Un
conflit en résulta entre les deux gouvernements, mais il
fut aplani par une sentence arbitrale du roi des Belges,
dans laquelle les déclarations suivantes furent insérées :

La manière dont les lois brésiliennes ont été appliquées
n'indique ni l'intention, ni le fait d'offenser la marine
britannique. D'autre part, il n'est pas démontré que les
autorités brésiliennes ont provoqué le conflit ; les officiers
arrêtés étaient en habits civils et ne pouvaient donc élever,
dans un port où il y a autant d'étrangers qu'à Rio, la prétention d'être reconnus comme faisant partie de la marine
britannique. Ils ne pouvaient, par conséquent, prétendre à
un traitement différent de celui des autres personnes
arrêtées. Ils avaient, après avoir prouvé leur qualité, été
relâchés le plus promptement possible, ce qui leur avait
certainement épargné d'autres conséquences désagréables
de leur conduite. Tel fut le résultat de l'intervention qui
ne touche nullement au fond de la question.

Par ailleurs, sous la réserve des attributions des consuls dont nous parlerons plus loin, les commandants des
bâtiments de guerre représentent, à tous égards, pour les
navires de commerce de leur nationalité, l'autorité publique. Ils ont, en cette qualité, toutes les obligations de secours et tous les droits de direction que possède le pouvoir
lui-même.

Lorsque des hommes d'un navire de guerre sont envoyés
à terre, en service, ils sont et restent soumis à la juridiction et aux lois du pays auquel appartient leur navire,
à moins, dit Pérels, que le séjour lui-même n'ait été
interdit par l'autorité étrangère. Toutefois, il est bon de
faire remarquer que tous les publicistes n'ont pas la même
manière de voir à ce sujet. Ainsi Kœnig et Phillimore
déclarent, d'une manière générale, que les hommes de

l'équipage d'un navire de guerre sont soumis aux lois du
pays dans lequel ils sont envoyés en service. Nous pensons
que ceux-ci se trompent. Il est évident que des hommes
autorisés à descendre à terre, en sorvice, dans un pays
étranger quelconque, ne cessent pas, par cela même, d'être
embarqués sur un navire de guerre. Par suite, quand ils
ne sortent pas des limites assignées dans l'autorisation,
la juridiction du pays étranger ne saurait les atteindre.
Cette règle ne serait pas appliquée aux hommes dont il
est question, s'ils se séparaient de l'autorité du bord qui
les accompagne toujours dans un cas semblable.

En dehors du service, l'autorité étrangère peut exercer
sa juridiction et sa police à l'égard de ces mêmes hommes.
Cependant, la plupart du temps, elle n'use même pas de
ce droit. Généralement, lorsqu'un homme de l'équipage
d'un navire de guerre commet un délit à terre, il est arrêté
provisoirement et livré au commandant qui est prié d'intervenir directement. Dès que la punition est infligée au
délinquant, il en prévient généralement l'autorité locale.
Souvent, celle-ci prie le consul du navire de guerre d'informer le commandant qu'un de ses hommes a commis, à
terre, en dehors du service, un délit. Il ne faut pas cependant perdre de vue que l'autorité étrangère a le droit
de poursuivre le délinquant dans ce cas, si elle n'a pas
renoncé à ce droit expressément ou par des actes formels.
Mais, si le délinquant revenait à terre, sans y avoir été
envoyé en service, après avoir réussi à gagner son navire,
cette même autorité aurait le droit de l'arrêter et de le traduire devant ses tribunaux. A bord et dans les canots du
navire de guerre, toute poursuite est interdite.

D'autre part, un navire de guerre est-il un asile et peut-
il être considéré comme tel par un délinquant qui veut se
soustraire à la juridiction des eaux territoriales étrangères ?
Cette question est controversée. Quelques auteurs répon-
dent affirmativement, d'autres négativement. Calvo et Pérels disent que le droit d'asile doit être reconnu par suite

de l'exterritorialité parfaite accordée à un navire de guerre, quel que soit le lieu où il se trouve. Un réfugié à bord est considéré comme s'il était dans un pays voisin des eaux territoriales, et la poursuite, dans ce cas, serait contraire au droit des gens. Ce n'est plus alors qu'une question d'extradition, si celle-ci est prévue dans les traités existants. Toutefois, un commandant peut, en se basant sur ses instructions, refuser ou accorder l'asile. Si un traité d'extradition existe entre les deux parties en cause, c'est-à-dire entre la nation à laquelle appartient le navire de guerre et la nation des eaux territoriales dont il est question, l'asile peut être accordé si le réfugié appartient à la nation dont le navire porte le pavillon. Bien entendu, il n'est nullement question ici de donner asile à des malfaiteurs.

A propos des esclaves fugitifs, d'une manière générale les navires de guerre, de passage dans un pays où l'esclavage subsiste à titre d'institution légale, ne peuvent pas devenir un lieu d'asile. Il n'y a cependant pas de règle précise à cet égard. On se guide surtout d'après des considérations d'humanité et on évite de faire tout ce qui pourrait être contraire aux usages internationaux et à la bonne foi. Lorsqu'un esclave fugitif vient réclamer la protection d'un navire de guerre, sous le prétexte qu'il est maltraité ou retenu en servitude contrairement aux traités existants, une enquête faite avec soin permet au commandant d'accorder ou de refuser l'asile demandé. Il n'existe pas de règles précises et strictes qui puissent servir de guide dans un cas semblable.

DES FRANCHISES ET FAVEURS PARTICULIÈRES ACCORDÉES A CERTAINES CATÉGORIES DE NAVIRES.

Les usages internationaux assimilent aux navires de guerre les navires qui n'appartiennent pas à la marine militaire, mais à bord desquels se trouvent des souverains étrangers ou leurs représentants, s'ils sont exclusivement destinés à les conduire.

En principe, les navires employés à des services ou usages publics, qu'ils appartiennent à l'État ou à des particuliers, ne sont pas assimilés aux bâtiments de la marine militaire. Cependant, par suite d'une entente ou de conventions, certains privilèges sont accordés aux paquebots affectés au service de la poste. Ainsi, par exemple, les paquebots belges faisant le service des correspondances entre Ostende et Douvres, sont considérés et reçus à Douvres comme s'ils étaient des bâtiments de guerre. C'est un traité spécial qui leur accorde ce privilège, mais c'est aussi une exception à la règle générale qui s'exprime ainsi : les navires de l'État sont des navires de guerre.

Quelques autres États traitent les bâtiments postaux de la même manière ; il y en a même qui vont jusqu'à leur accorder certaines immunités. En Allemagne, les navires des *Royal-Yacht-Clubs* ne paient pas les droits de port.

Il est admis, à peu près partout, que les bâtiments de l'État ayant une destination *lucrative,* ne peuvent pas prétendre aux immunités internationales ; on leur accorde seulement certaines facilités, en ce qui concerne les questions de douane, de chargement, de déchargement, de réparations, etc., etc. La qualité de bâtiment de l'État n'est donc que secondaire quand l'élément de la représentation du pouvoir souverain n'est pas établi sur un navire.

Les conflits de juridiction en matière de choses internationales sont faciles à éviter. Il suffit, pour cela, d'examiner avec soin les points suivants :

1° Le lieu où l'incident, pour lequel on est obligé de recourir à une juridiction, a eu lieu : haute mer ou eaux territoriales ;

2° L'incident a-t-il eu lieu à bord d'un navire de guerre ou d'un navire de commerce ?

3° Quelle est la nature du délit commis : est-ce un délit

purement disciplinaire; est-ce un délit de droit commun; est-ce un crime contre l'État?

Dans tous ces cas, la procédure à suivre est indiquée par un principe général de droit public reconnu par les nations. On considère toujours comme territoriale l'action de la justice en matière de criminalité et de pénalité. Les crimes sont toujours soumis à la loi du pays sur le territoire duquel ils ont été commis. Par ailleurs, l'action des lois pour les actes de police, de juridiction et de pénalité, ne peut se faire sentir que dans les limites territoriales d'un État et cette action ne peut être étendue au territoire d'un autre. En d'autres termes, un État n'a aucun compte à rendre au sujet des délits commis sur son propre territoire. Il les juge d'après sa propre juridiction. Sous ce rapport, chacun est maître chez soi. En France, les étrangers sont soumis à nos lois criminelles comme les nationaux. Mais, si le coupable, après y avoir commis son crime, parvient à se réfugier à l'étranger, il échappe, par la fuite, à l'action publique et à la souveraineté française; le ministère public n'a pas le droit de l'arrêter à l'étranger : ce serait porter atteinte à la souveraineté du pays dans lequel le coupable s'est réfugié. C'est pour remédier à cet état de choses que les gouvernements ont conclu entre eux des traités d'extradition.

EXTRADITION.

L'extradition est l'acte par lequel un État livre le prévenu d'une infraction commise hors de son territoire à un autre État dont la justice est compétente pour juger et punir cette infraction. Elle est toujours accordée si l'on se trouve dans l'un des cas où le traité l'autorise. Ce droit est fondé sur le traité conclu entre les deux États dans l'intérêt réciproque de chacun d'eux.

Les conditions de l'extradition varient suivant les conventions ou traités existants. Toutefois, les usages internationaux admettent que l'extradition ne peut jamais s'appliquer aux nationaux du pays auquel elle est demandée ; il répugne naturellement à la dignité d'un pays de livrer ses sujets à une justice étrangère. C'est toujours, du reste, une mesure grave, exceptionnelle, qui n'est stipulée que pour les crimes.

L'expulsion est bien différente. Elle est moins grave que l'extradition et par conséquent va moins loin. C'est un droit qui appartient à chaque État d'expulser de son territoire toute personne dont le séjour y constitue un danger.

De même, le commandant d'un bâtiment peut expulser de son bord tout individu qui s'y est introduit furtivement pour échapper à une poursuite légitime, et c'est le moyen le plus simple à employer dans un cas de cette nature. Ses devoirs s'étendent à tout ce qui intéresse particulièrement les gens de sa nationalité en pays étranger.

Les principes établis et admis, en ce qui concerne les navires de guerre et de commerce de passage dans des eaux étrangères, sont basés sur l'hypothèse des relations pacifiques et de bonne harmonie entre les États. Du reste, les principales puissances maritimes ont pris le soin de régler conventionnellement les droits ou les immunités dont elles entendent respectivement faire jouir les bâtiments de leur marine marchande. La forme et la portée des stipulations à cet égard varient sans doute beaucoup ; mais l'esprit en est le même. Nous avons défini ailleurs les droits et les devoirs des navires de guerre de passage dans des eaux territoriales étrangères.

DÉSERTEURS.

Les déserteurs sont extradés par l'intermédiaire des consuls ou agents consulaires ou encore par l'intermédiaire des autorités du lieu où le déserteur se trouve. Les traités et conventions contiennent des clauses à ce sujet. Cette pratique d'extradition est d'un usage général entre nations maritimes. Les formalités, employées dans tout autre cas, ne sont pas exigées à propos des déserteurs. Généralement, les déserteurs sont recherchés et arrêtés pour être reconduits à leur bord ou renvoyés dans leur pays sur la seule demande des consuls ou des vice-consuls de leur nation, ou, à défaut de ceux-ci, sur celle des commandants ou des capitaines intéressés. Un déserteur ne peut être poursuivi et arrêté que par les autorités locales compétentes. Quand il est arrêté, il est d'usage de restituer, à l'autorité du bâtiment auquel il appartient, les effets d'équipement et autres objets trouvés en sa possession. Des primes ou des gratifications sont parfois accordées pour la recherche et l'arrestation des déserteurs.

VÉRIFICATION DE LA NATIONALITÉ D'UN BATIMENT DE COMMERCE.

Nous avons vu comment on exerçait le droit d'enquête du pavillon. Il faut encore ajouter qu'une vérification de cette nature exige la plus grande circonspection. Le droit de *faire raisonner* est différent; un navire de guerre peut avoir des renseignements à demander à un navire de commerce et inviter celui-ci à répondre aux questions faites. La chose est moins grave en elle-même, cependant il serait ridicule de *faire raisonner* un navire sans motifs plausibles.

DÉFENSE DE DÉBARQUER A L'ÉTRANGER DES DÉTACHEMENTS EN ARMES.

L'article 145 du décret sur le service à bord nous renseigne à ce sujet. Il s'exprime ainsi :

« Le débarquement en pays étranger, pour exercice,

« cérémonie, ou tout autre motif, d'hommes en armes ap-
« partenant à un navire de guerre est interdit, à moins
« qu'il n'y ait eu, à ce sujet, entente préalable entre le
« commandant du navire et les agents diplomatiques ou
« autorités consulaires de France d'une part, et les auto-
« rités locales de l'autre. »

L'article 138 du même décret traite la question de
l'emploi de la force en pays étranger ; il s'exprime ainsi :

« Le commandant d'un navire de guerre ne doit pas, en
« pays étranger, recourir à la force, ni à des mesures sus-
« ceptibles de conduire à l'emploi de la force, sans y avoir
« été spécialement autorisé par le Ministre de la marine,
« à moins que l'honneur du pavillon ne soit engagé, ou
« qu'il n'ait à repousser une attaque contre le représentant
« de la France, contre des nationaux ou contre des bâti-
« ments français.

« Dans les circonstances prévues ci-dessus, et autant
« que cela est possible, le commandant se concerte avec
« l'agent diplomatique ou l'autorité consulaire de France ;
« mais il demeure seul juge de l'opportunité d'une dé-
« monstration de ses forces pouvant conduire à engager,
« sans l'autorisation du ministre, une action militaire. Il
« est également seul juge des limites dans lesquelles cette
« action peut être exercée. »

Quand nous aurons à examiner l'intervention des bâtiments de guerre en pays étranger (chap. IV), de plus
amples détails seront donnés sur cette matière importante
de l'emploi de la force en pays étranger.

Il est des cas particuliers où l'intervention d'un navire
de guerre est justifiable, mais *sous la responsabilité entière
et personnelle du commandant*. Dans certains pays dépourvus
de souveraineté sérieuse, où l'autorité publique n'existe
pas pour ainsi dire, un agent consulaire d'une nation
quelconque peut se trouver dans la nécessité de recourir
à l'assistance d'un bâtiment de guerre dont le pavillon
n'est pas l'emblème du solliciteur. C'est ce qui eut lieu à

Apia (archipel des Samoa) en septembre 1877. Nous étions à ce moment de passage à Tahiti, et récemment nous avons visité le port d'Apia où l'on se souvient encore de l'intervention du croiseur français le *Seignelay,* commandé alors par M. le capitaine de vaisseau Aube, aujourd'hui vice-amiral. Voici succinctement les faits tels qu'ils résultent du rapport que cet officier général a bien voulu nous communiquer :

« Dans la nuit du 25 au 26 septembre 1877, je reçus du « consul des États-Unis une lettre dans laquelle il re- « querrait *officiellement* mon assistance contre des citoyens « des *États-Unis,* rebelles à son autorité. Il se regardait « comme en danger à terre, sa vie étant menacée par ces « mêmes citoyens. »

Le commandant du *Seignelay,* après y avoir mûrement réfléchi, promit l'assistance demandée.

« Je me rendis à terre le lendemain, écrit-il, accompa- « gné d'un officier et de cinq hommes... — Je vis le consul « américain et lui tins ce langage : En ce qui touche votre « vie, elle est dès à présent sous la protection du pavillon « français. Quant à l'assistance que vous requerrez de moi « pour rétablir votre autorité sur des sujets américains « rebelles à votre autorité légitime, je suis disposé à vous « l'accorder, mais aux conditions expresses suivantes, « acceptées sans réserve aucune :

« 1° Vous prendrez l'entière et absolue responsabilité « de tous vos actes comme *représentant des États-Unis;* « 2° vous n'agirez que contre des personnes *soumises à votre* « *juridiction.*

« Le lendemain, un détachement, supérieur en nombre « au premier, fut mis à la disposition du consul améri- « cain. L'officier du *Seignelay* qui le commandait, avait « reçu les instructions suivantes :

« Arrêter toute personne que vous désignera le consul « américain, s'il affirme que cette personne est soumise à « sa juridiction. Repousser toute agression ; éviter toute

« provocation. — En un mot, donner force à la loi améri-
« caine représentée par le consul américain sous la *seule*
« *responsabilité* de ce dernier, n'agissant et ne devant agir
« lui-même que dans les limites de *ses pouvoirs* et de *sa*
« *juridiction.* »

. . . .

. . . .

. . . .

Le consul américain voulait d'abord rentrer en possession de ses archives et de la maison d'où on l'avait chassé.
Voici comment s'exprime, à ce sujet, le rapport déjà
cité :

« Dans la nuit du 21 septembre, vers 10 heures, une
« troupe d'hommes armés aux ordres d'un sieur Hunt vint
« entourer une maison sur laquelle, en vertu de ses pou-
« voirs consulaires et de la délégation à lui faite de ses
« propres pouvoirs, le consul américain avait apposé les
« scellés de son gouvernement. Ces hommes demandèrent
« l'entrée de la maison et déclarèrent qu'ils allaient en
« briser les portes si elles ne leur étaient pas ouvertes. Le
« marshal des États-Unis protesta et leur dit : Ne brisez
« pas les sceaux des États-Unis.... — Le consul améri-
« cain avait loué la maison ; il était par conséquent chez
« lui.... — C'était une propriété de la mission catholi-
« que.... — Enfin, le détachement du *Seignelay* remit le
« consul américain dans sa maison au lieu et à la place
« du sieur Hunt, qui l'en avait chassé. Celui-ci protesta.
« Ce fut le dernier tableau de l'intervention du *Seignelay*,
« mais le sieur Hunt, sujet anglais, pria son consul à
« Apia de protester également.... Sa maison, disait-il,
« avait été violée.... — Il y eut au sujet de ce nouvel in-
« cident un échange de notes entre les cabinets de Londres
« et de Paris, où l'on trouva, sans doute, que le jeu n'en
« valait pas la chandelle. L'amiral Serres, qui commandait
« la division navale dont le *Seignelay* faisait partie, blâma
« le concours prêté au consul américain d'Apia, probable-

« ment parce qu'il entrevoyait une complication à propos
« de la prétendue violation de domicile visée par les pro-
« testations anglaises. Le ministre fut d'un avis contraire
« et donna gain de cause au commandant Aube. »

Cette intervention du *Seignelay* était-elle utile, opportune ? A notre avis, oui, puisque l'autorité locale d'Apia
était impuissante. La police canaque eût été incapable de
conjurer le danger dont le consul américain était menacé.
Mais, ce qui est possible à Apia, où la civilisation est encore à l'état d'embryon, ne l'est pas ailleurs de la même
manière ; du reste, les incidents de l'espèce en question
ne se produisent jamais dans un pays où tout fonctionne
régulièrement.

Le droit de défense personnelle existe partout et résulte
du fait et des droits de l'existence. Lorsque notre vie est
en danger, nous avons le devoir d'invoquer l'assistance
de l'autorité. Lorsque celle-ci fait défaut, nous rentrons
dans l'exercice des fonctions judiciaires et législatives
dont elle est investie ; nous jugeons nous-mêmes notre
propre cause. Or, ce que nous pouvons faire pour nous,
ne devons-nous pas le faire pour notre prochain ?

CHAPITRE III

La juridiction applicable à un fait de piraterie est exposée au chapitre précédent. Il nous reste à définir ce qu'on entend généralement par piraterie et à indiquer comment on procède contre les pirates.

S'approprier illégalement en mer des cargaisons, constitue un acte de piraterie. Enlever des individus, dans les mêmes conditions, est aussi un vol pratiqué par les pirates. Toute entreprise ou expédition illégale, qu'elle soit accomplie avec ou sans armes, lorsque son but est d'obtenir un gain par la violence, est appelée une entreprise de piraterie et doit être poursuivie comme telle.

En un mot, le vol à main armée, la violence contre les personnes, la destruction du bâtiment pillé ou volé et, *à fortiori*, la mise à mort de son équipage, sont autant de faits caractéristiques de piraterie. Le port d'armes aggrave toujours le caractère du vol, que celui-ci soit accompli sur mer ou sur terre. La violence est également une circonstance aggravante. Le crime de piraterie est, dans presque tous les cas, un attentat contre la personne et contre la propriété.

Le vol d'objets échoués est un vol simple. Le voleur d'épaves est une espèce de braconnier, passible d'une peine correctionnelle.

Le fait de la piraterie se rencontre parfois quand bien même le navire n'a pas été équipé dans ce but ; souvent même, celui-ci a commencé son voyage sans intention criminelle. Ainsi, à la suite d'une révolte à bord, si les rebelles, maîtres du navire, commettent des actes de piraterie, il en résulte que le bâtiment perd la protection due à son pavillon : il est, pour ainsi dire, dénationalisé. D'autre part, si un navire de guerre d'une puissance quelconque commettait des abus de pouvoir, des actes de violence ou autres, il n'y aurait pas lieu de le soupçonner pour cela d'avoir voulu modifier sa qualité.

Dans certaines circonstances, quelques catégories de navires ont été assimilées aux pirates : les navires, par exemple, qui font la traite des nègres, d'après certains traités ; les corsaires, dans quelques cas qui seront établis plus loin, et les navires qui voyagent sans pavillon ou dont le pavillon n'appartient à aucun État ou ayant pris un pavillon étranger pour se livrer à des actes de violence.

Ainsi, la traite des nègres, c'est-à-dire l'achat et la vente des nègres, Chinois, Indiens, etc., etc., opérés par des gens sans foi ni loi, ne constituent pas toujours, selon le droit international, un acte dit de piraterie. Mais ces réserves disparaissent si des conventions spéciales autorisent les navires de guerre à intervenir en pareille circonstance et à sévir conformément aux lois et usages. Il est admis aussi en principe que tout navire ayant pratiqué des hostilités contre un État quelconque, sans y avoir été préalablement autorisé par le gouvernement d'un autre État en guerre avec le premier, doit être traité et considéré comme pirate. En 1861, pendant la guerre de Sécession, le président Lincoln, des États-Unis, déclara que les corsaires des États du Sud devaient être considérés comme des pirates. Ils ne furent point traités comme tels : au contraire, les États du Sud furent reconnus comme belligérants par la France et l'Angleterre, attendu que, dans l'espèce, leurs navires ne portaient aucune atteinte à la sécurité ni à la liberté de la mer.

De tout temps, la piraterie a été frappée de la peine de mort. Aujourd'hui encore, ce crime est puni de la même peine. Les objets trouvés en la possession des pirates sont, quand on le peut, restitués à leurs légitimes propriétaires ou mis en lieu sûr jusqu'à ce qu'un jugement vienne statuer sur la destination à leur donner.

Tous les navires peuvent poursuivre un bâtiment pirate, puisque ce dernier n'appartient à aucun État. Il est hors la loi et ne mérite, par suite, aucune protection. Un pirate pris en flagrant délit peut être exécuté immédiatement. C'est un cas de légitime défense pour le navire qui a constaté le flagrant délit, et l'unique exception à la règle d'après laquelle les pouvoirs publics seuls ont le droit de décider les questions de vie ou de mort. Un navire de commerce, dans un cas semblable, devrait livrer le pirate pris en flagrant délit aux autorités régulières qui le jugeraient. Toutefois, nous pensons qu'un capitaine de navire de commerce, attaqué par un pirate, ne serait pas blâmé en exécutant sur-le-champ les coupables.

Un navire de guerre ne procède pas de la même manière. Il a des instructions et sait, par suite, s'il peut juger ou non des pirates. Généralement, si le pirate n'a pas été pris en flagrant délit, le commandant attend son arrivée dans un port pour en saisir la justice locale.

Nous avons dit, chapitre deuxième, qu'en principe, on ne peut, sans l'autorisation du gouvernement, poursuivre les pirates dans les mers territoriales et les parties du pays où ce gouvernement lui-même est en mesure de procéder à la poursuite. Ce point de droit est, du reste, controversé.

DIFFÉRENCE ENTRE LES PIRATES ET LES CORSAIRES.

Les corsaires sont des navires qui, en temps de guerre seulement, sont commissionnés par le gouvernement d'un État souverain et autorisés par lui, en vertu du droit des belligérants, à saisir les navires de la nation avec laquelle il est en guerre. L'action d'un corsaire ne peut s'étendre qu'aux navires de la nation ennemie du pays qui lui a délivré sa commission, et celui-ci est responsable devant toutes les nations des actes pratiqués illégalement par ses corsaires. Le droit de juger et de punir les corsaires appartient au gouvernement qui les a commissionnés.

Les corsaires peuvent aussi rançonner un bâtiment ennemi, à la condition :

Que le bâtiment rançonné sera sûrement ennemi ; que l'on fera usage d'une formule de traité de rançon officielle ; que l'on ramènera des otages. La fraude dans les rançons est toujours très sévèrement punie.

DE LA POLICE DE LA MER. — DES COLLISIONS.

L'État ou gouvernement, mandataire du pays, dirige la société et assure à chacun la justice dans ses rapports sociaux sur terre et sur mer. C'est une puissance publique qui exerce son action dans le but de garantir la sécurité, la liberté, la protection de toute jouissance et action légitimes ; de prévenir ou de réprimer toute action socialement mauvaise, oppressive du bien.

Sur la mer, sur les plages, sur certaines parties des fleuves, sur les bâtiments de commerce de sa nationalité, cette puissance publique exerce une part de l'action générale dont nous venons de parler.

En mer, les bâtiments de guerre ont droit de police, pour le rétablissement de l'ordre, sur les navires de commerce de toutes nations, mais seulement quand il y a crime flagrant contre l'humanité et urgence d'intervention. Hors ce cas, très exceptionnel, le bâtiment marchand est inviolable en mer de la part de l'*autorité étrangère*, comme le territoire lui-même.

Le principe de la juridiction du pays dont le navire porte le pavillon est consacré depuis longtemps par les conventions internationales, les us et coutumes et les traditions. Quelques conventions autorisent cependant la constatation des délits par leurs croiseurs et l'accomplissement de certains actes de police judiciaire dans un port de leur nation.

De tout temps, on s'est occupé de prévenir les collisions des navires entre eux. Autrefois, on s'en tenait à certains usages qui étaient considérés comme obligatoires. Aujourd'hui, des dispositions spéciales indiquent aux bâtiments ce qu'ils ont à faire pour éviter tout ce qui pourrait occasionner un abordage en cas de rencontre ; elles indiquent en même temps quels sont les feux réglementaires dont les navires doivent être porteurs à la mer, soit qu'ils naviguent à la vapeur ou à la voile. Des signaux de brume, de détresse, sont également employés dans le même but et des conventions internationales ont été conclues par toutes les puissances, afin que le mode d'emploi des feux et signaux soit le même partout. La loi punit toute infraction ou toute omission comme un délit, et, lorsqu'il y a collision, la présomption légale est attachée au bâtiment qui a violé les règles établies ou qui a négligé de les observer.

En Angleterre, en cas de collision de deux navires, la loi impose aux deux capitaines ou patrons le devoir de se prêter un mutuel appui, afin de sauver tout ce qui est exposé à un danger, mais il faut, dit cette loi, que cela puisse se faire sans compromettre son propre navire et ses gens. Les navires, en un mot, ayant donné ou reçu le choc, ne doivent jamais se séparer avant d'avoir tenté, par tous les moyens possibles, le sauvetage du personnel en perdition et même, s'ils le peuvent, du navire sur lequel celui-ci se trouve.

A notre avis, un capitaine ne doit jamais perdre de vue que son devoir strict d'homme de mer est de rester sur le lieu du sinistre jusqu'à ce qu'un délai moral soit écoulé, c'est-à-dire jusqu'au moment où il n'y a plus rien à tenter pour secourir les victimes de la catastrophe. Ceux qui agissent autrement en pareille occurrence forment de rares exceptions, il est juste de le constater. Dans la grande famille des gens de mer si brave et si loyale, les hommes de cœur prêts à se sacrifier pour sauver leurs semblables forment la règle ; les autres, en très petit nombre, Dieu merci, sont l'exception. C'est une tradition encore très en honneur, une espèce de solidarité internationale, qui pousse instinctivement le marin jusqu'à commettre les plus grandes imprudences, lorsque l'un de ses compagnons de voyage est exposé à un danger. Sauver un homme, et même plusieurs à la fois, c'est encore, pour tout marin, commettre une action très simple et très naturelle !

DES SIGNAUX EN MER.

Les signaux de nuit et de jour en usage en cas de détresse, de même que ceux de pilotage, ont été fixés pour les États maritimes, d'après des conventions ou traités. Le Code international de signaux a été adopté par toutes les nations : c'est une langue maritime universelle qui diminue les chances d'abordages et épargne, par suite, bien des regrets. Par des combinaisons simples, les navires qui se rencontrent peuvent signaler leurs routes, le port d'où ils viennent, le port où ils vont, le nombre de jours écoulés depuis le départ, en un mot, tout ce qui peut avoir un intérêt particulier pour les parties en présence. La première publication de ce travail si utile a été faite d'après les travaux de M. le capitaine de vaisseau

Sallandrouze de Lamornaix. La dernière édition a été mise à jour sur l'édition anglaise de 1882 ; on y trouve, aux dernières pages, les règles pour prévenir les abordages.

DE LA POLICE DE LA PÊCHE EN MER.

En vertu de ce principe que la haute mer est libre, le droit de pêcher appartient à quiconque désire exercer cette industrie. En dehors des eaux territoriales, le pêcheur est libre de tous ses mouvements. La limite de ces eaux est de trois milles à partir de la laisse de basse mer. La convention de La Haye, du 6 mai 1882, relative à la police de la pêche dans la mer du Nord, établit cependant une exception à cette règle générale ; elle dit : *pour les baies,* le rayon de trois milles sera mesuré à partir d'une ligne droite, tirée en travers de la baie, dans la partie la plus rapprochée de l'entrée, au premier point où l'ouverture n'excédera pas dix milles.

Il est admis et reconnu qu'aucun État ne peut s'occuper de la police de la pêche en pleine mer, mais toutes les puissances ont le droit de surveiller et de protéger les pêcheurs de leur nationalité. Les traités internationaux appelés « trêves pêcheresses », et toujours en usage, indiquent comment sont réglés les rapports des pêcheurs de même nationalité et de nationalité différente. On y trouve: les prescriptions destinées à éviter les collisions entre les bâtiments de pêche et entre ceux-ci et les navires ; les prohibitions tendant à prévenir tout trouble apporté à la pêche. Il est interdit aux pêcheurs de se nuire réciproquement, de s'expulser mutuellement du territoire de la pêche, de jeter du trouble dans le travail d'autrui en usant d'engins défendus ou prohibés, de chercher, par des moyens frauduleux à accaparer pour soi tous les avantages. Les usages concernant l'assistance que les pêcheurs doivent se prêter réciproquement en cas de danger, d'échouage, de manque de provisions, de périls à signaler, y sont également exposés.

Il est curieux et instructif de lire les prescriptions de l'ordonnance du mois d'août 1681, et relatives au droit de pêche :

« La pêche de la mer libre, y est-il dit, est commune à « tous. C'est un premier principe que la mer n'est point « un domaine particulier de qui que ce soit, mais qu'elle « est commune à tous les hommes, tout ainsi que l'air, « ce qui montre que Seldenus, en son traité *De dominio* « *maris*, n'a pas raison de dire que les rois d'Angleterre « sont les rois de la mer, à l'exclusion des autres rois et « souverains. La pêche est libre, sans taxe ni tribut à « payer pour cela, qu'elle soit faite en pleine mer ou sur « les grèves. »

DE LA QUARANTAINE.

La quarantaine, c'est la défense de débarquer, imposée dans le but d'empêcher les maladies contagieuses de se répandre. Les navires qui y sont soumis sont tenus d'observer les mesures de police sanitaire du lieu.

Cette institution date du XIVe siècle. Vers cette époque, les ravages de la mort noire, la peste, furent terribles. Venise soumit tous les navires venant du Levant à un isolement de quarante jours. Plus tard, un ensemble de mesures destinées à préserver les villes maritimes d'épidémies apportées par les navires fut édicté. On était extrêmement sévère. Tout navire suspect ne communiquait ni avec la terre, ni avec les autres navires. Le capitaine était obligé de désinfecter son navire. Son équipage était séquestré huit jours après son arrivée au port, dans un lazaret, pendant soixante jours. La cargaison, mise à terre dans un endroit isolé, était imprégnée d'une substance désinfectante, et des peines sévères étaient appliquées en cas de contravention.

Si le navire arrivait d'un endroit sain, il avait la libre pratique ; lorsqu'il arrivait d'un port sain, mais ayant des rapports avec des pays visités par la peste, on lui imposait vingt jours de quarantaine, vingt-cinq si le port était suspect, trente et soixante jours s'il était infecté.

Aujourd'hui, des adoucissements sont apportés à ces anciennes règles. Cependant, il n'existe pas encore d'uniformité dans le service de la quarantaine. Chaque État règle la matière comme il l'entend.

Le pavillon jaune est ordinairement arboré par le bâtiment soumis à une quarantaine. Le Code international des signaux indique ceux qui doivent être arborés dans les divers cas de quarantaine.

Au départ d'un port, le capitaine fait viser sa patente de santé par les autorités. A l'arrivée, le service sanitaire du lieu raisonne le navire, examine ladite patente et applique ou non les mesures de quarantaine.

Dans certains pays, les navires dé guerre jouissent de quelques privilèges au point de vue de la quarantaine. Ainsi, en Suède, à défaut de patente de santé, la déclaration du commandant en tient lieu ; ils ne paient aucuns frais de quarantaine, le cas échéant, et peuvent se mettre à l'ancre à une distance convenable du rivage, pour s'isoler, en prenant toutefois l'engagement d'honneur de ne permettre aucune communication, pendant la durée de l'isolement, entre le personnel du bord et les habitants du pays.

Les bâtiments de guerre qui, pour une raison quelconque, ne veulent pas admettre l'intervention du lieu en matière de quarantaine, ont un droit : c'est celui de reprendre la mer et de chercher un refuge ailleurs. Les autorités locales d'un port peuvent refuser ou donner la libre pratique à un navire ; leurs décisions, à ce sujet, ne peuvent être l'objet d'aucune réclamation. Protéger la santé publique, tel est avant tout leur devoir.

CAS DE GUERRE CIVILE.

Un gouvernement est-il fondé en droit à proclamer *pirates* et à punir de mort les rebelles qui parcourent les mers pour s'emparer des biens appartenant aux sujets ou citoyens demeurés fidèles au pouvoir établi ?

Calvo dit qu'en principe, le gouvernement dont la rébellion met l'existence en jeu est libre et souverain pour poursuivre et réprimer comme il l'entend, par les forces dont il dispose, les attaques dirigées contre lui ; mais il ne suffit pas qu'il attache au fait la qualification de piraterie pour que cette rébellion se transforme *ipso facto*, à l'égard des États étrangers, en crime de droit des gens et devienne punissable comme tel. Cela est si vrai que le pays où a éclaté une rébellion qui par sa puissance et sa durée assume le caractère de guerre civile peut, à son point de vue, pour ses propres convenances, ne voir que des actes de piraterie dans ce que les autres pays, étrangers à la lutte, considèrent et respectent comme des actes de belligérants.

A cet égard, on peut regarder comme admis, par le droit coutumier, les principes suivants :

1° Chez une nation où existent différentes factions, le gouvernement de fait, qui a assumé et exerce le pouvoir public, généralement accepté, obéi dans le pays, parce qu'il réunit les éléments les plus stables de légalité, doit être considéré comme représentant la souveraineté de ce pays, quoique les puissances ne l'aient pas reconnu officiellement ;

2° Les navires de guerre naviguant avec l'autorisation ou une commission de ce gouvernement sont investis de la représentation légale ; ce sont les seuls qui puissent invoquer les immunités inhérentes aux navires officiels de l'État ;

3° Les navires armés par les factions opposées à ce gouvernement de fait et non reconnues comme belligérants manquent de toute représentation ; ils peuvent être détenus et pris en haute mer et même dans les eaux de leur propre État, quand ils commettent des violations du droit des gens au détriment de nations tierces ou de leurs citoyens, ou quand ils abordent dans les ports de ces nations ; dans l'un ou l'autre cas, ils peuvent être remis au gouvernement à l'obéissance duquel ils se sont soustraits par la rébellion.

Quant aux révoltes isolées, en quelque sorte individuelles, aboutissant à des actes de déprédation en pleine mer, commis sous un pavillon qui n'est pas reconnu appartenir à un État constitué et souverain, il est évident qu'elles comportent pleinement l'assimilation à la piraterie et la répression comme crime du droit des gens.

En temps de guerre, les États qui n'ont pas adhéré aux stipulations du congrès du 16 avril 1856 peuvent encore constituer une flotte de corsaires. Dans ce cas, ceux-ci doivent être munis de lettres de marque. Ils sont alors considérés comme des auxiliaires de la force navale du pays dont ils portent le pavillon ; ils ne subissent jamais le traitement réservé aux pirates, mais la responsabilité de leurs actes incombe à l'État qui les a armés.

De tout temps, la piraterie a été réprimée par les châtiments les plus sévères. Récemment, toutes les nations maritimes procédaient à l'égard des pirates dans la même forme sommaire : on les pendait sans autre forme de procès, au moment où l'on parvenait à s'emparer d'eux. Aujourd'hui, des tribunaux d'exception, cours d'amirauté ou autres semblables, sont chargés de connaître et de juger tout ce qui est relatif à la piraterie.

DROIT PÉNAL INTERNATIONAL.

C'est un principe général de droit que les crimes ont toujours un caractère local et sont régis exclusivement par la loi pénale du pays où ils ont été commis et non par celle du lieu où ses conséquences peuvent s'étendre. Cependant, la trahison, la fabrication de fausse monnaie, la falsification des sceaux de l'État, des billets de banques publiques, etc., etc., font exception à ce principe. Pour ces crimes, les États conservent leur liberté d'action.

Aucun État n'autorise l'exécution, sur son territoire, des jugements rendus en matière criminelle par les tribunaux étrangers contre la personne ou contre les biens d'un individu. Par suite, le droit de répression des États sur leurs sujets est naturellement limité à l'étendue de leur territoire juridictionnel, colonies comprises, hors duquel leurs lois perdent toute action.

Les délits de police ne peuvent donner lieu qu'à l'application d'une seule loi, celle du pays de la résidence. Les délits communs trouvent à peu près dans toutes les législations une répression générale, souvent identique. Les peines et les formes de la procédure diffèrent, mais les incriminations, plus ou moins prévoyantes, saisissent en général les mêmes faits. La conscience humaine flétrit les mêmes actes dans tous les pays. La responsabilité d'un coupable est la même partout. Ainsi donc, les juges d'un pays ne peuvent être substitués aux juges d'un autre pays ; ils exercent exclusivement leur juridiction s'ils parviennent à saisir le coupable. Mais, dans la pratique, des adoucissements sont apportés à ces principes. Des conventions stipulent que les gouvernements contractants s'engagent à se livrer réciproquement les criminels réfugiés sur leur territoire, à l'exception de leurs nationaux. Pour les délits commis à terre par des marins d'un navire de guerre ou de commerce de passage dans des eaux territoriales étrangères, les consuls ou agents consulaires interviennent en faveur de leurs nationaux. D'ailleurs, les délits de simple police sont, la plupart du temps, l'objet d'accords spéciaux séparés ; des clauses maritimes insérées dans les traités de commerce et de navigation et dans les traités consulaires, indiquent la voie à suivre en pareille occurrence.

DROIT INTERNATIONAL PRIVÉ MARITIME.

Les conflits de lois auxquels donne naissance l'application des lois maritimes *privées* ont peu occupé les jurisconsultes. M. Lyon-Caen, professeur à la Faculté de droit de Paris et à l'École des sciences politiques, a comblé cette lacune récemment.

Ces conflits de lois en matière maritime *privée* ne doivent pas, selon ce savant auteur, être toujours tranchés à l'aide des principes ordinaires du droit international. La nature spéciale des bâtiments de mer, la nécessité de faciliter et de favoriser les relations maritimes et commerciales entre les citoyens des divers États, doit faire fréquemment appliquer des règles toutes particulières : on doit se référer à la loi du pavillon du navire, c'est-à-dire à la loi du pays auquel le navire appartient, alors que les principes du droit commun entraîneraient l'application de la loi du pays dans lequel se trouve en fait le navire (*lex rei sitæ*). L'application de la loi du pavillon est bien universellement admise dans le cas où il s'agit d'un navire se trouvant en pleine mer, c'est-à-dire hors de la mer territoriale d'un État quelconque. Mais l'application de la loi du pavillon ne doit pas être restreinte à ce cas, elle doit être adoptée même quand un navire se trouve dans un port étranger. Telle est du moins l'opinion de M. Lyon-Caen.

Le navire français ou étranger, en quelque lieu qu'il voyage, conserve toujours sa qualité de chose française ou étrangère, et doit rester soumis aux lois de son pays d'origine, en tant qu'elles ne sont pas contraires à des lois d'ordre public du pays dans lequel il se trouve. Grâce à ce principe, on obtient le précieux résultat de ne pas faire varier les lois auxquelles sont soumis les navires avec les nombreux pays qu'ils parcourent.

La loi du pavillon, selon le même auteur, doit prévaloir

dans plusieurs cas. Elle sert à fixer, dit-il, les formalités de publicité requises pour la transmission de la propriété d'un navire, même quand le navire se trouve dans un pays étranger. Par ailleurs, le créancier, qui se prévaut d'un privilège sur un navire étranger se trouvant même dans un port français, doit être admis à l'exercer, s'il prouve la créance à l'aide des moyens admis par la loi du pays du bâtiment.

L'étendue des pouvoirs d'un capitaine de bâtiment de commerce est déterminée d'après la loi du pavillon. Sur cette question, les jurisconsultes et les jurisprudences de tous les pays sont à peu près du même avis. Quant à la loi qui doit être appliquée au propriétaire d'un navire marchand au point de vue de sa responsabilité, les usages généralement suivis veulent que le propriétaire du navire soit actionné devant le tribunal du pays dans lequel son navire est saisi.

Nos lois prescrivent au capitaine d'un navire marchand de faire opérer la visite de son navire avant d'embarquer son chargement. Elle a pour but de s'assurer que le navire est en état de tenir la mer et pourvu de tout ce qui est nécessaire pour que le voyage soit entrepris dans de bonnes conditions.

Les navires étrangers, d'après notre jurisprudence, ne subissent pas cette visite parce que ces navires sont considérés comme une portion détachée du pays dont ils portent le pavillon et que, de ce chef, ils sont soumis aux lois de ce pays. (Cour de cassation, arrêt du 11 février 1862.)

Par ailleurs, les capitaines sont tenus de prendre un pilote à l'entrée ou à la sortie des ports et des rades et cette obligation incombe sans distinction aux capitaines de toutes les nationalités. Ce caractère général de l'obligation du pilotage se conçoit. Il s'agit d'une mesure de police au premier chef ; la navigation à l'entrée des ports et des rades offre souvent les plus graves difficultés. En France, l'obligation du pilotage n'a pas exclusivement le caractère d'une mesure de police ; il y a là aussi une mesure fiscale, puisque les capitaines peuvent, à leurs risques et périls, se dispenser de prendre un pilote, à la charge de payer quand même le droit de pilotage. Mais les lois fiscales sont territoriales et doivent être appliquées quelle que soit la nationalité des personnes et des biens.

Les abordages donnent aussi naissance à plusieurs questions législatives qui ne seront examinées ici que sommairement. Ainsi, quand un dommage est causé par un abordage au navire ou à la cargaison ou aux personnes, qui est tenu de le supporter ? Quelles formalités les personnes lésées ont-elles à remplir pour conserver leur droit à des dommages-intérêts, s'il y a lieu, et dans quel délai sont-elles tenues d'agir ?

D'une manière générale, lorsqu'un abordage est causé par la faute d'un capitaine, celui-ci et le propriétaire civilement responsable doivent des dommages-intérêts aux personnes lésées. S'il y a incertitude sur la cause réelle de l'abordage, il est fait une masse des dommages subis par les deux bâtiments et ces dommages sont également répartis entre eux.

En ce qui concerne la seconde question posée, le Code de commerce français (art. 435 et 436) exige qu'une réclamation soit faite et signifiée dans les vingt-quatre heures à partir du moment où le capitaine a pu agir et qu'elle soit suivie dans le mois d'une demande en justice. D'après l'opinion la plus répandue, c'est la loi du tribunal saisi (*lex fori*) qui fixe à quelles conditions l'action est recevable, en tant qu'il s'agit de choses touchant à l'ordre public ou de formalités à remplir auprès du tribunal.

M. Labbé, un jurisconsulte des plus distingués, propose un système nouveau qu'il recommande surtout pour le cas où un abordage a eu lieu en pleine mer. Il s'exprime de la manière suivante :

« Tout le monde, aujourd'hui, sent le besoin de tracer,

« par un accord entre les nations, des règles de droit in-
« ternational maritime pour ce qui se passe en pleine
« mer. Faut-il attendre les résultats d'un Congrès pour
« donner à la justice un mouvement plus équitable à l'é-
« gard des étrangers ? Notre loi a-t-elle été faite pour
« régir des personnes qui ne lui étaient soumises ni par
« le lien de la nationalité, ni par le lieu du séjour au
« moment des faits litigieux ? Nous ne proposerons pas
« de substituer la loi positive arbitraire du demandeur
« à celle du défendeur ou à celle du tribunal. Le fait, à
« notre avis, par la diversité de la nationalité des parties
« et par le lieu de son accomplissement, échappe à toute
« loi positive. Il reste sous la loi qui régit l'humanité
« tout entière, le droit des gens, disaient les Romains, qui
« ont fini par le confondre avec le droit naturel. Le droit
« des gens, le droit commun des nations maritimes, la
« raison humaine exige de la part du capitaine dont le
« navire a été endommagé ou a péri par la faute d'autrui,
« une protestation aussi prompte que possible. Notre délai
« de vingt-quatre heures, tempéré par l'excuse de l'im-
« puissance comme le fait notre jurisprudence, répond
« peut-être assez bien à cette idée. Mais, devons-nous
« admettre, comme une nécessité de justice absolue, une
« signification du protêt plus prompte que l'introduction
« de la demande en justice ? Un retard de quelques jours
« dans le recours direct contre l'auteur présumé du dom-
« mage doit-il être objecté à un demandeur étranger si,
« d'ailleurs, il est démontré qu'il a agi de bonne foi et
« qu'il a usé d'une diligence raisonnable ; si surtout le
« retard n'a pas rendu plus difficile à constater la cause
« des événements, la faute des parties ? — Nous proposons
« donc au juge de statuer selon sa raison, sans le secours
« d'une loi positive, en attendant une loi internationale
« applicable à de semblables litiges. Le législateur lui-
« même, en ordonnant au juge de statuer dans le silence
« de la loi positive, l'invite à suppléer par sa raison et par

« le droit naturel à l'absence de textes écrits et promul-
« gués (art. 4, Code civil.).... »

M. Lyon-Caen n'est pas de cet avis ; il pense qu'il faut
s'en tenir invariablement, en quelque lieu qu'arrive l'a-
bordage et quel que soit le tribunal saisi, à la loi du navire abordé. — Le capitaine de ce navire, dit-il, n'a pas
à se plaindre qu'on lui applique la loi qu'il doit avant
tout connaître, celle sous l'empire de laquelle il a été
chargé de la direction du bâtiment qu'il commande. — Il
ajoute qu'en matière maritime, il y a lieu souvent, en
présence des divergences des législations, de ne pas tenir
compte des principes ordinaires pour s'attacher *à la loi du
pavillon*.

CHAPITRE IV

DROIT D'ÉPAVE ET DE SECOURS, EN CAS DE DANGER DE MER.

Autrefois, le droit d'épave était attribué à l'État ou aux
habitants du littoral qui s'emparaient, par occupation,
des débris provenant des naufrages. C'étaient, disait-on,
des produits de la mer. Les naufrages étaient même pro-
voqués par des signaux qui induisaient en erreur les capitaines des navires. Cette pratique honteuse du droit
d'épave, telle qu'on la comprenait alors, était une espèce
de pillage exercé au grand jour. Ces abus durèrent jusqu'au XVIe siècle. A partir de cette époque, des principes
d'humanité prévalurent et une pratique plus en harmonie
avec les idées de solidarité internationale parvint à s'établir. Les ordonnances du mois d'août 1681 exprimaient,
à cet égard, des idées de justice et d'humanité qu'il n'est
pas sans intérêt de reproduire :

« Avons mis et mettons sous notre protection et sauve-
« garde, les vaisseaux, leur équipage et chargement qui

« auront été jetés par la tempête sur les côtes de notre
« Royaume, ou qui, autrement, y auront échoué, et géné-
« ralement tout ce qui sera échappé du naufrage ; enjoi-
« gnons à nos sujets de faire tout devoir pour secourir
« les personnes qu'ils verront dans le danger du nau-
« frage. »

Ces ordonnances étaient assurément dictées par un sentiment d'équité. Cependant, elles ne produisirent pas
immédiatement l'effet qu'on en attendait. Dans aucune
matière, le droit commun de l'humanité, de la propriété,
de la justice, n'eut plus de mal à s'établir que dans celle
des naufrages, parce que l'épave était toujours, aux yeux
de la plupart des populations côtières, une aubaine dont
il fallait favoriser la venue et dont profitait le premier
occupant ou le chef le plus influent du lieu où elle avait
été poussée par les flots.

Aujourd'hui, et d'une manière générale, l'épave, en
cas de naufrage ou de danger de mer, ne représente légitimement que la rémunération des services rendus à l'occasion du sauvetage du navire et des marchandises, lorsque l'opération a été exécutée dans un but de lucre. Ce
n'est qu'une preuve à l'aide de laquelle le sauveteur solli-
cite le prix de son travail et de ses frais.

En d'autres termes, l'intervention maritime, sur nos
côtes, se borne, lorsque les propriétaires des biens naufragés sont présents, à une action d'assistance et de concours. Lorsqu'ils sont absents et non représentés, elle devient une action de gestion complète. L'épave recueillie
est régie par la loi du pays adjacent. Ainsi, une épave
trouvée dans notre mer territoriale et conduite ailleurs
pourrait être, à notre avis, l'objet d'une réclamation en
déshérence. En pleine mer, le pavillon sauveteur peut
être admis à invoquer la loi de son pays pour le règlement
de sa prime. Donc, les principes généraux, en matière de
droit d'épave, peuvent être formulés ainsi qu'il suit :

Sur le rivage, juridiction et loi du pays ; en mer territoriale, juridiction et loi du pays adjacent ; en mer libre, juridiction et loi du pavillon sauveteur.

Les personnes et les biens naufragés sont placés sous la protection de l'État du lieu où se trouve le bâtiment naufragé.

On comprend sous le nom d'épaves, certaines choses *nullius*, les plantes et herbages qui croissent dans la mer ou sur ses rivages et les objets qui appartiennent à quelqu'un, mais dont le maître est inconnu, ceux qui ont été perdus en mer, par exemple, et qui sont trouvés par un tiers au fond des eaux, sur les flots ou le rivage. L'acquisition de ces choses est régie par les ordonnances de 1669 et de 1681.

DU SAUVETAGE ET DES SECOURS FOURNIS PAR LES BATIMENTS DE GUERRE.

En temps de paix, les navires de guerre protègent la marine marchande de leur nationalité. Ils doivent, en outre, des secours, en cas de danger de mer, aux bâtiments de toutes les nations. Ils ont aussi pour mission de fournir des provisions, de l'eau, du combustible, etc., aux navires qui en manquent et en réclament.

Quelques États admettent qu'un secours prêté par un bâtiment de guerre à un navire de commerce doit être rétribué. En France, on ne procède pas ainsi. Les secours en nature seulement peuvent être remboursés à l'État par l'armateur du navire secouru.

Les demandes d'assistance ou de secours adressées aux bâtiments de guerre par les navires de commerce, peuvent embrasser plusieurs objets à la fois. Il n'est guère possible d'en prévoir tous les cas. Tantôt ce sont des sollicitations de vivres ou de renseignements nautiques, tantôt c'est un fait délictueux ou criminel au sujet duquel une répression immédiate peut rétablir la sécurité un moment compromise. Dans cet ordre d'idées, quelques exemples sont utiles à citer ; ils sont de date récente et offrent, du reste, un intérêt particulier.

1. Le dimanche 19 juillet 1885, par 8°30′ de latitude sud et 25°10′ de longitude ouest, le vaisseau *la Loire*, commandé par M. Prouhet, capitaine de vaisseau, aperçut au jour, à 6 milles environ, une goélette portant à son grand mât le signal international « N. C. », qui signifie : mon bâtiment est en détresse, j'ai besoin de secours. Les deux navires se rapprochèrent l'un de l'autre. La goélette n'ayant pas son pavillon de nation, la *Loire* lui fit le signal international « B. C. » : montrez vos couleurs. Le pavillon ne fut pas arboré, mais une embarcation de la goélette, montée par un blanc et deux noirs, vint à bord de la *Loire*. Ceux-ci remirent au commandant de ce vaisseau une lettre de leur capitaine et une demande de vivres. Questionnés, les hommes du canot firent des réponses évasives qui provoquèrent une enquête au sujet de la nationalité de leur navire.

Un officier de marine et l'officier d'administration de la *Loire* reçurent l'ordre de procéder, dans des formes courtoises, à la constatation de la nationalité dudit navire, et de s'assurer ensuite de l'état réel de ses besoins. Ils se rendirent à bord de la goélette dans ce but et apprirent de la bouche même du capitaine que son second avait été assassiné le 27 juin dernier et jeté à la mer par les trois hommes du canot qui se trouvait encore le long de la *Loire*. La goélette était uruguayenne, allait à Montevideo et s'appelait *Don-Juan*, capitaine John Sharman.

Voici, sommairement, les mesures qui furent prises au sujet de cet incident :

Les trois coupables furent, sur la demande écrite de leur capitaine, gardés à bord de la *Loire* et remplacés sur la goélette par trois hommes et un 2ᵉ maître de timonerie. Celui-ci reçut des instructions lui prescrivant de gagner un port de la côte d'Afrique et une lettre pour l'autorité civile, maritime ou consulaire, à laquelle le

commandant Prouhet exposait la situation de la goélette
et demandait le rapatriement de ses quatre hommes. Le
capitaine, de son côté, écrivait à son armateur que son
navire n'était plus en état de continuer sa route pour Montevideo et que l'assistance du bâtiment de guerre français
cesserait, du reste, dès l'arrivée de la goélette dans un
port de la côte d'Afrique.

Des vivres furent embarqués sur le *Don-Juan;* le capitaine en donna le reçu et s'éloigna.

La *Loire* fit route ensuite pour sa destination. Pendant
la traversée, les trois coupables de la goélette uruguayenne
furent l'objet d'un interrogatoire en règle. En arrivant à
Brest, l'autorité locale fut saisie de l'affaire et les pièces
suivantes lui furent remises :

1° Rapport du commandant de la *Loire ;*

2° Rapport du lieutenant de vaisseau envoyé à bord de
la goélette pour y faire une enquête ;

3° Rapport de l'officier d'administration chargé de la
même mission ;

4° Lettre et demande d'assistance du capitaine de la
goélette ;

5° Copie des lettres adressées par le capitaine du *Don-
Juan* à son armateur et par le commandant de la *Loire* à
l'autorité du premier port où la goélette arrivera ;

6° Copie des instructions données au 2e maître de timonerie détaché sur la goélette ;

7° Interrogatoire des prévenus ;

8° Reçu des vivres donnés à la goélette.

L'intervention de la *Loire* dans l'affaire de ce bâtiment de
commerce étranger est conforme au droit des gens. Le crime
commis était flagrant et les faits relevés à la charge des
coupables intéressaient l'ordre public de leur navire. Nous
l'avons déjà dit : à bord d'un bâtiment de commerce quelconque, la matière criminelle y relève de la nation des
coupables, *sauf le cas de crime flagrant contre l'humanité.*

2. Au mois de novembre 1881, le *Stoneman*, trois-mâts

anglais abandonné de son équipage et de son capitaine, mais mouillé dans nos eaux, à environ deux milles de Calais, fut rencontré dans cette position par un remorqueur calaisien qui le prit à la remorque, pensant bien en tirer un grand profit. Nous intervînmes en notre qualité de commandant d'un bâtiment de guerre présent sur les lieux. Le *Stoneman* n'avait pas été abandonné sans esprit de retour. Il était mouillé sur trois ancres, dans nos eaux, et ne chassait plus au moment où le remorqueur arriva près de lui. Ce n'était donc pas une épave à la dérive. Ni en fait, ni en droit, cette prétention ne pouvait être émise par le patron du remorqueur. Une voiture laissée pour un moment à la porte d'une maison dans laquelle le conducteur est entré pour s'y abriter, ne peut pas être, pour cela, la propriété du premier passant. Le capitaine du *Stoneman* se trouvait à peu près dans ce cas, puisqu'il n'avait quitté son navire que pour accompagner son équipage, affolé par trente heures de temps épouvantable, jusqu'au quai de Calais. Il revenait à bord de son navire au moment où le remorqueur accomplissait son soi-disant sauvetage d'une épave. Sur nos instances et celles du commissaire de l'inscription maritime de Calais, M. Testard, le capitaine anglais fut réinstallé à son bord et le remorqueur dut abandonner ses projets de capture.

3. Le navire *Isabelle*, armé pour la pêche d'Islande, avait pour lieutenant un nommé Carru qui, fatigué du mauvais vouloir qu'il rencontrait à bord et désireux de se soustraire à des ennuis qui lui étaient suscités chaque jour par son capitaine, conçut le projet de se faire débarquer et en sollicita l'autorisation. Une séparation fut décidée. Une embarcation conduisit à terre le lieutenant Carru avec ses bagages et s'en revint. Ce dernier atteignit une baie dans laquelle était mouillé le transport de l'État *l'Indre*. Il se mit aussitôt à faire des signaux de détresse qui attirèrent un canot de ce bâtiment. Après avoir fait subir un minutieux interrogatoire au lieutenant Carru, le

commandant de l'*Indre* se mit en quête de l'*Isabelle,* qu'il n'eut pas de peine à trouver et manda aussitôt à son bord le capitaine et le second. La cause fut vite entendue ; ceux-ci furent condamnés à une forte amende pour avoir favorisé la désertion à l'étranger d'un des hommes de leur équipage. Cette affaire eut, plus tard, une autre sanction : le tribunal de commerce de Dunkerque, s'appuyant sur les prescriptions du Code de commerce, condamna le capitaine de l'*Isabelle,* solidairement avec l'armateur, à 200 fr. de dommages-intérêts envers le lieutenant Carru, rapatrié par un autre navire. Il serait, en effet, étrange qu'un capitaine de navire de commerce pût, sans encourir les moindres responsabilités, débarquer un de ses matelots où bon lui semblerait. L'intervention du commandant de l'*Indre* et le jugement de Dunkerque apprendront aux marins du commerce que la loi les protège et qu'ils ne sont pas à la merci d'un caprice de leurs officiers.

4. Le vaisseau-transport *la Loire,* commandé par M. le capitaine de vaisseau Mottez, rencontra, en mer, un bâtiment de commerce français allant à la Martinique, avec trois ou quatre cents émigrants. Les rapports de ceux-ci avec l'équipage étaient extrêmement tendus. Le commandant Mottez, mis au courant de la situation, prit sur lui de convoyer ce navire de commerce jusqu'à Fort-de-France.

DU CÉRÉMONIAL DE LA MER.

Avant que le principe de la liberté de la mer fût reconnu, le cérémonial de la mer constituait un chapitre très important du droit maritime. Certains États imposaient des marques extérieures qui furent l'objet de nombreuses querelles et même de recours à la force. Sous le règne de Jacques Ier, l'Angleterre exigea le salut des navires étrangers, sans réciprocité. Elle considérait les mers britanniques comme une souveraineté exclusive. La

France et l'Espagne ne voulurent pas admettre une semblable prétention ; Louis XIV donna même l'ordre à ses
navires de guerre de ne faire aucune concession dans cet
ordre d'idées ; Philippe IV défendit même d'abaisser le
pavillon. L'histoire est remplie de faits de cette nature.

C'était un sujet inépuisable de différends. Aujourd'hui,
l'égalité est parfaite entre tous les États. Les marques
d'honneur n'ont plus qu'une signification de courtoisie.

HONNEURS MARITIMES.

Les marques d'honneur en usage aujourd'hui sont les
suivantes :

Abaisser et rehisser le pavillon à bloc ;

Tirer une salve de coups de canon dont le nombre est
fixé d'après le rang de la personne que l'on veut saluer.
Le service à bord des bâtiments de la flotte (décret du 20
mai 1885) fournit à ce sujet des indications complètes.
Aucun salut ne peut être de plus de vingt et un coups de
canon, et les bâtiments armés de moins de six canons sont
dispensés de faire des saluts. Dans ce nombre ne sont
pas compris les canons de 24 % et au-dessus ;

Rendre les honneurs militaires, en cas de rencontre des
canots ;

Visites réciproques ;

Réception à bord d'un navire de guerre d'un personnage
de distinction ;

Participation aux fêtes nationales dans les ports étrangers.

Ainsi que les honneurs à rendre, les visites à faire sont
également très bien exposées dans le décret précité (voir
à la fin de notre livre, 4e partie). Toujours, dans les rapports internationaux, un salut est suivi d'un salut rendu.
Les salves à coups de canon se rendent toujours coup
pour coup, quand elles s'adressent à des navires de guerre
étrangers ou à des batteries de côte.

Les navires de commerce ne sont pas obligés, en pleine mer ou dans un port, de saluer les navires de guerre. C'est un acte de courtoisie néanmoins très usité encore.

Quand un bâtiment de guerre arrive et mouille dans un port étranger, il doit le salut s'il possède le nombre de canons fixé par les conventions internationales (six au moins). Mais, avant de saluer, le commandant s'assure que son salut lui sera rendu.

Chaque État règle comme il l'entend, dans ses propres eaux, le cérémonial maritime.

En pleine mer, le salut n'est pas obligatoire, en cas de rencontre de deux navires appartenant à deux nations différentes. Mais si l'un des deux salue l'autre, il n'est pas douteux que ce salut doive être rendu coup pour coup. Dans le cas où une omission volontaire ou supposée telle serait commise à ce sujet, il y aurait lieu de la faire réparer au moment même ou de soumettre l'incident à l'examen des autorités qui réclameraient, par la voie diplomatique, soit une explication, soit une satisfaction.

Les navires de guerre de passage dans les eaux territoriales étrangères doivent éviter, avec le plus grand soin, tout ce qui pourrait être mal interprété par l'autorité du lieu dans lequel ils se trouvent. Lorsqu'un navire pavoise, par exemple, des pavillons de signaux seulement sont affectés à cet usage. Tout ce qui peut blesser le légitime amour-propre d'une nation étrangère avec laquelle on est en rapport, doit être rigoureusement banni.

En matière de cérémonial de la mer, on ne peut pas tout prévoir. Il n'y a pas lieu de s'en émouvoir au delà de la mesure : des lacunes de cette nature n'embarrassent jamais les officiers qui commandent ; on peut avec assurance en confier la solution à leur tact et à leur courtoisie.

La salve d'artillerie est toujours employée quand on veut honorer le caractère officiel d'une personnalité ou la souveraineté d'un État dans les eaux duquel on se trouve.

Le salut par le canon est majestueux et imposant, quand un navire de guerre, au moment de déployer le pavillon de l'État dans les eaux duquel il a jeté l'ancre, vient, par le bruit de son artillerie, appeler l'attention et faire remarquer qu'au moment de s'arrêter sur un littoral ami, son premier acte est de saluer la souveraineté et l'indépendance de l'État, ses institutions et ses habitants.

Il est aussi une attestation de la puissance militaire du navire qui salue. En un mot, le salut par l'artillerie est le premier de tous ; c'est le plus solennel et le plus juste, et il n'indique aucune idée de suprématie ou de soumission entre États différents. Il doit être considéré, accepté et pratiqué comme un système de réciprocité et d'égale courtoisie et il repose directement sur les égards et le respect mutuels que les nations se doivent les unes aux autres.

RÈGLES DU CÉRÉMONIAL.

Les règles du cérémonial généralement admises sont les suivantes :

1° Les navires marchands ne se doivent aucun salut ; les capitaines qui y ont recours, soit en hissant leurs couleurs, soit autrement, accomplissent un acte volontaire et gracieux ;

2° Tous les États souverains sont égaux en ce qui concerne le cérémonial maritime. Les distinctions extérieures établies à cet égard ont un caractère individuel et n'impliquent ni infériorité ni soumission ;

3° A défaut de *stipulations conventionnelles expresses*, les saluts ne sont pas obligatoires et ne constituent, lorsqu'ils sont faits spontanément, qu'un acte de courtoisie et d'étiquette ;

4° L'acte de ne pas rendre un salut peut être considéré comme une impolitesse justifiant une demande d'explications. Dans un cas de cette espèce, le recours à des actes hostiles n'est jamais permis ;

5° Lorsque deux navires de guerre ou deux escadres se rencontrent en pleine mer, la courtoisie exige que le commandant qui a le grade le moins élevé salue le premier et que le salut lui soit rendu coup pour coup;

6° Si un navire de guerre isolé, quelle que soit sa force, rencontre une escadre, il est tenu de saluer le premier, à moins qu'il n'en soit dispensé par un nombre insuffisant de canons. D'après l'article 841 (décret du 20 mai 1885), les bâtiments armés de moins de six canons sont dispensés de faire des saluts. (Voir la 4e partie, Documents);

7° Les navires de guerre portant à leur bord des souverains, des membres de familles princières, des chefs d'État ou des ambassadeurs reçoivent le premier salut;

8° Dans ses eaux territoriales, tout État peut revendiquer la priorité du salut pour son pavillon;

9° La salve d'un navire de commerce n'est généralement rendue que si elle compte au moins cinq coups de canon. A cinq coups on répond par trois; au-dessus de ce nombre, on répond par cinq. Lorsque plusieurs navires de commerce saluent en même temps, on leur rend ordinairement un salut de sept coups de canon;

10° Il est d'usage de recourir à la voie diplomatique pour obtenir soit des explications, soit une satisfaction lorsqu'un salut n'a pas été rendu.

Enfin, Phillimore reconnaît en principe qu'en pleine mer, il dépend de la courtoisie ou de l'entente préalable que des honneurs soient rendus. D'après cet auteur, les navires de commerce anglais doivent encore saluer les navires de guerre qu'ils rencontrent en larguant les hautes voiles. Les prescriptions autrichiennes sur l'admission et le traitement des navires de guerre des nations amies sur les côtes autrichiennes ne manquent pas de sévérité; elles sont ainsi conçues : « Si un navire de guerre « étranger arrivé à portée de canon des fortifications de « l'un de nos ports ne hisse pas son pavillon, l'ouvrage le « plus rapproché doit tirer comme avertissement un coup

« de canon à poudre, après deux minutes un coup à boulet
« devant la proue du navire ; si après trois minutes on
« n'y répond pas, un boulet est tiré sur le navire lui-
« même ; »

11° Le chiffre maximum du salut *international* est de
21 coups de canon.

RAPPORT
DES NAVIRES DE COMMERCE AVEC LES NAVIRES DE GUERRE.

Les navires de guerre doivent aider et protéger les navires de commerce de leur nationalité. Dans certains cas,
le commandant d'un navire de guerre peut requérir un
navire de commerce français (voir art. 135 du décret sur
le service à bord, IVe partie). Mais les capitaines des
navires de commerce sont tenus d'effectuer gratuitement
le transport des lettres, correspondances ou autres plis
qui leur sont remis par les consuls et les navires de guerre,
et qui sont adressés par ceux-ci aux services avec lesquels
ils correspondent.

Les munitions et armes de toutes sortes nécessaires à
la défense du bord ne sont embarquées sur les navires
de commerce qu'avec l'assentiment des autorités compétentes.

Quant au droit d'asile, il est exclusivement réservé aux
navires de guerre. Des stipulations ou conventions spéciales accordent cependant quelquefois ce droit aux bâtiments de commerce.

DU DROIT D'INTERVENTION DES AUTORITÉS LOCALES D'UN PORT A BORD D'UN BATIMENT DE COMMERCE DE NATIONALITÉ ÉTRANGÈRE.

L'intervention des autorités locales à bord des navires
de commerce d'une nation étrangère n'est admissible que

dans le cas où des désordres, survenus sur ces navires, seraient de nature à troubler la tranquillité ou l'ordre public à terre ou dans le port. Les articles 12 et 13 de la convention de 1862 investissent les consuls des droits de police les plus larges à bord des navires de leur nation, et c'est par leur intermédiaire que les autorités locales d'un port quelconque doivent régler les matières soumises à des exceptions de droit international. A ce propos, il n'est pas sans intérêt de rappeler une perquisition, suivie d'arrestations de personnes, qui fut opérée dans le port de Gênes, par le préfet de cette localité, à bord d'un navire français, en violation des articles 12 et 13 déjà cités. Voici, du reste, sans plus de commentaire, le récit de l'incident dont nous venons d'évoquer le souvenir.

I. Le 10 juillet 1863, le vapeur français l'*Aunis* arrivait à Gênes. Le préfet de cette ville apprit, on ne sait comment, que ce navire avait embarqué à *Civita-Vecchia* cinq chefs des insurgés bourbonniens qui tenaient campagne dans l'Italie méridionale, en faveur d'une restauration du roi de Naples. Le préfet envoya immédiatement une dépêche au ministre de l'intérieur, M. Perruzzi. Ce dernier étant parti pour Pise, M. Spavento répondit, à sa place, d'agir conformément au droit international. Mais le préfet de Gênes n'avait pas attendu ces instructions pour intervenir : sur son ordre, un commissaire de police avait fait entourer l'*Aunis* ; vingt-cinq carabiniers envahissaient le navire et se rendaient maîtres des cinq insurgés. Le capitaine étant absent, le second protesta, et refusa de laisser enlever ces passagers, sans l'ordre du consul de France. Le préfet s'adressa alors au consul qui se plaignit d'être consulté si tardivement ; mais on lui représenta que ces prétendus chefs d'insurgés étaient des bandits, coupables de crimes de droit commun ; et il consentit alors à les laisser arrêter, en présence d'un de ses employés......

Se voyant pris, deux des accusés, le nommé Cipriano-la-Gala et son frère, se jetèrent à l'eau pour tenter de se sauver à la nage ; des matelots les poursuivirent, les ramenèrent, et les cinq passagers furent conduits dans les prisons de Gênes.

Ces actes accomplis sans réflexion constituaient une violation flagrante des articles 12 et 13 de la convention de 1862. Les passagers de l'*Aunis*, quelque coupables qu'ils fussent, étaient placés sous la protection de ces articles. Le gouvernement italien fut d'un autre avis. Il trouva que les cinq prisonniers, accusés de plusieurs crimes, étaient de bonne prise et que leur arrestation à bord était d'autant plus légale qu'elle avait été consentie par le consul de France.

Notre gouvernement répondit que son consul avait lui-même commis, de son côté, un abus de pouvoir en donnant aux autorités locales une autorisation qu'il aurait dû, au contraire, leur refuser, pour rester fidèle à l'esprit comme à la lettre de la convention. Le ministère italien insistant, et la presse italienne cherchant à envenimer le différend, on en vint à un échange d'explications de cabinet à cabinet. On rapprocha les articles 12 et 13 de la convention de 1862, de l'article 7 de la convention postale de 1860 ; et le gouvernement italien fut amené à convenir que de ce rapprochement ressortait une démonstration évidente du bien-fondé des protestations du gouvernement français. L'article 7 de la convention postale de 1860, toujours en vigueur, stipule, en effet, « que les « passagers qui ne jugeraient pas à propos de descendre « à terre pendant la relâche dans un port, ne pourront, « sous aucun prétexte, être assujettis à aucune perquisi- « tion..... »

Le gouvernement italien reconnut alors l'abus de pouvoir commis par le préfet de Gênes. Il imposa silence aux journaux en faisant saisir le *Diritto* et l'*Armoria*, et en les citant devant les tribunaux. Il blâma la conduite du préfet, comme notre chargé d'affaires, M. de Sartiges, avait désapprouvé celle de notre consul.

Quinze jours après l'incident, les documents sur « l'affaire de l'*Aunis* » étaient publiés et soumis à l'appréciation des Chambres. Ils comprenaient un rapport du ministre de l'intérieur, une note de M. de Sartiges au gouvernement italien, une note de M. Nigra au ministre des affaires étrangères, une note de la chambre du contentieux diplomatique, une autre de M. Visconti-Venosta, et la réponse de M. Nigra.

Le cabinet italien concluait à la restitution des prisonniers et, le gouvernement français jugeant que les passagers de l'*Aunis* n'auraient pu être livrés qu'en vertu d'une demande d'extradition, s'engageait à les retenir jusqu'à ce que cette demande fût examinée. La Chambre italienne approuva ces résolutions et l'affaire prit fin sans troubler les bonnes relations des deux pays.

II. Il y a quelques années, le paquebot des messageries maritimes *l'Océanien*, commandé par M. Didier, lieutenant de vaisseau, était de passage à Sydney (Australie); il opérait son voyage ordinaire de Nouméa à Marseille. Le bâtiment allait appareiller lorsque deux huissiers de la localité se présentèrent chez le commandant, avec un *warrant* ou mandat d'amener du *Selfgovernment*, et demandèrent l'autorisation d'arrêter et d'emmener à terre l'un de ses passagers. M. Didier refusa d'obtempérer aux injonctions des deux fonctionnaires australiens. Le consul de France, leur dit-il, est seul compétent dans l'espèce, c'est-à-dire en mesure d'examiner la question posée et ressortissant au droit des gens. Cette explication parut suffisante aux huissiers. Le passager réclamé était Français, venait de Nouméa et allait en France ; la justice locale de Sydney était saisie d'une affaire privée qui le concernait.

III. Plusieurs mois après, le même passager revint à Nouméa en passant par Sydney. Les autorités australiennes tentèrent, toujours dans le même but, une nouvelle démarche auprès de M. le lieutenant de vaisseau de Maubeuge, qui commandait le *Calédonien* et à bord duquel se trouvait la personne recherchée. Comme M. Didier, M. de Maubeuge refusa énergiquement de céder aux instances des huissiers, et il eut cent fois raison. La convention de 1862 et la convention postale de 1860 (voir notre 4e partie) tracent clairement les droits et les devoirs de chacun, lorsque des faits de la nature de ceux dont nous venons de dire un mot viennent à se produire. Le pont d'un paquebot, sous certains rapports et jusqu'à un certain point, c'est le territoire national, la patrie, avec quelques droits et privilèges qui, dans les cas dont il vient d'être question, ne sont presque jamais contestés, des conventions identiques, dans le fond, aux conventions de 1860 et de 1862 ayant été conclues entre les États maritimes.

CHAPITRE V

DU CONCOURS PRÊTÉ PAR LES FORCES NAVALES, DANS LE CAS D'UN CONFLIT INTERNATIONAL QUI N'EST PAS LA GUERRE.

Chaque État règle son régime intérieur comme il l'entend. Une nation quelconque ne peut se mêler des affaires
intérieures d'une autre nation. Le principe de non-intervention constitue la règle générale ; il ne peut y avoir
d'exception que si un État se trouve lésé dans ses intérêts
et sa dignité. Rien n'est plus difficile à tracer que ce droit
légitime d'intervention, parce que la politique se met de
la partie, et celle-ci a souvent raison. La force prime le
droit est un vieil adage encore en vigueur, toujours justi-
fié par des arguments plus ou moins sophistiques tirés des
circonstances, de la politique ou de la diplomatie.

Mais une force navale est un agent d'exécution qui réclame une satisfaction pour un droit violé, prend des mesures en vue d'éviter une surprise au point de vue de la
sécurité de l'État, assure la paix des relations maritimes

et protège ses nationaux et les intérêts de ceux-ci. C'est
surtout ce que nous aurons à examiner. Disons tout de
suite que les interventions sont, en général, présentées
habilement. Les bonnes intentions font toujours partie
des arguments exposés à ce sujet. La forme est aussi réservée que possible. Des conseils, des représentations
montrent à peine le dessein d'user de la force, et encore
n'y aura-t-on recours qu'après avoir épuisé tous les
moyens inhérents à la paix, à la concorde et à la conciliation.

DES REPRÉSAILLES.

Quand tous les moyens ont été employés sans résultat,
afin d'arranger un différend ou d'aplanir un conflit, il est
permis de recourir à des mesures de contrainte qui sont
de deux espèces : positives ou négatives.

On entend par représailles le fait de se rendre justice à
soi-même. Le droit des gens admet les représailles chaque
fois qu'il y a évidente violation du droit. Mais avant d'en
arriver à prendre une détermination aussi grave, il faut :
que le droit soit précis et clair, que la violation soit parfaitement établie, qu'une demande de satisfaction ait été
faite et que celle-ci ait été repoussée.

Les représailles n'ont plus leur raison d'être quand la
satisfaction demandée est accordée, ou si une entente
amiable est intervenue entre les parties, ou si la guerre
est déclarée.

Un point très controversé, c'est celui des représailles à
exercer sur des particuliers ou des choses classées parmi
les propriétés privées. Les uns disent que la confiscation
d'un navire de commerce, par exemple, est inadmissible,
parce qu'un particulier ne peut être responsable des
erreurs commises par son gouvernement. D'autre part, la
partie adverse admet que les intérêts de l'État et ceux des

particuliers sont solidaires et que, par suite, ce genre de
représailles est juste.

Les ordonnances d'août 1681 mentionnent que le roi
seul avait le droit d'accorder des lettres de représailles.
Il pouvait même les délivrer aux étrangers naturalisés.
Elles contenaient « la permission d'appréhender, saisir et
« prendre, par force ou autrement, les biens, navires, mar-
« chandises, etc., etc. ; ce droit, y est-il dit, est de puis-
« sance absolue ». Ces abus ont disparu depuis longtemps.

DE L'INTERVENTION DES NAVIRES DE GUERRE.

Lorsqu'une intervention est accomplie à l'aide ou seulement avec le concours des bâtiments de guerre, il faut
retenir les points suivants :

Un navire de guerre, nous l'avons dit, représente à l'é-
tranger la force armée de son pays, mais le pouvoir souverain est entre les mains des agents diplomatiques. Une
intervention des navires de guerre, en temps de paix bien
entendu, pour être justifiée, doit être ordonnée par l'autorité compétente, c'est-à-dire par les agents politiques munis à ce sujet de pouvoirs en règle. Il y a évidemment une
exception à cette règle générale, lorsque l'honneur du pavillon est en jeu. Ici, il n'y a aucune autorisation à demander ni à attendre.

Dans certains cas urgents, sous la responsabilité personnelle du commandant d'un bâtiment de guerre, une
intervention peut avoir lieu en faveur de ses nationaux
menacés. Ces cas ne sont pas rares dans certains lieux où
l'autorité publique n'est pas organisée à l'européenne.
Toutefois, avant d'intervenir, il doit étudier minutieuse-
ment les faits et prendre l'avis des agents diplomatiques,
bien en situation pour apprécier exactement l'origine et la
nature des plaintes au sujet desquelles on peut exercer
une action. Ces sortes de demandes de protection doivent

toujours être accueillies avec circonspection. Presque toujours les plaignants exagèrent et dénaturent les faits. Là où il n'y a que des intérêts en jeu, ils s'imaginent volontiers qu'ils sont traités injustement.

Il est indispensable aussi d'être très circonspect en matière d'intervention à l'aide de la force armée. Envoyer à terre, dans un pays étranger, des hommes en armes, est toujours une affaire des plus graves. Les consuls même n'ont pas le droit de recourir à la force armée d'un bâtiment de guerre, à moins qu'ils ne soient revêtus d'un caractère diplomatique. Toutefois, dans certains cas urgents, s'ils étaient gravement menacés, par exemple, ou si leurs nationaux étaient exposés à un danger immédiat, le commandant d'un bâtiment de guerre pourrait intervenir, mais sous *sa propre responsabilité*.

Lorsqu'un commandant est muni d'instructions précises au sujet d'une intervention, le fait est simple en lui-même. Dans le cas contraire, il est aussi difficile de déterminer la forme et les limites d'une action de cette nature que de décider s'il y a lieu ou non de l'exercer. Un principe, indiqué par Pérels, peut servir ici de guide et d'exemple parce qu'il remplit, suivant nous, les meilleures conditions de sagesse, de prudence et cependant de fermeté :

« Lorsque l'action, dit-il, s'opère sur la réquisition
« d'un agent politique, elle se fixe d'après les renseigne-
« ments qu'il donnera et dans la limite qu'il indiquera ;
« mais les mesures militaires seront prises par le comman-
« dant et *sous sa responsabilité*; il se guidera suivant les
« règles formulées ci-après :

« Tandis que la responsabilité incombe au représentant
« diplomatique, en ce qui regarde l'opportunité politique
« de l'intervention, le commandant seul doit juger si les
« mesures militaires et maritimes sont exécutables, et
« c'est en se plaçant à ce point de vue qu'il aura à répon-

« dre, aussi complètement que possible, à la réquisition
« de l'agent.

« L'honneur du pavillon doit être sauvegardé en tout
« état de cause ; c'est pourquoi une entreprise commencée
« doit être menée à bout en y appliquant toutes les forces
« disponibles. Si l'on se retire sans avoir atteint le but, on
« fait grand tort à son pavillon et à la dignité nationale.

« La force ne doit être employée que dans les cas ex-
« trêmes, et on ne doit en user que dans la mesure indis-
« pensable à l'accomplissement du but poursuivi. C'est le
« dernier moyen d'intervention ; on ne peut s'en servir
« qu'après avoir épuisé tous les autres et seulement lors-
« que le gouvernement étranger refuse obstinément la
« réparation réclamée ou lorsqu'il est impuissant à l'ac-
« corder. Dans le moment même, les actes de violence
« produisent ordinairement leur effet, mais tout autre
« chose est d'obtenir des effets durables.

« L'expérience a démontré que souvent la simple appa-
« rition d'un navire de guerre et une attitude décidée du
« commandant, ne laissant aucun doute sur ses résolutions,
« suffisent pour apporter à la situation le remède dé-
« siré. »

DES REPRÉSAILLES QUI S'APPLIQUENT AUX NATIONS MA-
RITIMES. — CONFISCATION DES NAVIRES DE COMMERCE.

Autrefois, confisquer un navire de commerce sans motifs sérieux était une chose assez commune. Des navires,
espèce de corsaires, avaient des *lettres de représailles*, à
l'aide desquelles ils pouvaient, sans courir de grands risques, s'adjuger un navire avec sa cargaison. Ceux qui en
souffraient employaient les mêmes moyens pour réparer
leurs pertes : on était autorisé par les usages à se rendre
justice à soi-même. Aujourd'hui, fort heureusement, des
pratiques de cette nature seraient sévèrement jugées et pu-
nies. Du reste, on ne délivre plus de lettres de représailles,

bien qu'elles ne soient pas encore abolies d'une manière
formelle. Que des navires de guerre confisquent, par ordre, des navires de commerce pour avoir, le cas échéant,
une garantie, une espèce de caution, cela se voit encore
de nos jours ; mais il n'y a aucune analogie entre les navires de guerre et ces navires spéciaux appartenant à des
armateurs qui se procuraient des lettres de représailles
dans un but de lucre : ceux-ci ont disparu depuis longtemps.

D'une manière générale, on peut dire que les représailles changent le plus souvent l'état de paix en celui de
guerre. Il est, en effet, difficile d'user d'actes de violence
de toutes sortes sans rompre complètement les relations
diplomatiques. La guerre de Crimée fut engagée de cette
manière par l'Angleterre, et celle-ci donne encore quelquefois à sa flotte l'autorisation de confisquer les navires
de commerce d'une puissance avec laquelle elle a un différend à régler.

CONFISCATION DE NAVIRES DE GUERRE.

C'est un cas qui se présente fort rarement. En 1872, la
corvette allemande la *Vineta* prit deux corvettes haïtiennes
dans le port de Port-au-Prince, parce que des réclamations
de sujets allemands n'avaient abouti à aucun résultat. Les
corvettes furent relâchées dès que l'indemnité demandée
fut payée. Un salut au pavillon haïtien et rendu de suite
termina le différend.

DE L'EMBARGO OU ARRÊT DE PRINCE.

L'embargo, c'est le droit qu'un gouvernement quelconque possède d'arrêter provisoirement ou de saisir les bâtiments de commerce étrangers qui sont dans les eaux

nationales, et surtout dans les ports. C'est une mesure préventive appliquée en prévision d'une guerre ou pendant la guerre. Les équipages des navires saisis sont placés sous la protection de l'État ayant ordonné la saisie. Généralement, le but que l'on se propose en usant de ce procédé, est d'empêcher que des mesures ou opérations militaires ne soient connues de la puissance adverse. La fermeture d'un port quelconque ou la défense générale d'y entrer est quelquefois ordonnée dans le même but.

Les représailles par embargo de navires ne sont employées que comme dernier argument ; avant d'y recourir, il faut avoir essayé tous les moyens de persuasion. Dans tous les cas, elles ne doivent jamais dépasser les limites du droit de guerre et leur effet cesse dès que leur cause n'existe plus. Ce droit de représailles par embargo n'appartient jamais aux particuliers.

Ce genre particulier de molestation ne peut se justifier que par un grave et légitime intérêt. Certains traités l'interdisent absolument. Il n'en fut pas question en 1854 ni en 1870 ; les navires ennemis eurent même un large délai pour quitter leurs ports après la déclaration de la guerre.

BLOCUS PACIFIQUE.

La légitimité d'un blocus de cette espèce, appelé quelquefois blocus commercial, n'est pas reconnue. Des doutes et des discussions ont été élevés sur la question de savoir si, en cas de violation de ce genre de blocus, il était permis de confisquer les navires et les biens des sujets des tierces puissances. Notre Conseil d'État, le 1er mars 1848, a déclaré illégitime une confiscation opérée dans ces circonstances, mais la jurisprudence anglaise est d'un avis contraire.

Hautefeuille dit qu'une semblable prise de possession n'est possible que pendant la guerre ; par suite, point de blocus si la guerre n'est pas déclarée. L'opinion de Hautefeuille est partagée par beaucoup de publicistes.

Pérels admet la légitimité d'un blocus en dehors de l'état de guerre, si l'on s'abstient, conformément à la pratique française, de confisquer les navires et les biens saisis et si l'on se borne à les mettre seulement sous séquestre. D'autres auteurs font aussi remarquer, dans le même ordre d'idées, que si les représailles sont légitimes, il n'y a aucune raison de contester la légitimité du blocus en dehors de l'état de guerre.

Comme exemples de blocus, l'histoire nous en fournit de plusieurs genres. Sous le premier Empire, l'Angleterre mit toutes les côtes, depuis Brest jusqu'à Hambourg, en état de blocus, blocus fictif plutôt que réel. Néanmoins les bâtiments neutres ne pouvaient approcher des côtes bloquées. Pour y répondre, Napoléon promulgua, le 21 novembre 1806, le fameux décret de Berlin qui déclara les îles Britaniques elles-mêmes en état de blocus ; il voulut même, à un moment donné, fermer complètement le continent au commerce anglais, mais pour cela il eût fallu être le maître partout. Des deux côtés, on voulait une interdiction générale de toute transaction commerciale avec une nation ennemie : les deux nations les plus puissantes du monde s'interdisaient mutuellement l'une la terre, et l'autre la mer !

Le blocus pacifique est surtout employé comme moyen de représailles. Interdire toute communication soit avec un port, soit avec le littoral d'un pays ; saisir les navires appartenant à ce pays, sans qu'il y ait eu une déclaration de guerre, sont des procédés usités dans le but d'obtenir une réparation. C'est généralement une pression morale destinée à écarter le recours aux extrémités de la guerre.

La France, l'Angleterre et la Russie, en 1827, bloquèrent le port de Navarin et y livrèrent la célèbre bataille de ce nom qui, *en pleine paix*, amena la destruction de la flotte turque par les forces alliées. L'amiral Roussin, en 1831, bloqua le port et la ville de Lisbonne, bien que la guerre ne fût pas déclarée.

Des auteurs très estimés admettent encore la légitimité de ce blocus, mais *à titre de représailles seulement*; Pérels en est toujours partisan !

« Selon nous, dit-il, on ne saurait contester avec succès
« la légitimité d'une mise en état de blocus en dehors de
« l'état de guerre, particulièrement à titre de représailles.
« Des représailles, fussent-elles rigoureuses et de nature
« à porter atteinte aux intérêts des nations tierces et de
« leurs sujets, se trouvent encore être un mal moindre
« que la guerre, moyen extrême de défense nationale en
« droit des gens. La légitimité des représailles, comme
« acte de semblable défense, est hors de question, car la
« guerre n'est pas le seul recours à la force admis par le
« droit des gens....... »

Un État puissant, par ailleurs, trouve dans le blocus pacifique un moyen commode d'opprimer un État faible, sans avoir de grandes dépenses à supporter et sans s'exposer aux conséquences inhérentes à l'ouverture des hostilités. La guerre, on le sait, développe le commerce des neutres aux dépens de celui des belligérants. A l'aide du blocus pacifique, on obtient un résultat opposé; il permet aux commerçants de continuer librement leurs relations avec les ports non investis des États qui subissent le blocus. Comme on le voit, la question du blocus pacifique n'est pas le moins du monde élucidée.

M. Cauchy assimile ce genre de blocus à une guerre partielle ou à un siège et ajoute que cette appellation doit être rejetée comme étant confuse et inexacte. C'est une espèce particulière de guerre maritime, dit-il, adoucie et localisée, qui, à ce point de vue, doit être approuvée par l'humanité et le droit.

Cette théorie du blocus sur le papier ou de cabinet, imaginée par l'Angleterre en 1773, pratiquée par elle pendant toute la Révolution française et ressuscitée de nos jours par les États-Unis dans leur lutte contre la fédération du Sud, a des avantages et des inconvénients. En

Angleterre, on pense que des côtes et des provinces entières, dans le sens le plus étendu, peuvent être mises en état de blocus par une simple notification publique, sans qu'il soit nécessaire d'envoyer des navires de guerre sur les lieux : c'est une opinion à peu près générale.

Le traité du 30 mars 1856 s'est occupé de la question du *blocus*, afin d'éviter le retour des contestations regrettables dont le droit maritime international avait été si souvent l'objet dans les guerres antérieures à la guerre de Crimée. « Les blocus », y est-il dit, « pour être *obligatoires*, « doivent être effectifs, c'est-à-dire maintenus par une « force capable d'interdire réellement l'accès du littoral « ennemi. » Tous les États maritimes et autres d'Europe et d'Amérique, à l'exception des États-Unis, adhérèrent à cette déclaration. Remarquons, toutefois, que cette déclaration se borne à déterminer les cas où un blocus, établi pendant la guerre, est *obligatoire*. Il nous semble qu'il n'est guère possible d'en conclure à l'abolition du blocus pacifique puisqu'il n'en est nullement question. En deux mots, ce genre de représailles n'est ni reconnu ni interdit.

A notre avis, le blocus pacifique n'est pas un mode d'exécution ressortissant du droit de guerre seulement; il n'est pas précisément un acte de guerre, puisque les rapports diplomatiques des deux États en conflit ne sont pas rompus dans cette circonstance. C'est une mesure coercitive isolée, ayant simplement le caractère de représailles ; elle ne doit être prise que dans des cas graves, c'est-à-dire lorsqu'elle a été provoquée par une violation réelle du droit. On ne peut en user qu'en observant les précautions et garanties imposées à un blocus de guerre. Les navires saisis ne devraient pas, dans l'espèce, être confisqués, mais séquestrés seulement, pour la durée du différend.

DES MESURES COERCITIVES EN GÉNÉRAL.

Il faut entendre par là les *représailles* et la *guerre*. On entend par représailles, un fait isolé, accompli par un État en vue de sa défense personnelle, sans y attacher d'autre importance. Dans la pratique internationale, c'est une mesure transitoire, une phase intermédiaire entre la paix et la guerre ; elle n'est employée par les États qu'à la dernière extrémité, qu'après avoir épuisé les moyens de conciliation et de persuasion, lorsqu'ils ne peuvent préserver plus longtemps leurs droits et leurs intérêts par les voies pacifiques. C'est souvent une triste nécessité à laquelle ils sont obligés de recourir. Mais les mesures coercitives, quel que soit le nom dont elles sont revêtues, doivent toujours avoir un caractère de modération et de circonspection. La codification du droit de la guerre, dont on s'occupe beaucoup en ce moment, en tracera, assure-t-on, les limites et en adoucira autant que possible l'application.

L'institut de droit international s'est déjà prononcé dans ce sens, à la réunion de La Haye, en 1875, et M. Martens propose en outre les deux règles suivantes :

1° Que les coupables de violation des usages de guerre, en cas d'arrestation, soient considérés, non comme des prisonniers de guerre, mais comme des criminels justiciables des conseils de guerre ; 2° au cas d'impossibilité d'atteindre les vrais coupables, que les représailles soient appliquées aux chefs et aux officiers de troupes ennemies qui sont le plus responsables des actions abominables de leurs subordonnés.....

Les mêmes principes doivent être observés dans les représailles exercées contre des peuplades sauvages ou peu civilisées. La sévérité y est souvent nécessaire par la raison qu'elles voient dans la générosité une preuve de faiblesse ; pourtant, la rigueur ne doit jamais dégénérer en cruauté. Ce dernier moyen doit toujours être repoussé.

CHAPITRE VI

DES CONSULATS ET DES CONSULS.

DES CONSULATS.

Les consulats sont plus anciens que les missions diplomatiques permanentes. Déjà à l'époque des croisades, on trouve, dans les Échelles de l'Orient, des consuls d'outremer établis par les puissantes cités de l'Italie, de la Provence et de la Catalogne. A ces agents dans le Midi correspondaient les aldermans des comptoirs anséatiques dans le Nord.

Depuis le commencement de notre siècle, les consulats français relèvent exclusivement du ministre des affaires étrangères. Autrefois ils relevaient du ministre de la marine; dans quelques pays, il en est encore ainsi.

DES CONSULS.

Tout agent consulaire, quel que soit son grade, correspond avec la légation accréditée par son gouvernement dans le pays où il réside, pour tout ce qui peut intéresser le bien du service.

A une époque très éloignée de la nôtre, la dénomination de consul n'avait pas la signification attribuée à ce mot aujourd'hui. Les attributions des consuls d'alors avaient aussi un tout autre caractère ; leur charge était placée au-dessus de toute magistrature. Ces puissants et hauts fonctionnaires devaient être de famille patricienne et avoir au moins quarante-trois ans pour exercer. Ils centralisaient à la fois l'administration de la justice et celle des deniers publics. Il n'y a donc aucune analogie, aucune corrélation ni aucun point de ressemblance entre ce qui existait autrefois et ce que nous avons aujourd'hui.

Notre hiérarchie consulaire comprend maintenant les degrés suivants : consul général, consul de première classe, consul de deuxième classe ou vice-consul, élève-consul, chancelier, agent du consul ou agent consulaire. Les conditions d'admission et d'avancement sont déterminées par des règlements.

Les attributions des consuls ne sont pas les mêmes dans tous les pays. Elles varient d'État à État, soit en raison des dispositions inscrites dans les traités, soit en raison des maximes de la législation de ceux de ces États avec lesquels on n'a pas de traité relativement aux fonctions consulaires, soit enfin en raison des usages locaux. Elles sont diverses et multiples.

Les plus générales sont :

1° De protéger le commerce et la navigation des nationaux en pays étranger ; de défendre leurs droits et leurs privilèges ; de veiller à l'exécution des traités et des conventions, ainsi qu'à l'accomplissement des décisions de leur souverain en matière de commerce et de navigation ; de prêter secours et appui à leurs compatriotes ;

2° D'exercer une certaine juridiction sur les sujets de leur propre pays pendant tout le temps de leur résidence en pays étranger ;

3° De faciliter et de fournir à leur gouvernement les informations et les renseignements susceptibles d'assurer la prospérité de notre industrie, de notre commerce, de notre navigation, de notre agriculture, etc.

Les consuls signalent aussi au département des affaires étrangères les phénomènes économiques qui se produisent dans tel ou tel pays et sur telle ou telle place de commerce. L'abondance, la sûreté et le prompt envoi de leurs rapports commerciaux rendent d'immenses services à notre commerce d'exportation.

Le consul général est le chef du *département* consulaire. Quand il n'existe pas de consul général placé à la tête des divers établissements consulaires du pays, la légation accréditée auprès du souverain territorial en remplit les fonctions.

Les agents consulaires sont choisis par les consuls qui, à qualités égales, doivent confier de préférence ces fonctions à leurs compatriotes.

Les consuls de première et de deuxième classe sont indépendants dans leurs fonctions administratives, judiciaires et de police. Mais les consuls généraux ont toujours le droit de leur donner des avis, le cas échéant.

La nomination des consuls appartient à la souveraineté. Tout gouvernement se réserve le droit d'exclusion, soit relativement à la personne du consul, soit relativement au lieu où le consul doit résider. Un gouvernement qui refuse d'admettre le consul d'une puissance dans un certain lieu, ne saurait accorder à un autre État la faculté de nommer un consul dans ce même endroit.

Les consuls ne peuvent être poursuivis par les tribunaux du pays de leur résidence pour des actes qu'ils y auraient exercés par ordre de leur gouvernement dans les limites de leurs attributions et avec l'autorisation tacite du souverain territorial.

INVIOLABILITÉ DES ARCHIVES.

Les archives et en général tous les papiers des chancelleries des consulats sont inviolables, et sous aucun prétexte ne peuvent être saisis ni visités par les autorités locales.

VISITES.

Les visites à faire et les honneurs à rendre aux consuls sont indiqués dans le cérémonial dont un extrait est donné à la fin de notre ouvrage. D'une manière générale, lorsqu'un navire de guerre mouille pour la première fois dans le lieu de la résidence d'un consul, celui-ci doit, à moins que l'officier commandant ne soit un amiral ou un chef de division, se borner à envoyer son chancelier à bord offrir ses services au capitaine, et en attendre la première visite. Si le commandant est capitaine de vaisseau, il est reçu au débarcadère par les officiers du consulat. (Voir *Cérémonial.*)

RÉQUISITIONS.

Nous l'avons déjà dit ailleurs : les consuls n'ont pas le droit de recourir à la force armée d'un bâtiment de guerre, à moins qu'ils ne soient revêtus d'un caractère diplomatique. Gravement menacés, ou si leurs nationaux étaient exposés à un danger immédiat, le commandant d'un bâtiment de guerre pourrait intervenir, mais *sous sa propre responsabilité.*

FRANCHISES ET PRÉROGATIVES DES CONSULS.

Les consuls, à ce point de vue, ne sont pas traités de la même manière que les agents diplomatiques. Pourtant, ils jouissent de certains privilèges et de certaines franchises, soit en vertu des traités existants, soit en vertu d'un principe de réciprocité admis et reconnu par les gouvernements respectifs. De toutes les nations, c'est la France qui accorde les plus grandsprivilèges aux consuls étrangers.

INCIDENT DU CONSULAT FRANÇAIS DE FLORENCE.

L'incident du consulat français de Florence vient de démontrer à la magistrature italienne qu'elle ne pouvait outrepasser ses pouvoirs dans les matières soumises à des exceptions de droit international sans s'exposer aux protestations légitimes des consuls de toutes les nations. La perquisition suivie de saisie de pièces, faite récemment par le préteur de Florence dans les archives de notre consulat, est venue troubler, pendant un instant, les rapports des deux puissances en présence. Notre gouvernement s'est trouvé, par ce fait, mis en demeure de demander des explications, ensuite le déplacement du préteur autoritaire.

Les conventions internationales investissent généralement les consuls des droits les plus larges. Ainsi, en matière de succession, et c'était le cas de l'incident de Florence, les agents du service consulaire sont seuls compétents, lorsque les biens ou valeurs dont ils ont à s'occuper appartiennent à des sujets de leur nationalité.

Bien entendu, ils remplissent en pareille occurrence toutes les formalités imposées par les usages locaux ou les traités.

A bord des navires de commerce de leur nation, les consuls sont aussi investis des droits de police les plus larges. Jamais l'autorité locale n'intervient que dans le cas où des désordres, survenus sur ces navires, seraient de nature à troubler la tranquillité ou l'ordre public à terre ou dans le port.

FAITS SE RAPPORTANT A L'INCIDENT DE FLORENCE.

L'incident de Florence n'est pas unique dans son genre. Ainsi, à Berlin, un consul de Roumanie ayant eu, il y a quelques années, un conflit avec la justice allemande, celle-ci demanda au ministre plénipotentiaire le droit de visiter le consulat ; les pourparlers durèrent plusieurs mois.

Plus récemment encore, un consul de Grèce à Paris, qui est en même temps banquier, avait, en cette dernière qualité, une affaire judiciaire. Étant négociant, il n'était pas couvert par l'immunité accordée aux consuls. Néanmoins, le gouvernement français demanda une autorisation au gouvernement grec avant de pénétrer chez le banquier, et ce n'est pas un juge de paix, mais un magistrat supérieur qui fit la perquisition. Cette manière de procéder est conforme aux vieilles traditions diplomatiques. On peut donc estimer qu'en pénétrant violemment, sans recours préalable à une autorité supérieure, dans un consulat, c'est-à-dire dans un local dont l'inviolabilité est universellement admise, les prérogatives consulaires de tous les pays sont lésées; ces derniers ne voudraient probablement pas que ces privilèges disparussent. Du reste, cet incident de Florence, dont nous venons de parler, s'est heureusement terminé. Le ministère italien a reconnu que, avant toute discussion sur le fond même de l'affaire, une satisfaction nous était due pour la violation des archives de notre consulat. Après enquête, le juge de paix qui avait accompli cet acte contraire aux traditions internationales, fut déplacé et reçut un blâme. C'est une solution concluante. Elle démontre que l'inviolabilité des consulats n'est pas encore un vain mot et elle fait honneur à la modération et à la bonne foi des deux gouvernements en cause.

INCIDENT DU CONSULAT FRANÇAIS DE DAMAS.

L'incident de Damas, d'une autre espèce, plus récent que le précédent, montre encore combien les États sont soucieux des droits ou privilèges accordés aux locaux de leurs consuls. Le voici, en deux mots :

Des agents turcs poursuivaient deux Algériens. L'un s'était échappé, l'autre s'était accroché, à l'intérieur du consulat, aux barreaux d'une fenêtre. Les agents se sont néanmoins rendus maîtres de ce dernier et l'ont emmené. Une arrestation de cette nature est illégale dans le fond comme dans la forme. Les agents, trop zélés sans doute, n'eussent pas dû franchir la porte du local officiel du consul de Damas.

Au moment où nous publions notre travail, les négociations de l'incident dont nous venons de parler sont à la veille d'être terminées.

Ainsi que la France le demandait depuis longtemps, le pachalick de Damas sera divisé en deux: l'un aura Beyrouth pour capitale, et l'autre Damas. En outre, la Porte nous accorde les réparations demandées.

CONCLUSIONS AU SUJET DES FRANCHISES CONSULAIRES.

Est-ce à dire, malgré tout, que le consulat peut impunément abriter un coupable, poursuivi à raison d'un délit ou d'un crime? Assurément non. Dans l'espèce, ce serait attenter à l'indépendance des gouvernements. Lorsqu'un agent diplomatique quelconque est soupçonné d'avoir abusé de l'immunité de son hôtel, des explications lui sont demandées à ce sujet ou des plaintes sont adressées à son gouvernement; mais, généralement, on ne force pas sa porte. Par suite, qu'on leur reconnaisse ou non un caractère public et diplomatique, il est positif que les consuls ont un droit absolu à certains privilèges, à certaines immunités, sans lesquels il leur serait très difficile de remplir leur mandat. Ces privilèges ne s'adressent pas seulement à leurs personnes; ils s'étendent encore au local occupé par leur chancellerie et aux effets, aux papiers, aux documents officiels confiés à leur garde.

RAPPORTS GÉNÉRAUX DE LA MARINE DE GUERRE AVEC LES CONSULS, ET « VICE VERSA ».

Les bâtiments de guerre doivent remettre aux consuls, lorsqu'ils sont au mouillage de la résidence de ces derniers : les actes de l'état civil dressés à bord, c'est-à-dire les testaments, s'il y a lieu, les actes de décès, de naissance, etc. Lorsqu'un homme d'un navire de guerre est envoyé en traitement dans une maison de santé, le billet d'hôpital est envoyé au visa du consul. L'embarquement des marins de l'État sur un navire de commerce français est réglé, après entente préalable, entre le consul et le commandant intéressé. L'embarquement des marins déserteurs ou du commerce, sur un navire de guerre, est réglé de la même manière. Le consul prévient les commandants des navires de guerre de tous les délits ou faits graves commis à terre par des marins de l'État. La copie des marchés passés par la marine est communiquée aux commandants, dès leur arrivée ; la patente de santé est généralement prise au consulat, quelques heures avant le départ du navire intéressé à l'avoir. En ce qui concerne les honneurs militaires à rendre aux agents diplomatiques et aux consuls ; les fêtes nationales ; les saluts à terre ; les bâtiments dispensés des saluts ; les visites entre les agents et les officiers de la marine de guerre ; les embarcations à fournir aux consuls pour leurs visites à faire en rade ; les honneurs funèbres à rendre aux décédés des navires de guerre, dans le lieu de la résidence d'un consul ; les conditions de gratuité de rapatriement à bord des bâtiments de l'État des matelots délaissés ; les pièces à fournir au consul, au départ, lorsque des cas de désertion ont été constatés, consulter, pour tous ces détails, le décret du 20 mai 1885 et le *Bulletin officiel* de la marine.

RENSEIGNEMENTS COMMERCIAUX.

Parmi les attributions les plus essentielles des agents du service consulaire, celle de fournir aux affaires étrangères des renseignements généraux ou particuliers qui peuvent être utilisés pour le développement du commerce extérieur de la France tient une des premières places et est l'objet de prescriptions, de recommandations nombreuses et détaillées. Le *Bulletin consulaire,* publié par les affaires étrangères de concert avec le ministère du commerce, porte rapidement à la connaissance du commerce français les rapports des consuls ; il y trouve des données générales sur les échanges et des indications spéciales sur une branche déterminée d'industrie et de commerce. Il sait alors si telle ou telle marchandise peut avantageusement s'exporter sur tel ou tel port, dans quelles conditions elle peut s'y vendre, et contre quelle concurrence il aura à lutter en l'y envoyant.

Le *Bulletin consulaire* renferme aussi l'étude des questions d'économie politique ayant un intérêt d'actualité ; des différentes branches de production dans les pays étrangers ; des raisons de la concurrence qu'y rencontrent les produits français ; des goûts des consommateurs étrangers ; des usages locaux dont la connaissance peut être utile à nos exportateurs ; des moyens d'accroître nos débouchés et d'améliorer la condition de nos échanges. Il fait connaître, en outre, les résultats de toutes les recherches qui, directement ou indirectement, peuvent jeter quelque lumière sur la situation économique, industrielle, financière ou agricole des contrées avec lesquelles nous entretenons ou nous sommes appelés à entretenir des rapports commerciaux de quelque importance. Afin de compléter ces renseignements d'une manière pratique, les ministères intéressés communiquent, aux commerçants qui en font la demande, les échantillons de toutes sortes envoyés en France par les consuls ou agents du service consulaire à l'appui de leurs rapports et de leurs bulletins périodiques commerciaux. Ceux-ci renferment les matières suivantes : cours du change, valant... ; — commerce et agriculture. — Importation : désignation des marchandises ; quantités importées ; provenances ; marques de fabrique ; grevées de .... ; prix sur le marché, en gros, en détail ; ventes publiques ; comptes de vente simulés.

Exportation : commerce et agriculture ; désignation des marchandises ; quantités exportées ; destinations ; marques de fabrique ; grevées de .... ; prix sur le marché, en gros, en détail ; ventes publiques ; prévisions ou rendement des récoltes ; comptes de vente simulés.

NAVIGATION.

Navires entrés et navires sortis ; pavillon et tonnage ; cours des frets ; analyse des manifestes.

Industrie et beaux-arts. — Travaux publics, en exécution ou projetés. — Chemins de fer. — Salaires. — Grèves. — Création dans le domaine des beaux-arts.

Des nouvelles diverses sont envoyées en outre sur feuilles volantes.

QUESTIONS SUSCEPTIBLES D'ÊTRE ÉTUDIÉES DANS LES PAYS D'OUTRE-MER.

Planteurs ; — main-d'œuvre ; — travailleurs libres ; — emploi des immigrants ; — production ; — usines ; — industries diverses ; — débouchés ; — taxe en nature ou en espèce ; — caractère des indigènes et rapports entre ceux-ci et leurs chefs ou leur gouvernement ; — état de l'immigration ; — quelles sont les conditions auxquelles se fait l'immigration ; — ce qu'elle produit ; — avenir des ports visités comme points de relâche, de transactions, etc., etc. ; — marchandises importées, exportées ; — produits du pays ; — établissements d'instruction, institutions de crédit ; — influence française ; — faveurs accordées aux marchandises de certaines puissances ; — paquebots desservant le port visité ; — pêche et sa statistique ; — état de nos missions ; — leur situation.

Situation politique et commerciale (d'une manière générale) des localités visitées ; — moyenne annuelle des entrées et des sorties de navires, avec ou sans chargements.

Pour le ministère du commerce et de l'industrie, les renseignements qui l'intéressent, sont ceux qui ont trait aux produits des divers pays, aux articles qui sont l'objet des échanges, aux chiffres statistiques d'importation, et d'une manière générale, aux questions d'ordre économique.

DROIT D'EXEQUATUR.

L'admission des consuls est subordonnée à une demande d'*exequatur* que le souverain territorial peut refuser si la présence dans le pays ou les antécédents de l'agent au sujet duquel il est sollicité lui paraissent offrir certains inconvénients.

Le droit de retirer l'*exequatur* n'est pas moins illimité lorsque le consul, manquant aux devoirs de sa charge, a compromis sa position en s'immisçant indûment dans les affaires du pays, en prenant part aux intrigues politiques, c'est-à-dire en sortant du rôle affecté à ces attributions.

D'une manière générale, les consuls ne correspondent qu'avec les autorités administratives et judiciaires de leur arrondissement. Pourtant, il y a des exceptions à cette règle, lorsque, par exemple, ces autorités refusent de faire droit à leurs justes réclamations et que l'absence d'une légation permanente de leur pays rend impossible le recours à la voie diplomatique; ils sont alors pleinement autorisés à s'adresser directement au gouvernement central de la contrée dans laquelle leur résidence est installée.

Lorsqu'un citoyen est nommé, dans son pays même, consul d'une puissance étrangère, son gouvernement est libre de lui refuser l'autorisation d'exercer ces fonctions ou d'en subordonner l'exercice à certaines obligations spéciales; mais si le consul nommé dans de pareilles conditions a reçu son *exequatur*, il est placé sur la même ligne que tous les autres consuls.

LES CONSULS NE SONT PAS JUGES.

Ils n'ont aucun des caractères du juge proprement dit; pourtant, les principes généraux du droit des gens, même à défaut de stipulation conventionnelle expresse, leur reconnaissent, à l'égard de leurs nationaux, quelques-uns des attributs du véritable magistrat.

DÉFENSE DE FAIRE DU COMMERCE.

Beaucoup d'États défendent à leurs consuls de faire du commerce. En droit rigoureux, cette faveur ne devrait jamais leur être accordée. Il est, en effet, bien difficile de concilier dans une juste mesure ses devoirs officiels et ses intérêts privés.

DÉPART D'UN CONSUL.

Le consul partant de son poste n'a aucune lettre de rappel à remettre. Le gouvernement territorial est prévenu de ce changement par l'agent diplomatique au moment où il demande l'*exequatur* du nouveau consul. L'usage veut cependant qu'un consul donne lui-même avis de son départ aux autorités supérieures de sa résidence.

DEUXIÈME PARTIE

ÉTAT DE GUERRE

CHAPITRE VII

Sommaire. — Du droit de la guerre, en général. — Philosophie, au point de vue de la guerre. — Dette publique de l'Europe. — Ce que coûte le militarisme à outrance. — Trois moyens sont souvent employés pour éviter la guerre. — Tribunal international des conflits. — Des manifestes. — Des déclarations de guerre et des proclamations. — Des parties belligérantes. — Du théâtre de la guerre. — Des forces militaires en général. — Des auxiliaires de la marine de guerre. — Relations d'ordre pacifique entre belligérants. — Navires dits *de cartels*. — De la guerre maritime. — Division des guerres : *guerres défensives, offensives, auxiliaires, nationales,* etc., etc. — Principes du droit de la guerre au sujet d'un soulèvement général. — Des moyens licites et illicites de faire la guerre. — Tentatives pour adoucir les maux de la guerre. — Tentatives pour organiser un tribunal international des conflits. — Notre opinion au sujet de l'organisation de cette justice internationale. — Témoignage réciproque des sympathies entre nations et solidarité.

DU DROIT DE LA GUERRE, EN GÉNÉRAL.

La guerre est toujours, à notre avis, une catastrophe, dont les conséquences sont redoutables pour la puissance victorieuse comme pour celle qui a lutté sans succès; nous en avons un exemple de fraîche date sous les yeux. En effet, peut-on affirmer que l'Allemagne soit aujourd'hui plus prospère qu'avant 1870 ? Nous ne le pensons pas.

La philosophie ne règle, ici-bas, que des questions littéraires. Les grands incidents sociaux se résolvent sans elle. Le grand Frédéric, philosophe, dit-on, a toujours été en guerre.

Il est douloureux de penser que la civilisation n'ait pu transformer l'espèce humaine et que 6,000 ans de progrès aboutissent au perfectionnement effroyable des engins d'extermination. Les statistiques, si intéressantes à plusieurs points de vue, sont pourtant des instruments de nature à refroidir l'ardeur belliqueuse des hommes d'État ayant quelque souci de l'avenir des peuples dont ils ne sont, somme toute, que les mandataires. Voici, sans commentaires, d'après le dernier Bulletin publié par le ministère des finances, ce que coûte l'état de paix d'aujourd'hui à notre vieille Europe civilisée : la charge annuelle de tous les États réunis (dépenses militaires seulement) est de quatre milliards cinq cent vingt-huit millions. Le total, détail instructif, des dettes publiques de l'Europe s'élève au chiffre formidable de cent dix-sept milliards cent douze millions ; la France y figure en tête pour trente et un milliards [1].

---

1. Il faudrait ajouter à cette somme, pour en avoir le total approché, la dette départementale et communale qui est d'environ *quatre milliards*. Il n'est pas sans intérêt d'étudier de près les questions budgétaires au moment où elles viennent en discussion ; on y trouve des aperçus instructifs à tous les points de vue. Lorsqu'il suffit d'une étincelle pour mettre le feu aux poudres et porter par suite une nouvelle atteinte à l'équilibre continental si compromis depuis vingt ans, une puissance, soucieuse de son indépendance, fait preuve de sagesse en maintenant ses finances dans un état voisin de la prospérité. Bien des pays ont un trésor de guerre. M. Thiers nous en avait assuré un, qui n'a pas été conservé, paraît-il. Le baron Louis, homme d'État et grand financier, disait un jour : « Pour faire la guerre, il faut des canons, mais il faut aussi une autre artillerie, et cette artillerie c'est le crédit. » Or, la bonne gestion, les économies, l'extinction des dettes, font le crédit.

Pour une nation, comme pour un individu, l'importance d'une dette se calcule sur la richesse de celui qui l'a contractée. D'après les plus récentes évaluations, la valeur mobilière et immobilière de la France est d'environ 190 milliards ; par suite, sa dette relativement à sa richesse est dans la proportion de 1 à 5. Il n'y a donc peut-être pas péril en la demeure ; pourtant, il serait sage de songer à l'amortissement afin de préparer ce que nous appelions à l'instant un trésor de guerre et afin aussi de ne pas engager l'avenir qui n'est pas à nous. Les ressources de vitalité de notre pays le permettent. L'Amérique, après

Les dépenses militaires annuelles des principaux États
sont :

Pour la Russie, de 982 millions;

Pour la France, de 859 millions;

Pour l'Angleterre, de 740 millions;

Pour l'Allemagne, de 539 millions.

Mais laissons ces chiffres dont nous ne parlons
qu'incidemment : ils nous semblent, du reste, assez élo-
quents. Nous n'avons pas à nous en occuper ici. Nous
n'avons pas non plus à rechercher si une guerre quelconque est légitime, ni les conditions indispensables pour
qu'elle le soit ; ces problèmes ne sont pas du domaine
du droit des gens positif. De tout temps, la guerre a été
le résultat des rapports internationaux mauvais ou rompus. Dans l'un ou l'autre cas, on discute ; on cherche à
aplanir les difficultés, à redresser les torts ; on recourt
également aux négociations diplomatiques et, quelquefois,
à l'arbitrage d'une puissance. Quand on a épuisé tous les
moyens pacifiques ou persuasifs, les mesures violentes
sont employées : c'est la guerre, et les nations ou partis
qui se placent dans cet état sont appelés belligérants. C'est
une période transitoire, anormale, et un moyen de veiller
à la défense de l'État et ensuite de rétablir la paix. La
guerre est parfois inévitable et même nécessaire. Une puissance menacée dans son indépendance, offensée dans ses

---

la guerre de Sécession, avait une dette formidable. Depuis longtemps
elle n'a plus que des excédents de recettes ! En ce qui nous concerne,
le problème à résoudre est le même, avec un facteur de plus. Ce
facteur n'est autre que la Défense nationale, mais celle-ci n'en est
que plus solide lorsqu'elle dispose de capitaux considérables. En 1814,
la France succomba moins sous les efforts de ses ennemis que sous
les effets de la merveilleuse habileté de lord Castelreagh, qui sut, à
l'aide des subsides britanniques, maintenir la coalition européenne.

La dette du vieux continent étant d'environ 118 milliards en chiffres
ronds, il faut prélever de ce chef, sur les revenus de chaque exercice, avant de songer aux choses productives, environ 8 milliards. Il
faut noter en outre, qu'en ce qui nous concerne, la dette *exigible*,
c'est-à-dire à *court terme*, est d'environ 2 milliards et qu'il nous faudrait plus d'un milliard pour entrer en campagne, si la guerre éclatait. (*Note de l'auteur.*)

intérêts et sa dignité, ne peut accepter une semblable situation sans recourir aux armes. « La paix perpétuelle, disait « le comte de Moltke, dans sa lettre au grand publiciste « Bluntschli, est un rêve, et ce n'est même pas un beau « rêve. La guerre est un élément de l'ordre du monde éta- « bli par Dieu. Les plus nobles vertus de l'homme s'y dé- « veloppent : le courage et le renoncement, la fidélité au « devoir et l'esprit de sacrifice ; le soldat donne sa vie. « Sans la guerre, ajoute-t-il, le monde croupirait et se « perdrait dans le matérialisme. »

Nous pensons, avec beaucoup d'autres, que la guerre ne se justifie que par la nécessité. Elle est un moyen, mais elle n'est pas une fin. Elle n'est un moyen de droit que dans un cas : lorsqu'elle constitue la seule manière d'atteindre le but. Le droit des gens ne l'accepte que comme une chose qu'il ne peut empêcher, mais il proclame qu'il la considère comme un argument susceptible de faire obtenir la réparation d'une injustice grave et un cas extrême de légitime défense. De la sorte, on peut fixer des règles juridiques dont le but est de restreindre et d'adoucir les maux de la guerre. Sans base juridique, l'arbitraire serait toujours le lot de ceux qui la veulent et la font.

Qu'est-ce donc que le droit de la guerre? C'est l'ensemble des règles qui déterminent les rapports des belligérants entre eux et avec les neutres. Grâce à ces règles, les parties en présence sont tenues à des réserves dans certains cas; c'est ce qu'on appelle: la protection internationale, à laquelle les particuliers lésés pendant une guerre peuvent recourir; elle est aussi très utile aux belligérants.

Autrefois on ne connaissait que la règle des parlementaires. Aujourd'hui, tout est mis en œuvre pour terminer une guerre le plus rapidement possible. Les cruautés ont disparu. La lutte est limitée aux forces militaires en présence et n'atteint que le moins possible les particuliers. C'est donc l'adoucissement des anciennes pratiques belliqueuses, sauf le cas d'extrême nécessité, appelé : raison de guerre.

Les principes généraux du droit international, en cas de guerre, s'appliquent aussi bien sur terre que sur mer. Toutefois, sur mer, la propriété privée et le commerce des neutres sont encore l'objet de bien des ennuis. Malgré tout ce que l'on a fait pour changer cet état de choses, la guerre sur mer est, dans une certaine mesure, une guerre de butin.

Que l'agression soit juste ou injuste, il est reconnu et admis que les lois de la guerre sont les mêmes pour les parties belligérantes en présence. La guerre, même engagée arbitrairement, disent la plupart des auteurs, est revêtue d'un caractère juridique. Celui qui en est l'auteur sans motifs légitimes doit néanmoins bénéficier des règles attachées à ce caractère. La liberté dans le choix des moyens de défense n'appartient pas plus à celui-ci qu'à celui-là.

Kant, dans la *Méthaphysique du droit,* dit que : l'établissement d'une paix perpétuelle doit être considéré comme l'objet final de tout système de droit public. Pour y arriver, il voudrait une association générale d'États, c'est-à-dire un congrès général des nations dont la réunion et la durée dépendraient entièrement des volontés souveraines des divers membres de la ligue et non une union indissoluble comme celle qui existe entre les divers États de l'Amérique du Nord. Ce congrès, par des procédures civiles, viderait les différends entre nations, de même que ceux entre particuliers sont tranchés par des tribunaux civils. La guerre, dit-il, est un procédé digne des barbares. Dans le même ordre d'idées, Bluntschli a publié un ouvrage ayant pour titre : *L'Europe comme confédération d'États.* M. Lorimer, dans son excellent ouvrage, propose l'établissement d'un gouvernement international comprenant un pouvoir législatif, un pouvoir judiciaire, un pouvoir exécutif et une administration des finances. Ce gouvernement s'occuperait du dégrèvement des impôts, de la réduction des forces nationales et des différends qui s'élèveraient entre États.

Lorsque des dissidences privées surgissent, la violence est proscrite avec raison. Des essais de conciliation sont tentés. Telle devrait être la solution des litiges internationaux ; une autorité supérieure qu'on appellerait tribunal international, tribunal des conflits internationaux si l'on veut, devrait pouvoir s'interposer entre les parties dissidentes. M. le comte de Kamarowsky, professeur de droit des gens de l'université de Moscou, s'est beaucoup occupé de cette question ; il vient de publier un livre savant dans lequel nous avons trouvé, sur ce sujet, des appréciations justes. Il insiste surtout sur l'arbitrage. C'est, en effet, le mode le plus simple de mettre d'accord les États divisés d'opinion, d'intérêt ou d'arranger des choses qui semblent être contraires. L'histoire de tous les siècles, principalement des temps modernes, en offre de nombreux exemples. La sécurité s'assure par la stabilité de l'ordre juridique, lequel, par la force même des choses, se transforme de plus en plus de national en universel. Un des traits qui caractérisent le plus notre siècle consiste en un prompt accroissement de l'*internationalisme*, c'est-à-dire des relations privées et politiques qui, pareilles à un immense filet, unissent de plus en plus fortement les nations. Nous verrons à la troisième partie de notre livre ce que la solidarité des intérêts entre nations peut produire dans cet ordre d'idées.

Le livre de ce savant professeur russe est, dans toutes ses parties, extrêmement intéressant. Mais l'examen, même sommaire, des questions qui y sont si bien exposées nous entraînerait au delà des limites de notre sujet. Le droit de la guerre qui vise un si grand nombre de cas, depuis la déclaration de la guerre jusqu'à la conclusion de la paix, doit surtout être envisagé au point de vue pratique, c'est-à-dire au point de vue des règles admises par

les États. Donc, point de dissertations ni de discussions
qui ne seraient pas à leur place dans un Précis. Nous
dégagerons seulement, de notre mieux, chaque fait des
interprétations douteuses ou contradictoires dont la connaissance n'est demandée qu'aux spécialistes.

Nous venons de le voir, trois moyens seulement peuvent être essayés dans le but d'éviter la guerre :

1° La conciliation, qui comprend les négociations, l'appel à l'opinion publique, le recours aux bons offices d'une
puissance, les congrès et conférences, les entrevues des
envoyés extraordinaires de la diplomatie, etc. ;

2° L'arbitrage ;

3° Les mesures violentes autres que la guerre, c'est-à-
dire : la rétorsion, les représailles, l'embargo, etc., le
blocus commercial ou pacifique. (Voir Ire Partie.)

DES MANIFESTES, DES DÉCLARATIONS DE GUERRE
ET DES PROCLAMATIONS.

Par manifestes, on entend les déclarations que les souverains ou les gouvernements font ordinairement publier,
à la veille d'une guerre, pour dénoncer l'ouverture des
hostilités ; quelquefois, ces documents sont une dernière
tentative pour éviter la guerre. Ils exposent aussi les raisons qui ont déterminé le conflit et tentent souvent de
justifier les mesures de violence auxquelles on va recourir.
Cette formalité est, dans tous les cas, nécessaire ; omise,
elle pourrait être, au retour de la paix, la cause de difficultés, surtout en ce qui concerne le jugement des prises.

Les proclamations sont des publications solennelles
adressées aux populations, pour leur annoncer un événement grave.

La déclaration de guerre est notifiée aux puissances
neutres et indique l'époque de l'ouverture des hostilités.
La guerre ne peut avoir lieu qu'après cette formalité rem-

plie par le dépositaire de la souveraineté ou le pouvoir exécutif. La déclaration doit être publiée de manière à ce qu'elle soit connue des sujets des parties qui vont se trouver aux prises. Tous les publicistes sont unanimes à reconnaître le principe de la déclaration de guerre, avant l'ouverture des hostilités.

Entre nations civilisées, le principal objet de la guerre est de revenir à une paix juste et honorable. La victoire, d'abord, et ensuite la paix, tel est le but de toute guerre loyale.

Une déclaration de guerre produit les effets suivants :

Entre belligérants, les traités d'amitié et d'alliance deviennent nuls ;

Les traités douaniers, postaux, de commerce, de navigation, etc., sont suspendus ;

Les engagements pris, pendant la paix, d'observer telle ou telle règle en cas de guerre sont inviolables ;

Chaque État belligérant prescrit aux nationaux de l'État ennemi d'avoir à reprendre le chemin de la frontière ; un délai leur est accordé ;

L'interdiction, en principe, de relations commerciales entre les nationaux des États belligérants ;

Le droit, toujours admis, de faire des prises maritimes.

DES PARTIES BELLIGÉRANTES.

Tous les États souverains sont indépendants, nous l'avons déjà dit. Il en résulte une liberté absolue d'action, pour chacun d'eux, au point de vue du droit de déclarer et de faire la guerre. En principe, c'est le pouvoir de l'État, le gouvernement, qui exerce ce droit, conformément aux règles de la Constitution. Celle-ci l'accorde quelquefois au souverain ou chef de l'État. Dans une confédération, le pouvoir central est convoqué extraordinairement lorsqu'un conflit doit éclater.

Dans l'intérieur d'un État, la lutte armée entre des partis politiques n'a pas ordinairement le caractère d'une guerre. Par la suite, cependant, si les partis se séparent pour occuper quelques points du territoire, les puissances péuvent reconnaître la qualité de belligérant à celui qui est en état d'hostilité contre son gouvernement. Ceci ne crée pas un nouvel État, ni un nouveau gouvernement, c'est seulement une quasi-reconnaissance de la légitimité du soulèvement.

Lorsque les États du Sud de l'Union américaine se soulevèrent, la France et l'Angleterre les reconnurent comme belligérants. C'était leur accorder, en principe, la prérogative, importante pour eux, de recourir aux règles du droit des gens, exactement comme s'ils avaient été un État reconnu et légitime, ni plus, ni moins. Du reste, le gouvernement du Nord lui-même dut, de bonne heure, renoncer à les traiter en rebelles ; il les traita en ennemis, ce qui, tacitement au moins, donnait, dans une certaine mesure, la qualité de belligérants aux États du Sud et justifiait en même temps les décisions prises à l'égard de ces derniers par la France et l'Angleterre.

D'une manière générale, sont belligérants :

1° Ceux qui exercent le pouvoir dans l'État ennemi ;

2° Les armées régulières de ce même État ;

3° Les milices locales, les corps de volontaires et de francs-tireurs, munis d'un uniforme ou signe distinctif reconnaissable à distance ;

4° Une levée en masse pour repousser une invasion.

Il est évident qu'une attitude passive, neutre dans toute l'acception du mot, écarte toute idée hostile, qu'il y ait eu ou non un traité d'amitié ou d'alliance, avant la déclaration de guerre, stipulant un concours direct ou une neutralité bienveillante.

DU THÉATRE DE LA GUERRE.

Les opérations de guerre ont lieu :

1° Sur le territoire des belligérants et les mers territoriales de ceux-ci ;

2° Sur la pleine mer.

Le territoire continental et maritime d'une puissance neutre est fermé à toute lutte par les armes. Les troupes des belligérants ne peuvent s'y réfugier qu'en cas de nécessité. De même, les navires de guerre ne doivent séjourner dans les eaux des neutres qu'en cas de danger de mer.

On entend par neutralité ce qui n'est pas atteint par l'état de guerre : certaines personnes et choses destinées, par exemple, au soin des blessés ou encore certaines parties entières du territoire.

Le droit relatif à la réserve de la souveraineté de certaines mers, ou parties de mer, n'est pas, dans tous les cas, absolu. Ainsi, dans un traité, il est dit : « La Baltique « devant toujours être regardée comme une mer fermée et « inaccessible à des vaisseaux armés des parties en guerre « éloignées, est encore déclarée telle de nouveau par les « parties contractantes, décidées à en préserver la tran-« quillité la plus parfaite. » D'autre part, Hautefeuille dit : « La Baltique n'a jamais été une mer fermée. » Ortolan, dans le même ordre d'idées, s'exprime ainsi : « En « déclarant la mer Baltique *mare clausum*, les trois cours « du Nord étaient loin de donner à cette expression le sens « qu'y donnait anciennement Selden, cet adversaire de la « liberté des mers. Guidées par des motifs d'intérêt géné-« ral, elles voulaient seulement restreindre les maux de « la guerre et elles ne s'attribuaient par là aucun droit de « propriété sur la Baltique, toujours ouverte aux pavillons « pour les relations pacifiques. » Du reste, la fermeture ou non de la Baltique ne sera plus discutée le jour où l'on voudra sérieusement en barrer les deux entrées étroites

qui y donnent accès. En 1854, les puissances neutres de
la Baltique n'ont rien fait pour empêcher les escadres
alliées d'y pénétrer.

En thèse générale, la neutralisation de certaines parties
de la mer dépend des conventions faites dans ce but, mais,
nous l'avons vu à propos de la guerre de Crimée, il faut
encore être en mesure d'exercer son droit. L'histoire nous
enseigne qu'il ne suffit pas toujours de proclamer un principe : « Dans les guerres futures, dit Pérels, les puissan-
« ces neutres de la mer Baltique apprécieront, selon les
« circonstances, s'il y a lieu d'user de leur droit et de fer-
« mer cette mer aux opérations militaires. »

DES FORCES MILITAIRES EN GÉNÉRAL ET DES AUXILIAIRES DE LA MARINE DE GUERRE.

On divise les forces militaires d'un État belligérant en :
troupes de terre et de mer, troupes régulières et irrégu-
lières. La partie active des armées de terre et de mer, y
compris leurs réserves, forme les belligérants ordinaires.
Après ceux-ci viennent les corps auxiliaires, corps francs,
volontaires, éclaireurs, francs-tireurs, etc., etc.

Les non-combattants ne sont pas armés et ne doivent se
servir des armes qu'en cas de nécessité, de légitime défense, par exemple, ou d'une autorisation spéciale.

Mais, pour qu'un corps auxiliaire quelconque puisse être
traité en belligérant ordinaire, il suffit : 1° qu'il ait été reconnu et autorisé par le gouvernement au nom duquel il
combat. Cette condition à remplir est la plus importante
et plusieurs auteurs la considèrent comme suffisante ;
2° qu'il soit organisé hiérarchiquement et placé sous les
ordres d'un commandant de corps d'armée, sous l'influence plutôt de l'autorité militaire ; 3° qu'il soit porteur
d'un costume ou d'un insigne distinctif fixe et reconnaissable à distance ; 4° qu'il porte les armes ouvertement et
respecte les lois et usages de la guerre.

Ces règles sont applicables aux corps de marins volontaires qui, le cas échéant, pourraient être formés pour la défense des côtes ou pour opérer en mer. A la conférence de Bruxelles, on fut d'accord pour les formuler, mais les avis se partagèrent sur le point de savoir s'il fallait réunir les quatre conditions ou en remplir quelques-unes seulement. A notre sens, l'action des corps auxiliaires n'est légitime que si les conditions précitées sont toutes remplies. Il faut que ceux qui combattent pour le drapeau, pour la patrie, ne soient pas confondus avec les maraudeurs et pillards, toujours prêts à frapper ou à détruire dans un but de lucre. Bluntschli a raison lorsqu'il dit : « Si l'on « prend tant de soin de fixer exactement les caractères des « belligérants, c'est afin de pouvoir sûrement les distin- « guer des brigands sans patrie qui profitent de la guerre « pour venir, d'un côté ou d'un autre, frapper ou détruire. « C'est afin de ne pas les confondre avec les rôdeurs ar- « més, quel que soit le nom qu'on leur donne, ou même « avec les personnes qui entreprennent, à leurs risques et « périls, des expéditions militaires, sans autorisation de « l'État. Tous ces gens sont traités comme des brigands « et c'est justice. »

Quoi qu'il en soit, les nécessités de la guerre moderne exigent que la nation tout entière ait sa part dans les servitudes militaires. C'est peut-être un retour à la barbarie des temps lointains, mais c'est un état de choses qui nous est imposé par les circonstances. Le culte de la force est la règle aujourd'hui. Les nations ne veulent pas vraisemblablement la guerre, mais cette idée générale ne peut que la retarder et non la supprimer.

La guerre n'est-elle pas, dans certains États, à la merci de quelques hommes ? L'idée de salut national indique à chaque puissance ce qu'elle a à faire. Pour atteindre ce but, une levée en masse peut être organisée et disciplinée. Placée sous la direction d'un chef, appelée par le gouvernement, cette force militaire, quel qu'en soit le nom, est une armée régulière à laquelle on ne saurait refuser la qualité de belligérante. Les réserves allemandes ne sont-elles pas une espèce de levée en masse? L'ordonnance de Frédéric-Guillaume III de Prusse, de février et mars 1813, relative à ces réserves, n'indique-t-elle pas que, le cas échéant, le combat est une nécessité, une défense légitime qui *autorise et sanctionne tous les moyens?* L'article 13 de cette mêmè ordonnance va plus loin : il supprime l'uniforme pour cette classe de combattants. Il s'exprime ainsi : « Le landsturm n'a ni uniforme, ni signes particu- « liers, car ces uniformes et ces signes serviraient à le « faire reconnaître par l'ennemi et l'exposeraient aux per- « sécutions. » En 1870, nos corps francs ne suivirent pas l'exemple des Prussiens de 1813 : ils furent organisés mi- litairement par les soins du gouvernement d'alors, ce qui n'empêcha pas certains commandants allemands de leur refuser la qualité de belligérants et de les passer par les armes.

Lorsqu'une guerre est déclarée, avons-nous dit, l'idée de salut national, surtout, indique à chaque nation ce qu'elle doit faire. En vertu d'un principe élémentaire, vieux comme le monde, la légitime défense est un droit commun aux hommes et aux nations. Un individu possède le droit d'être, de se défendre, de se développer, et ce qui se rapporte à l'individu se rapporte généralement à la na- tion. De même, chaque individu ou nation peut chercher les meilleures conditions à remplir pour assurer son exis- tence, sa sécurité et conserver son indépendance. C'est encore son droit, et il n'y a pas de droit contre le droit. Aussi pensons-nous, avec beaucoup d'autres, qu'une force militaire, quel qu'en soit le nom, est un facteur dont le concours est légal, légitime en cas de danger. Cette force sera une armée régulière, pourvu qu'elle soit sous la di- rection d'un chef nommé par l'État et munie d'un costume ou d'un signe distinctif fixe et reconnaissable à distance. L'ordonnance allemande, nous venons de le voir, est bien moins exigeante pour les combattants qui n'appartiennent pas aux corps réguliers, et ce qui s'applique aux armées de terre s'applique aux armées de mer.

Sans contredit, une puissance maritime quelconque aurait le droit, le cas échéant, de transformer ses paquebots, ou autres navires de commerce, en navires de guerre ; d'en faire, en un mot, des auxiliaires. Il suffirait, pour cela, que ces navires ainsi transformés fussent commandés par des officiers de la marine militaire, armés et équipés militairement. Naturellement, ils devraient porter la flamme ; leurs équipages auraient un uniforme. De la sorte, les quatre conditions exigées des corps auxiliaires pour être traités en belligérants ordinaires se trouveraient entièrement remplies.

Les mêmes droits sont acquis aux corps destinés à la défense des côtes.

Depuis longtemps, l'usage et les convenances réciproques des puissances admettent, dans la catégorie des navires de guerre, les navires marchands affrétés spécialement et *en entier* pour transporter des troupes ou autres objets appartenant au gouvernement, s'ils sont commandés par des officiers militaires. Ils jouissent, disent la plupart des auteurs, des privilèges et immunités accordés aux bâtiments de guerre, pourvu que les conditions indiquées par le droit des gens soient remplies.

Par ailleurs, un État qui réquisitionne, pour être employés à un usage de guerre, les paquebots ou autres navires subventionnés par lui pendant la paix au prix de mille sacrifices, passe un contrat, prend des engagements. Il peut même en devenir le vrai propriétaire si l'autre partie y consent. Dans ces conditions, en admettant la réalisation de cette dernière hypothèse, le problème serait simple : les nouvelles acquisitions rentreraient dans la règle générale qui s'exprime ainsi : *tous les navires de l'État sont des navires de guerre.*

En Angleterre, il n'existe aucun doute au sujet des

droits dont nous venons de dire un mot. Selon la raison
et le droit, y dit-on, l'unique chose essentielle c'est que
l'ennemi puisse savoir, à une distance suffisante, qu'il a
affaire à des navires organisés militairement et dont
l'hostilité est patente. Depuis longtemps, la question des
auxiliaires de la marine de guerre y est résolue. Tous les
steamers rapides de la flotte commerciale sont classés
parmi les croiseurs auxiliaires. Réquisitionnés en temps
de guerre et pourvus d'artillerie, ces bâtiments sont destinés à assurer les communications de la métropole avec
les colonies et à protéger les routes principales de grande
navigation. Tous reçoivent des installations spéciales et,
par mesure de précaution, des dépôts de canons ont été
créés en plusieurs points du globe. Les croiseurs auxiliaires pourront donc être armés en guerre sans recourir aux
arsenaux de la métropole.

En France, quatorze paquebots subventionnés viennent
d'être également classés comme croiseurs auxiliaires. Des
dépôts d'armes et de munitions vont être organisés dans
plusieurs de nos établissements d'outre-mer pour servir à
l'armement de nos futurs bâtiments de guerre.

C'est une heureuse innovation qui honore le ministre
qui en a eu l'idée et pris l'initiative.

Aux principes que nous venons d'indiquer se rattachent
les règles d'une institution spéciale à la guerre maritime
et appelée la *course*.

En temps de guerre, une autre intervention est permise
aux navires appartenant au commerce. Lorsque ceux-ci
ont repoussé une agression intempestive, le droit de prise
leur est reconnu.

RELATIONS D'ORDRE PACIFIQUE ENTRE BELLIGÉRANTS.

Les traités conclus avec l'ennemi pendant la guerre, en
d'autres termes les *cartels*, doivent être observés et respectés.

Les *cartels* entre belligérants peuvent viser plusieurs buts. On y a recours pour la désignation et le traitement des parlementaires, pour les relations postales et télégraphiques, pour les courriers, pour l'ensevelissement des morts, etc., etc.

NAVIRES DITS « DE CARTELS ».

On appelle ainsi des bâtiments qui, munis d'un pavillon parlementaire ou de trêve, portent à l'ennemi des propositions pacifiques. Ils sont considérés comme neutres et placés sous la protection du droit international. Mais ils ne doivent avoir, pour accomplir leur trajet d'aller et de retour, ni armes, ni munitions, ni marchandises.

DE LA GUERRE MARITIME.

D'une manière générale, la guerre maritime a pour but de détruire les flottes ennemies, les ouvrages de fortifications, les arsenaux, les ports ou établissements maritimes et militaires situés sur le littoral ennemi ; d'opérer des débarquements, de diriger des opérations militaires de toutes sortes ; de défendre son commerce maritime et de nuire au commerce ennemi ; de protéger les ports et les côtes contre toute agression possible ; de défendre ses possessions d'outre-mer.

Dans les guerres terrestres, le respect de la propriété privée est établi comme règle générale. Dans les guerres maritimes, nous l'avons déjà dit, c'est le principe contraire qui a prévalu et prévaut encore. Les navires de commerce, quoique constituant une propriété particulière, peuvent être capturés et confisqués. Toutefois, cette pratique qui s'est jusqu'ici exercée au détriment des non-combattants sur mer, tend aujourd'hui à faire place à une doctrine plus libérale dans le sens de la limitation de la

guerre maritime à la propriété de l'État et à la personne
des combattants effectifs. Si, en principe, la saisie et la
confiscation ne doivent affecter, selon le droit des gens,
que les navires et la propriété des belligérants, un navire
non ennemi peut cependant, en temps de paix comme en
temps de guerre, être capturé lorsqu'il a commis des
fraudes fiscales, violé les blocus, manqué aux lois de la
neutralité ou lorsqu'il s'est livré sciemment à des actes
ayant un caractère hostile.

DIVISION DES GUERRES.

Les guerres comportent des subdivisions et des classi-
fications nombreuses. Elles sont divisées en *guerres offensives, défensives* et *auxiliaires ; en guerres parfaites, imparfaites, légales* et *illégales*.

L'État qui se borne à repousser un ennemi fait une
guerre *défensive* ; celui, au contraire, qui prend les armes
le premier et attaque une nation avec laquelle il vivait en
paix fait une guerre *offensive*. Une guerre est dite auxiliaire quand l'un des belligérants est soutenu de fait ou
secrètement par un allié.

La guerre *parfaite* est celle qui, dans tous les cas et
selon toutes les circonstances prévues par les lois générales de la guerre, autorise tous les membres d'une nation
à commettre des actes d'hostilité envers tous les membres
de la nation ennemie. — La guerre *imparfaite* est limitée
quant aux lieux, aux personnes et aux choses qui doivent
en être l'objet.

C'est Vattel qui a imaginé la division des guerres en
légales et en *illégales*, qu'il ne faut pas confondre avec les
expressions *justes* et *injustes*.

Une guerre peut être *nationale*, lorsqu'une nation entière prend les armes pour s'associer à la lutte ou repousser une invasion. Dans ce dernier cas, la guerre n'est plus

une relation d'État à État. Un envahisseur qui veut dé-
membrer et détruire une nation déclare la guerre à chaque
citoyen ; il semble évident que chacun se trouve alors
dans le cas de *légitime défense,* que ce droit à la vie impose à toute la communauté politique une somme d'efforts
en rapport avec le danger dont elle est menacée. Mais pour
qu'une guerre ait le caractère de *nationale* et que, suivant
les principes en usage, ceux qui y prennent part puissent
jouir justement du bénéfice des prérogatives accordées en
temps ordinaire aux belligérants, il faut que le soulèvement soit général et soit régularisé par une déclaration
expresse du pouvoir exécutif.

Quel que soit le nom donné à une guerre quelconque,
celle-ci ne peut avoir une autre cause de justice que l'intérêt de la légitime défense ou de faire rentrer dans le
droit l'État qui en est sorti. Abstraction faite de ces deux
principes généraux la guerre est un fait de force dépourvu
de légalité, injuste le plus souvent, selon nous.

DES MOYENS LICITES ET ILLICITES DE FAIRE LA GUERRE.

Il est interdit de faire usage, pour nuire à l'ennemi, de
moyens illicites. Le droit international et l'humanité, sous
ce rapport, sont en communauté d'idées. Les cruautés, la
piraterie, l'emploi d'armes ou de projectiles empoisonnés,
la violation de la parole jurée, l'usage d'un faux pavillon
au moment d'engager le combat (art. 158, Service à bord),
sont absolument réprouvés par les nations civilisées. Nous
ferons connaître notre opinion à ce sujet en traitant des
moyens de faire la guerre, chapitre VIII; ce n'est que
dans le cas où l'ennemi ne respecterait pas les usages de
la guerre ou emploierait des moyens défendus par le
droit des gens que les représailles pourraient avoir leur
raison d'être et encore faudrait-il qu'elles fussent appliquées conformément aux lois de l'humanité.

TENTATIVES POUR ADOUCIR LES MAUX DE LA GUERRE.

La paix est dans les résolutions générales; tous les peuples la veulent. — La guerre ne peut être la cause que d'un accident; mais bien des causes peuvent amener cet accident; elle ne peut être désirée que par des ambitieux plus soucieux de leur propre intérêt que de l'intérêt général de leur pays.

Dès que la guerre est déclarée, la vie s'arrête; il faut recourir aux économies pour vivre. Les recettes disparaissent. Les merveilles amoncelées depuis des siècles sont souvent la proie du vainqueur. La mort est partout, dans toutes les familles; les peuples qui se battent se ruinent réciproquement. Comme résultat, quand la guerre est finie, il n'y a plus rien : ni hommes, ni argent, ni outils pour recommencer le travail, ni matières premières. — Tel est le tableau très incomplet qu'engendre une catastrophe de cette gravité. — Certes, il n'est pas un homme digne de ce nom, qui ne soit prêt à donner sa vie lorsque la patrie est en danger; c'est un sentiment naturel qui résulte du droit de défense personnelle, des droits de l'existence distincte, qui n'est même pas refusée au plus petit animal. L'esprit de sacrifice revit tout entier dans ces moments suprêmes. Le droit, la logique, le patriotisme ont alors une puissance d'attraction qui ne permet pas d'hésiter un seul instant. C'est une lutte à outrance imposée aux adversaires en présence ; mais c'est une perspective dont la réalisation se fera attendre, nous aimons à le croire. Nous pensons même qu'avec le temps, le service militaire obligatoire amènera la plus forte réaction au profit de l'établissement du droit et de la paix entre tous les peuples du vieux continent. — Il semble en effet que plus on vit au milieu du bruit continuel des armes, plus souvent les paroles de paix sont exprimées par tous et sur tous les tons. Si la guerre n'est plus, comme dans l'antiquité, l'état normal des peuples, il faut reconnaître que l'incertitude du lendemain, état normal de notre époque, est une nouveauté qui, sous beaucoup de rapports et toute proportion gardée, ressemble un peu au vieux système pratiqué en l'an mille. Peut-être finira-t-on par admettre qu'il existe une disproportion considérable entre l'objet d'une contestation et les calamités engendrées par la guerre et que les moyens pacifiques de résoudre un différend sont préférables à tout autre procédé. Un mauvais arrangement, disent les plaideurs, vaut mieux qu'un bon procès, et ceci est applicable à cela. Chaque guerre porte presque toujours en elle les germes d'une nouvelle guerre ; il en résulte toujours une désunion, quelquefois des haines dont les traces disparaissent avec peine.

Tous les auteurs qui ont étudié les règles relatives aux relations d'État à État sont du même avis sur le point suivant : l'ouverture soudaine des hostilités militaires constitue une attaque injuste contre l'adversaire. Cette manière d'agir est funeste aux affaires des neutres, aux affaires de bourses et de marchés. Généralement, les hostilités ne sont commencées qu'après avoir épuisé tous les moyens de conciliation. C'est même insuffisant. Il serait à désirer que le vœu exprimé dans le vingt-troisième protocole du traité de Paris, du 14 avril 1856, fût transformé en une obligation juridique, c'est-à-dire que la médiation des puissances amies fût obligatoire pour tous les cas graves et de nature à troubler la paix. Bluntschli se prononce très énergiquement pour cette mesure : « Elle modérerait, « écrit-il, l'ardeur guerrière des adversaires et augmente- « rait l'influence des facteurs de la paix. Sur ces entre- « faites, l'opinion publique pourrait se rendre bien compte « de l'objet du différend et se prononcer dans le sens du « droit. Elle éveillerait la conscience publique, placerait « dans une situation désavantageuse le violateur évident « de la paix et fortifierait, aux yeux de tous, la position de « l'État qui défend son droit. » En théorie, comme en pratique, le droit international condamne péremptoirement la guerre pour des idées et des intérêts. Il part de ce principe fondamental de la civilisation, que le droit *seul* peut rendre légitime l'emploi de la force et de la coercition contre l'homme. Par ailleurs, ce même droit international tempère la rigueur de l'emploi de la force en traçant des règles pour chacun des belligérants et chacun des États neutres : restreindre et adoucir les maux de la guerre, tel est son principal but et tel est aussi celui des publicistes éminents qui étudient sans cesse **tout** ce qui peut y contribuer; c'est un acheminement vers une solution meilleure et plus radicale. Les peuples modernes ont une tendance de plus en plus prononcée pour tout ce qui est libéral et humain, mais les gouvernements et les chefs militaires sont encore quelquefois obligés de conformer leur conduite aux règles de réciprocité, lorsqu'un belligérant, par exemple, a violé les principes du droit naturel. Ce genre de représailles est moins absolu qu'on pourrait le croire. De fait, si la loi du talion a existé ou existe encore en théorie, dans la pratique elle est solidement enrayée par les préceptes du droit naturel et par les principes généraux du droit des gens.

TENTATIVES POUR ORGANISER UN TRIBUNAL INTERNATIONAL DES CONFLITS.

Partout cette question est à l'étude. Des progrès déjà considérables ont été réalisés dans cet ordre d'idées. Ce n'est plus un projet utopique de paix perpétuelle que l'on entrevoit; c'est quelque chose de plus rationnel, de plus pratique. — A ce point de vue, l'État contemporain se distingue de tous les autres types qui l'ont précédé historiquement dans la vie politique. La théorie de la légalité se généralise. La personnalité morale de chaque État n'est l'objet d'aucune contestation et la théorie des nationalités n'enseigne rien qui ne puisse être réalisé :

1° L'État national, dit cette théorie, sous la forme de conclusions, doit s'appuyer sur une nationalité déterminée, qui réunisse tous les citoyens en une seule union politique ou apparaisse comme une force supérieure et spirituelle unifiant les autres nationalités qu'elle embrasse ;

2° Cette unification ou assimilation doit se faire graduellement et pacifiquement, non par voie de mesures de violence, mais par la marche de la vie et, pour ainsi dire, par la prédominance de la culture supérieure sur la culture inférieure ;

3° Les nationalités étrangères, entrées dans la composition d'un État, ont le droit d'exiger le respect de leur langue, de leur religion et de leurs droits nationaux. Mais leur existence particulière ne doit pas porter préjudice à la vie et au bien-être du tout, dont elles sont des parties intégrantes ;

4° La théorie des nationalités condamne la réunion violente des nationalités ou leur séparation par la force des organismes politiques où elles trouvaient leur satisfaction. Ceci s'applique d'autant plus aux nations de races différentes ;

5° Si, en vertu de ces principes, l'État peut se composer de plusieurs nationalités, ponrvu qu'elles se fondent en une seule nation, il n'y a, par contre, pas d'obstacle à ce qu'une seule nationalité ne s'organise en plusieurs États, aux mêmes conditions ;

6° Rien n'empêche que l'État ne soit animé d'un seul esprit, et qu'il ne représente une personnalité nationale appelée à accomplir, conformément à ses capacités, une mission qui lui est assignée ;

7° Les profondes différences qui existent parmi les hommes et qui résultent tantôt de leur position sociale respective, tantôt de leurs rapports économiques, doivent s'effacer devant l'État, personnalité ou mandataire suprême.

. . . .

Le tribunal international ne serait, suivant M. le comte Kamarowsky, qui a étudié cette question à fond, ni une assemblée politique, ni un collège de savants, mais simplement l'organe supérieur et le plus parfait du droit sur la terre. Il se soumettrait, en ce qui concerne son organisation et son fonctionnement, aux principes fondamentaux de la procédure contemporaine. Ce tribunal serait indépendant ; la justice n'est pas possible sans cette condition. Il serait collégial, et ses audiences seraient tenues par un nombre impair de juges. La procédure et les débats seraient réglés suivant le caractère et la nature des contestations entre États, mais les principaux éléments de la décision du tribunal seraient puisés dans les documents écrits. Dans quelques cas importants, il jugerait à huis clos.

Le principe des deux degrés de juridiction existerait. La juridiction du second degré examinerait l'affaire attaquée par l'une des parties à raison de motifs juridiques. Les deux juridictions formeraient des sections distinctes du tribunal. Enfin, le tribunal se diviserait en *départements,* suivant le caractère des affaires internationales.

Les gouvernements nommeraient les juges, et, en vertu du principe fondamental de l'égalité entre toutes les communautés politiques, ils auraient tous le droit d'en désigner un nombre égal. Les personnes appelées à siéger devraient satisfaire à des exigences très rigoureuses, aussi bien sous le rapport intellectuel que sous le rapport moral ; elles devraient se distinguer par la probité, l'intégrité la plus parfaite, posséder un caractère ferme, incorruptible et être absolument impartiales. Les juges seraient inamovibles.

Le tribunal international ne siégerait que lorsqu'il y aurait lieu. Les États s'y adresseraient selon qu'ils le jugeraient convenable, mais les États pourraient stipuler dans des conventions *ad hoc* qu'ils considèrent comme *obligatoire* pour eux, dans certains cas, d'en appeler à sa compétence. Il serait divisé en quatre sections : 1° diplomatie ; 2° guerre et marine ; 3° droit international privé ; 4° droit international social.

Il appliquerait le droit existant ; s'il y remarquait des lacunes ou quelques contradictions, il préparerait, en s'inspirant des besoins du temps, des projets de nouvelles lois internationales, projets qui pourraient être élaborés avec le concours des jurisconsultes les plus compétents et des hommes d'État les plus éclairés. L'auxiliaire principal du tribunal, dans ce cas, pourrait être l'Institut de droit international dont la devise est : *Servir à la justice et à la paix.*

Les droits inaliénables tels que : l'existence, l'indépendance et l'intégrité nationale des États ne pourraient être l'objet de transactions. Les peuples conserveraient toujours le droit de repousser par les armes toute attaque dirigée contre leur territoire, sans recourir à la justice, mais le tribunal, lorsque des contestations relatives à ces droits s'élèveraient dans la sphère de la politique extérieure seulement, pourrait accepter, sur le désir uniforme des parties, le rôle de médiateur et, sans rendre de décisions, se bornerait à donner des conseils salutaires en vue d'atténuer les prétentions étroites des parties en cause. Il aurait toujours le droit d'exprimer son avis sur toutes les contestations internationales, en général, et alors même que les parties préféreraient se passer de son intervention. En un mot, il ne devrait laisser échapper aucune occasion de contribuer soit à l'éclaircissement, soit au développement des principes du droit international.

Tel est, à quelques détails près, le projet exposé par le savant professeur de droit international à l'Université de Moscou. L'organisation de cette justice internationale est réalisable et acceptable. Pourtant, nous voyons dans les intérêts communs qui rapprochent de plus en plus les États européens, et nous en parlerons à propos des traités de commerce et du libre-échange, une garantie plus sérieuse de paix. Entre les États, le témoignage réciproque des sympathies ne devient sérieux que si les intérêts s'en mêlent. La solidarité des cœurs existe toujours et partout lorsqu'elle est le résultat d'une communauté d'avantages.

CHAPITRE VIII

DE LA COURSE MARITIME.

On entend par course maritime une entreprise exécutée par des particuliers, sous l'autorité d'une puissance belligérante. Ce sont des navires armés dans le but de causer le plus de dommage possible au commerce ennemi et d'empêcher le commerce interdit aux neutres par les lois et usages de la guerre.

Autrefois, la course était permise en temps de paix, comme représailles. Aujourd'hui, le droit des gens ne l'autorise que pendant la guerre.

L'autorisation de l'État doit être un écrit, appelé lettre de marque ou commission de guerre ; elle est personnelle, individuelle, et ne peut être délivrée que par des fonctionnaires désignés à cet effet.

Ces navires ainsi armés et équipés sont appelés *corsaires*. Ils doivent observer rigoureusement les lois et usages de la guerre et se conformer strictement aux instructions qu'ils ont reçues. Ces conditions remplies, ils jouissent des avantages accordés au droit de faire la guerre. C'est une espèce de milice ou de francs-tireurs de la mer.

La course maritime peut facilement dégénérer en pira-terie. Aussi, pour couvrir ou réparer les abus, les confiscations injustes, on exige des corsaires une caution. Le montant en est quelquefois déterminé par des conventions internationales, dans le cas où l'une des parties contractantes délivrerait des lettres de marque. L'affaire de l'*Alabama* a établi, comme précédent et comme principe, que les neutres sont responsables de tout dommage causé par un corsaire armé dans leurs ports. Pendant la guerre de Sécession, les capitaines sudistes durent, dans la plupart des cas, détruire leurs prises.

Depuis longtemps, il est reconnu que la course n'est autre chose qu'une espèce de piraterie. C'est la raison pour laquelle un grand nombre de déclarations de neutralité comprennent une clause interdisant aux sujets du neutre l'acceptation de lettres de marque d'une puissance belligérante quelconque. Des dispositions contraires se rencontrent parfois dans quelques traités.

D'autre part, lorsqu'un navire de commerce, attaqué par un croiseur ou un corsaire, s'empare du navire agresseur, il ne commet pas un acte irrégulier. Le navire capturé appartient ordinairement à l'État dont le bâtiment de commerce porte le pavillon, mais il dédommage généralement le navire capteur.

Pendant bien des années, on a émis l'idée d'abolir la course. Des propositions de toutes sortes ont été faites dans ce but. On a souvent dit, avec raison, que l'inviolabilité de la propriété privée sur mer devrait être un des principes fondamentaux du droit des gens. C'est en 1854 seulement, sur l'initiative de la France, qu'un grand pas fut fait dans cette voie. Notre gouvernement d'alors fit, le 29 mars, la notification suivante : « Sa Majesté déclare, « en outre, que, mue par le désir de diminuer autant que « possible les maux de la guerre et d'en restreindre les « opérations aux forces régulièrement organisées de l'État, « elle n'a pas, pour le moment, l'intention de délivrer

« des lettres de marque pour autoriser les armements en
« course. » Le gouvernement anglais fit la même déclaration et la plupart des autres puissances adhérèrent à ces
propositions. Mais il était réservé au congrès de Paris
de 1856 de dire le dernier mot à ce sujet. La déclaration
du 16 avril proclama comme principe du droit des gens la
règle suivante : *La course est et demeure abolie.* Les puissances signataires de cette déclaration sont : la France,
l'Angleterre, la Sardaigne, la Turquie, la Russie, la Prusse
et l'Autriche. Celles qui ont adhéré aux déclarations du
congrès sont : la Belgique, le Danemark, la Grèce, les
Pays-Bas, le Portugal, la Suède, la Norwège, la Suisse,
le Brésil, le Chili, la Confédération Argentine, l'Équateur, le Guatemala, Haïti, le Pérou et l'Uruguay.

Il faut noter que cet acte solennel du congrès de Paris
porte la mention suivante : « Cette déclaration — *abolition*
« *de la course* — ne sera obligatoire qu'entre les puissances
« qui y ont accédé ou qui y accéderont. » Par suite, l'Espagne, le Mexique et les États-Unis, qui se sont abstenus
de prendre part aux délibérations du congrès, peuvent ou
non armer des navires pour la course. Le gouvernement
des États-Unis décida même qu'il ne renoncerait à la
course qu'à la suite de l'admission, par tous les États, du
principe de l'inviolabilité de la propriété privée sur mer,
c'est-à-dire de l'abolition du droit de capture de cette propriété, à l'exception de la contrebande de guerre. L'Angleterre ne voulut pas entendre parler de cette dernière
réforme. En somme, pour les États-Unis, l'abolition de la
course est une demi-mesure. Pourtant, aucune des puissances signataires du traité de Paris ou qui y ont adhéré,
ne peut rétablir la course à son profit, sans exposer les
corsaires munis de lettres de marque à être traités comme
pirates par l'ennemi et par les neutres. Il nous semble que
c'est déjà un grand pas de fait vers une solution plus
absolue.

Que résulterait-il de cette situation si une guerre éclatait entre deux puissances ayant proclamé l'abolition de la course, l'une d'elles étant l'alliée, par exemple, d'une puissance non engagée par la déclaration du 16 avril 1856 ? A notre sens, celle-ci aurait le droit de délivrer des lettres de marque. Donc, en réalité, la course maritime n'est pas abolie ; elle ne le sera que le jour où l'inviolabilité de la propriété privée sur mer aura été admise par toutes les puissances, sans exceptions, et comme corollaire de ce principe fondamental, il y faudrait joindre l'interdiction du blocus des navires de commerce dans les ports.

Pour le moment, tout navire armé pour la course est traité comme pirate, lorsqu'il se trouve dans les conditions suivantes :

1° S'il fait la course sans lettres de marque ;

2° Si la course est continuée au delà du temps fixé dans les lettres de marque ou après la guerre ou après le retrait de l'autorisation ;

3° Si le navire a accepté des lettres de marque des deux parties belligérantes ;

4° S'il confisque un navire ou les marchandises de ce navire dans le but de se les approprier illégalement ;

5° Si la course est faite sous plusieurs pavillons ;

6° Si la course est faite avec une autorisation étrangère, malgré un refus de son propre gouvernement ;

7° S'il ne se conforme pas aux lois et usages de la guerre et s'il omet de présenter ses captures devant un tribunal des prises.

Ajoutons, pour terminer, que la plupart des auteurs émettent l'avis que la course ne peut être faite qu'en haute mer et dans les eaux maritimes des belligérants ; ils ajoutent en outre que la course faite dans les fleuves prend le caractère de piraterie.

Il faut noter encore que beaucoup de traités stipulent que les parties contractantes ne permettront pas à leurs nationaux d'accepter des lettres de marque d'une puissance quelconque.

DES MOYENS DE FAIRE LA GUERRE.

De nos jours, les hostilités entre ennemis, excepté le cas de représailles, ne sont plus revêtues de ce caractère barbare, sauvage, qui transformait les guerres anciennes en de véritables boucheries d'hommes. On les maintient, autant que faire se peut, dans les bornes de l'humanité et de l'honneur. Restreindre les maux de la guerre, tel est le but que chacun se propose ; les belligérants en présence n'ont pas un pouvoir illimité quant au choix des moyens à employer pour se nuire réciproquement.

Le *Manuel de l'institut de droit international*, traitant la même question, dit dans son article 4 : « Les parties en « présence doivent s'abstenir notamment de toute rigueur « inutile, ainsi que de toute action déloyale, injuste ou « tyrannique. »

Mais, si les lois de la guerre sont observées par les uns et violées par les autres, il peut en résulter des représailles qui, suivant les uns, sont légitimes, suivant les autres, injustes. La violation des lois de la guerre par l'un des belligérants est toujours grave. Presque toujours le belligérant qui en a souffert tentera de s'en venger, en prenant des mesures extraordinaires, susceptibles de lui donner une réparation. Dans tous les cas, il ne doit jamais perdre de vue que les lois de l'humanité doivent être respectées. Aller trop loin ne mène à rien ; il faut atteindre le but en recourant à des moyens licites et exclure tout ce qui pourrait ressembler à de la cruauté. L'adage *etiam hosti fides servanda* est toujours inscrit en gros caractères dans le droit des gens.

En temps de guerre, il est souvent difficile de faire une distinction entre ce qu'on appelle la *ruse de guerre* et la *perfidie*. Bluntschli dit qu'un ennemi peut tromper son adversaire en se servant des uniformes et drapeaux de celui-ci ; mais il estime que cette ruse ne peut se prolonger au delà des préparatifs du combat. Toutefois, il faut noter ici que la question de savoir en quoi consiste l'abus n'a pas encore été résolue. Les commandants de corps d'armée ou d'une armée navale ont toujours eu et auront toujours, à ce sujet, une grande latitude.

Quelques auteurs déclarent, comme contraire au droit des gens, l'emploi des boulets rouges, des brûlots et des couronnes foudroyantes. A notre avis, c'est une grande erreur. La torpille fera beaucoup plus de mal aux navires que les engins précités. Du reste, dans une guerre maritime, le commandant en chef ne vise qu'à un but : détruire le plus promptement possible la force navale de son adversaire. Les matières explosibles et les substances inflammables, depuis le jour où on a pu s'en servir, ont toujours été employées dans les batailles sur mer.

L'usage du faux pavillon est considéré comme contraire aux lois de l'honneur. Cependant, dans certains cas, c'est encore une ruse employée ; suivant Pérels, elle est licite ou non, selon les circonstances de chaque espèce ; c'est l'honneur militaire, dit-il, qui décidera. L'article 121 de notre décret du 15 août 1851 dit ceci au sujet du pavillon : « Avant de commencer l'action, le commandant en « chef fait arborer les marques distinctives et hisser le « pavillon français sur tous les bâtiments. Dans aucun cas, « il ne doit combattre sous un autre pavillon. Dans les « combats de nuit, il ordonne qu'un fanal soit placé au-« dessus du pavillon de poupe. » L'article 158, §§ 2 et 3, du nouveau décret sur le service à bord, dit : « Avant de « commencer le combat, le commandant en chef fait hisser « le pavillon français sur tous les bâtiments et arborer les « marques distinctives de commandement.

« Dans aucun cas il ne doit combattre sans pavil-« lon ou sous un autre pavillon que *le pavillon national.* »

Ortolan trouve licite « le fait d'attirer son ennemi au « combat ou d'échapper à un ennemi supérieur en hissant « un faux pavillon ». Nous pensons qu'il ne viendrait aujourd'hui à la pensée d'aucun commandant d'employer un pareil stratagème.

Les stratagèmes, à terre comme sur mer, sont légitimés lorsque le sentiment de l'honneur militaire les permet.

Hors ce seul cas, nous pensons qu'ils doivent être écartés.

De même, il est défendu de faire feu sur un navire ennemi qui a amené son pavillon (art. 376, Service à bord, 20 mai 1885); on en prend immédiatement possession. Toutefois, avant d'en arriver à ces dernières mesures, il est bon de s'assurer si le pavillon en question n'a pas été emporté par un projectile. On prend possession d'un navire qui s'est rendu, en envoyant à bord un officier et un équipage provisoire.

TÉLÉGRAPHES SOUS-MARINS.

Un auteur distingué, M. Ripault, s'est occupé de cette question et dit :

1° Si le câble relie deux points du territoire d'une seule et même puissance belligérante, l'autre belligérante a le droit de détruire le câble ;

2° Si le câble relie les territoires des deux belligérants, rien ne peut arrêter leur liberté d'action ;

3° Si le câble relie le territoire d'un belligérant et d'un neutre à la fois, le belligérant peut arrêter les communications sur son territoire ;

4° Si le câble relie deux territoires neutres, celui-ci doit, dans tous les cas, être respecté ;

Bien entendu, il ne peut être question de faire une distinction entre le câble, propriété de l'État, ou le câble, propriété privée.

Il est permis de couper les fils et d'ordonner toutes autres destructions nécessaires pour faire cesser les relations entre les diverses troupes de l'armée ennemie ou pour arrêter les indications et les renseignements utiles à la défense.

Cette question des câbles sous-marins fut déjà soulevée par les États-Unis en 1869. Une convention internationale était à l'étude lorsque la guerre de 1870 vint créer des préoccupations graves aux gouvernements. Plus tard, on s'en occupa de nouveau. En 1879, l'Institut de droit international fut saisi de cette question; son rapporteur, M. Louis Renault, formula les propositions suivantes :

1er Cas. — *Le câble télégraphique fait communiquer deux parties du territoire du même belligérant.* — Aucune mesure ne peut être prise pour assurer le maintien des communications pendant la guerre. Le belligérant sur le territoire duquel le câble vient aboutir à ses deux extrémités peut, comme il l'entend, suspendre ou même détruire les communications. Il en sera de même de l'autre belligérant.

2e Cas. — *Le câble fait communiquer les territoires des deux belligérants.* — L'interruption des communications sera de droit parce qu'elle est conforme à la nature des choses.

3e Cas. — *Le câble existe entre le territoire d'un belligérant et un territoire neutre.* — Quant au belligérant au territoire duquel aboutit le câble, le droit de restreindre ou de supprimer les communications n'est pas douteux. L'autre belligérant doit, en principe, respecter le câble, puisque les communications entre neutres et belligérants sont permises. Toutefois, s'il venait à s'emparer de la portion du territoire de son ennemi où le cable vient atterrir, il pourrait, en vertu des pouvoirs que lui confère l'occupation, prendre les mesures jugées par lui utiles à sa défense et, au besoin, détruire le câble.

4e Cas. — *Le câble est établi entre deux territoires neutres.* — Ici on peut poser fermement en règle que la destruction ou même l'interruption momentanée du câble par un belligérant ne sera jamais justifiable.

Enfin, en 1884, le 14 mars, une convention fut signée

à Paris (voir annexes du *Journal officiel*, page 1009) par : la France, l'Allemagne, la Russie, les États-Unis, etc., etc... — Cette convention réglemente les mesures à prendre pour la protection des câbles sous-marins en temps de paix; mais, dans son article 15, elle fait des réserves en ce qui concerne la même protection en temps de guerre.

Les tribunaux compétents pour connaître des infractions sont ceux du pays auquel appartient le bâtiment à bord duquel l'infraction a été commise. Ces infractions sont constatées par les bâtiments de guerre ou les bâtiments commissionnés à cet effet.

DU DROIT DE CAPTURE SUR MER.

La guerre maritime a aussi pour but de nuire au commerce de la partie adverse et même de le détruire si faire se peut. Il est reconnu et admis que la propriété privée sur mer peut être confisquée par les forces ennemies. C'est une règle applicable aux navires marchands des belligérants et aux marchandises dont ils sont porteurs. En ce qui concerne les navires, ils sont de bonne prise lorsque leur nationalité est bien établie. La translation de propriété faite après la saisie en faveur d'un neutre, est nulle et non avenue. Les translations de propriété, opérées de bonne foi avant la saisie, sont respectées ainsi que celles qui ont été faites dès le début de la guerre.

Les ventes simulées ne jouissent naturellement d'aucun privilège.

Au début d'une guerre, des armateurs font quelquefois neutraliser leurs bâtiments, ou obtiennent pour eux le pavillon d'une nation neutre à l'aide d'une vente fictive à l'étranger. La législation française, à ce sujet, déclare ennemi le bâtiment qui a appartenu à des ennemis depuis le commencement de la guerre.

Le droit de saisie appartient aux navires de guerre, aux

corsaires autorisés et aux forces militaires opérant sur le rivage ; il est exercé en tout endroit susceptible de servir aux opérations de guerre.

La capture de bâtiments ennemis est, comme tout autre acte d'hostilité d'ailleurs, interdite dans les eaux territoriales des neutres.

Ce droit de capture de la propriété privée exercé par les navires de guerre, a été assez souvent discuté. Jusqu'à présent, il a été maintenu et considéré comme un mal nécessaire. Aussi longtemps que tous les États n'auront pas, d'un commun accord, supprimé la course et reconnu l'inviolabilité de la propriété sur mer, il en sera ainsi. Les défenseurs de la capture disent: « La guerre est un mal « nécessaire ; la confiscation de la propriété privée sur « mer l'est également, sans contestation possible ; un État « dont la puissance militaire repose principalement sur « ses forces navales, ne pourrait renoncer à ce droit sans « compromettre ses moyens de défense. La confiscation « des biens de l'ennemi est, aussi bien que la lutte san- « glante, l'objet de la guerre maritime. » Les partisans de l'abolition de ce droit ont aussi d'excellents arguments à faire valoir. Plusieurs soutiennent ceci : la saisie ne devrait atteindre, dans tous les cas, que les objets pouvant servir immédiatement à la guerre ou qui y sont destinés et les navires de commerce qui ont pris part aux hostilités, ou qui doivent y prendre part, ou qui ont violé un blocus effectif.

Non seulement le droit de capture frappe la propriété, mais il comprend aussi le droit de faire prisonniers les équipages des navires capturés, s'ils sont de nationalité ennemie. A notre avis, c'est une erreur et une contradiction, puisque dans toutes les déclarations de guerre il est spécifié que les gens paisibles n'appartenant pas à l'armée, jouiront d'une sécurité complète. Nos instructions de 1854, art. 20, disent à ce sujet : « Vous ne devez « distraire du bord aucun des individus qui montent le

« bâtiment capturé, s'il s'agit d'un corsaire ou d'un bâti-
« ment marchand ; mais les femmes, les enfants, et toutes
« les personnes étrangères au métier des armes ou à la
« marine, ne devront, en aucun cas, être traités comme
« prisonniers de guerre, et seront libres de débarquer dans
« le premier port où le bâtiment abordera. »

Dès le début de la guerre, on peut exercer le droit de
capture. Il ne prend fin qu'à la conclusion de la paix et
est suspendu seulement pendant les armistices. Toutefois,
depuis longtemps, ce droit n'est plus, en fait, exercé immédiatement après la déclaration de guerre. Un délai est
généralement accordé aux navires marchands, dans le but
de concilier les intérêts du commerce avec les nécessités
de la guerre et de protéger, aussi largement que possible,
les opérations engagées de bonne foi et en cours d'exécution avant la guerre.

Une déclaration de notre Gouvernement, en date du 27
mars 1854, dit à ce propos : « Un délai de six semaines,
« à partir de ce jour, est accordé aux navires de commerce
« russes pour sortir des ports français. En conséquence,
« les navires de commerce russes qui se trouvent actuel-
« lement dans nos ports ou ceux qui, étant sortis des ports
« russes antérieurement à la déclaration de guerre, entre-
« ront dans les ports français, pourront y séjourner et
« compléter leur chargement jusqu'au 9 mai inclusive-
« ment. Ceux de ces navires qui viendraient à être capturés
« par les croiseurs français, après leur sortie des ports de
« l'Empire, seront relâchés, s'ils établissent, par leurs
« papiers de bord, qu'ils se rendent directement à leur
« port de destination, et qu'ils n'ont pu encore y parvenir. »

En 1870, un délai fut également accordé aux navires de
nationalité allemande qui, avant la déclaration de guerre,
avaient pris un fret pour la France. Ceux qui, ignorant
l'état de guerre, venaient dans un de nos ports, recevaient
un sauf-conduit et avaient trente jours de délai pour reprendre la mer.

La propriété de la prise devient la propriété de l'État capteur, lorsque le navire et les objets saisis ont été mis en sûreté ; ensuite lorsqu'ils ont été adjugés, c'est-à-dire reconnus de bonne prise par le tribunal des prises.

Quant aux navires pris et repris ensuite par l'ennemi premier propriétaire, la procédure, à ce sujet, n'est pas la même dans tous les États. Le droit de reprise est une question juridique de la compétence des tribunaux locaux, mais on peut dire que, dans la pratique, lorsqu'un cas semblable se présente, les États maritimes, en général, ne sont pas toujours impartiaux.

L'exemption de la saisie est presque toujours accordée aux bâtiments en cours de voyage scientifique. Calvo dit à ce sujet : « Il va sans dire que, pour conserver intact le « privilège qui leur est octroyé, ces sortes de navires sont « rigoureusement tenus de s'abstenir de tout acte hostile « et que le gouvernement sous les auspices duquel ils « remplissent leur mission scientifique, est astreint à « notifier d'avance aux belligérants le caractère du bâti- « ment explorateur, son nom, sa force, son armement, le « but de son voyage et les principaux ports d'atterrage. »

Le même privilège est accordé à la pêche maritime. De tout temps, en France, l'industrie de la pêche a été l'objet de mesures bienveillantes pendant la guerre. Un décret de 1796 ordonne de « favoriser, par tous les moyens, une « classe d'hommes dont le travail pénible et peu lucratif, « ordinairement exercé par des marins faibles et âgés, est « si étranger aux opérations de la guerre ». Aujourd'hui, ce privilège fait partie du droit des gens, en vertu de coutumes et de traditions incontestables, et s'étend :

1° Aux bâtiments de pêche de toute espèce, soit en pleine mer, soit dans les eaux territoriales, soit pendant la traversée, soit pendant la pêche ;

2° Aux ustensiles de pêche, quels qu'ils soient ;

3° Aux produits de la pêche ;

4° Aux sujets ennemis adonnés à l'industrie de la pêche.

Nos instructions, du 31 mars 1854, disent à ce propos :
« Vous n'apporterez aucun obstacle à la pêche côtière,
« même sur les côtes de l'ennemi ; mais vous veillerez à
« ce que cette faveur, dictée par un intérêt d'humanité,
« n'entraîne aucun abus préjudiciable aux opérations mili-
« taires et maritimes... »

Calvo n'accorde pas ce privilège à la grande pêche,
parce qu'il la considère comme une opération à la fois
commerciale et industrielle.

Nous pensons que la grande pêche, comme la pêche
côtière, ne doit pas, en temps de guerre, être inquiétée. Le
but poursuivi est le même de part et d'autre. Si l'on devait
saisir l'une, il faudrait saisir l'autre. La différence établie
par Calvo nous échappe. A notre sens, les pêcheurs de
toutes catégories, qui ne commettent aucun abus, aucun
acte reprochable au point de vue des hostilités, doivent
être considérés comme neutres.

Pendant notre dernière guerre avec le gouvernement
chinois, l'amiral Courbet avait donné l'ordre à ses capitaines de respecter les pêcheries, à moins qu'elles ne fussent établies dans le but évident de barrer les chenaux. Les
bâtiments employés à l'approvisionnement des phares
étaient également respectés.

NAVIRES EXPOSÉS A UN DANGER DE MER.

Au point de vue du droit, un navire qui se réfugie dans
un port ennemi, par suite de mauvais temps, ou qui s'échoue
sur la côte ennemie, est déclaré de bonne prise. Cependant, dans la plupart de ces cas, les navires sont traités
avec bienveillance. Bien entendu, nous ne parlons ici que
des navires de commerce portant le pavillon de l'un des
belligérants.

NAVIRE LIBRE, MARCHANDISE LIBRE.

Le pavillon neutre couvre la marchandise, excepté la contrebande de guerre. Pendant la guerre de Chine, en 1860, ce principe a été étendu à la marchandise ennemie, sous le pavillon des alliés. Ainsi, dans une convention anglo-française, en date des 7 et 28 mars 1860, il est dit : « Les propriétés chinoises jouiront à bord des bâtiments « français et anglais des mêmes immunités qu'à bord des « bâtiments neutres. »

NAVIRES ET COLIS DE LA POSTE.

D'une manière générale, il est admis et reconnu que le pavillon postal couvre la marchandise ennemie, sauf la contrebande de guerre. Mais ce n'est pas un principe de droit : c'est plutôt un usage, une tradition ou une tolérance.

DES PRISONNIERS DE GUERRE.

Dans les guerres maritimes, la propriété des non-combattants, dans certaines circonstances, peut être capturée. La jurisprudence française prescrit même de considérer et de traiter comme prisonniers les équipages des navires de commerce capturés ; mais on peut dire que la pratique tend aujourd'hui à faire place à une doctrine plus libérale, notamment dans le sens de la limitation de la guerre maritime à la propriété de l'État et à la personne des combattants effectifs. Quoi qu'il advienne, les prisonniers doivent être traités avec humanité ; ils doivent conserver les effets qui sont à leur usage personnel et recevoir exactement la ration qui leur est allouée par les règlements. Ils sont gardés et surveillés de manière à leur ôter tout

moyen de succès, s'ils tentaient de se révolter ou de s'é-
vader.

Les femmes, les enfants et toutes les personnes étrangères au métier des armes ou à la marine ne doivent
jamais être traités comme prisonniers de guerre, et sont
libres de débarquer dans le premier port où le bâtiment
capteur abordera.

Selon les principes de la justice et de la civilisation
moderne, le vainqueur n'a d'autre droit sur l'ennemi,
mis hors de combat, que de le faire prisonnier de guerre.
Tous ceux auxquels peut s'appliquer le titre de belligérant
peuvent être traités et considérés comme prisonniers de
guerre ; tous ceux qui concourent à la défense dans les
conditions que nous avons déjà exposées sont traités en
ennemis et en subissent toutes les conséquences. Mais
toute atteinte inutile et arbitraire à la liberté individuelle,
tout acte répréhensible imposé sans raisons ni sans motifs à une population, constitue une violation des droits
naturels de l'homme et du droit international des nations
civilisées.

Quant aux personnes qui suivent une armée ou une
escadre sans en faire partie, voici ce que dit à ce sujet
l'article 22 du *Manuel de l'institut de droit international :*
« Les correspondants de journaux, les fournisseurs, etc.,
etc., qui suivent une armée sans en faire partie et qui
tombent au pouvoir de l'ennemi, ne peuvent être détenus
qu'aussi longtemps que les nécessités militaires l'exigent. »

BOMBARDEMENT DES OUVRAGES FORTIFIÉS.

Le bombardement est soumis à des règles. En principe, on ne bombarde pas les villes ouvertes; les ports de
commerce, sans défenses, sont traités de la même manière,
mais il faut que les habitants n'opposent aucune résistance, dans l'un ou dans l'autre cas.

Le bombardement des places de guerre ou des autres lieux fortifiés est une mesure prise lorsqu'on ne peut obtenir, par d'autres moyens, la reddition du point attaqué. Le feu doit être dirigé contre les ouvrages constituant la défense militaire de la place : fortifications, magasins, arsenaux et autres établissements militaires. Les parties occupées par les habitants, les édifices consacrés aux sciences, aux arts, aux cultes, à la bienfaisance, tels que les hôpitaux et ambulances, doivent être épargnés autant que possible, à moins que l'ennemi ne les emploie à un usage de guerre.

Avant de commencer les hostilités, l'humanité exige, quand cela est possible, qu'on en prévienne les assiégés. Cet avertissement n'est pas obligatoire, mais il est admis par les usages de la guerre.

Si une ville ou un port ouvre ses portes, que cette ville ou port soit fortifiée ou ouverte, on doit lui éviter toute rigueur inutile. Dans le cas contraire, si elle commet un acte hostile, elle peut être attaquée et soumise comme le serait un abri fortifié. L'ennemi ne saurait être autorisé à bombarder indistinctement toute ville qui ne l'accueille pas, sans que quelqu'un tire un coup de fusil. Il faut qu'il y ait résistance réelle, auquel cas il dénonce son intention de recourir au bombardement.

Le défenseur d'une ville menacée a le devoir de signaler aux habitants les dangers auxquels un bombardement les exposera ; il peut éloigner les bouches inutiles afin de prolonger la résistance jusqu'à la dernière extrémité.

L'avertissement que l'assaillant fait généralement aux autorités pour les avertir que le feu va être ouvert est subordonné aux nécessités de la guerre ; il peut être nécessaire de surprendre l'ennemi afin d'enlever rapidement la position ; dans ce cas, la non-dénonciation du bombardement ne constitue pas une violation des lois de la guerre.

LOIS PRINCIPALES DES OPÉRATIONS MILITAIRES.

Les principales lois auxquelles les opérations militaires
sont soumises, intéressent les chefs qui ont pour mission
de diriger ces opérations ou les personnes qui y prennent
part. Les deux principes suivants sont la base des lois de
la guerre moderne :

1° La guerre ne donne aucun droit qui ne soit nécessaire à sa fin ;

2° La guerre n'est pas une relation d'hommes, mais une
relation d'États ; le droit des gens ne permet pas que le
droit de la guerre et le droit de conquête qui en dérive,
s'appliquent aux citoyens pacifiques et sans armes, à
leurs habitations, à leurs propriétés, etc., etc., en un mot
au personnel et aux choses des particuliers.

Comme corollaire de ces principes généraux, ces mêmes
lois prescrivent :

1° De combattre l'ennemi et d'annuler son action offensive en le détruisant et même en lui donnant la mort ;

2° D'épargner la vie de l'ennemi qui se rend inoffensif,
en le privant temporairement de sa liberté ; de le nourrir,
d'opérer les blessés et de soigner les malades ;

3° De s'abstenir des violences ou des exactions inutiles
à l'égard des habitants sans défense ; de protéger la propriété privée, s'il ne doit pas en résulter un inconvénient
pour les opérations militaires ;

4° D'épargner les œuvres d'art et tous les bâtiments qui
n'ont aucun lien direct avec la guerre.

En un mot, l'emploi de la force est limité. On doit distinguer le paisible citoyen du combattant ; être humain
envers les blessés et les prisonniers et avoir des égards
pour le vaincu qui a montré du courage. C'est ce qu'on
appelle : la civilisation de la guerre.

Mais, comment, dira-t-on, admettre des lois là où la
force prime le droit ; la guerre n'est-elle pas la négation

de ce même droit, c'est-à-dire la substitution de la force
à la justice; un chef quelconque peut-il avoir d'autre loi
que celle de vaincre ?

Certes, la guerre, nous l'avons dit ailleurs, est un mal
qu'il faut encore subir; c'est un appel à la force, mais
avec des restrictions : l'emploi de cette force est limité dans
une certaine mesure par le principe même qui la justifie, et
ce principe c'est la nécessité. Ainsi, à la guerre, si une
chose n'est plus nécessaire ; si l'on peut sans elle obtenir
le résultat cherché, il n'y a pas lieu d'aller au delà. Enfin
lorsque les bonnes relations sont rompues entre deux
peuples, les lois de la guerre n'en subsistent pas moins ;
elles ne sont ni déchirées, ni brisées, parce qu'elles intéressent les peuples du monde entier, parce qu'elles sont le
résultat de l'accord de tous. Si, à un moment donné, on
les viole, elles ne cesseront pas pour cela d'exister.

Une guerre mitigée par des lois préservatrices vaut
mieux qu'une guerre sans merci. Chercher le bien des
peuples dans l'excès de leurs maux et exploiter les
horreurs de la guerre afin de ramener la paix sont des
voies dangereuses qui sont repoussées par tous les hommes
sensés. Entre deux ou plusieurs nations belligérantes, dit
Portalis, les particuliers dont ces nations se composent ne
sont ennemis que par accident ; ils ne le sont pas comme
hommes ni même comme citoyens ; ils le sont uniquement
comme soldats. Par ailleurs, Bluntschli, dans son
Droit international codifié, expose que les nations mar-
chent en se perfectionnant constamment au point de vue
des lois de la guerre et qu'elles cherchent toujours à
amoindrir les maux que la guerre fait peser sur l'humanité. L'on peut entrevoir, dit-il, tout l'indique, que l'influence de la civilisation et la force de l'opinion publique
porteront ces règles de la guerre à un degré de perfection
qui écartera de l'humanité bien des maux. Les belligérants doivent être strictement économes de la vie humaine.
Sans elle, la possession de tous les biens de la terre est

sans valeur. Dès que la vie de plusieurs millions d'hommes est exposée comme enjeu, les principes de la morale et du droit, relatifs aux moyens de faire la guerre, servent de base aux lois de la guerre, imparfaites en pratique mais très complètes en théorie.

CHAPITRE IX

DE LA NEUTRALITÉ.

La neutralité, nous l'avons déjà dit, c'est la mise en dehors de l'état de guerre de certaines personnes et de certaines choses. Des individus, des objets consacrés aux soins des blessés et même des parties d'un territoire peuvent être déclarés neutres. Dès le moyen âge, la neutralité était connue. Aujourd'hui, elle occupe une place importante dans le droit des gens et sert, pour ainsi dire, de base à un ensemble de droits et de devoirs.

La neutralité comprend, en outre, les rapports des États qui ne prennent pas part aux opérations d'une guerre. Ainsi, par exemple, une attitude impartiale à l'égard des belligérants est parfaite ; dans le cas contraire, elle est imparfaite. Un État observe rigoureusement la neutralité s'il ne favorise ni l'une ni l'autre des parties belligérantes : il ne doit pas, par exemple, autoriser le passage des troupes sur son territoire, admettre les navires de guerre et les prises dans ses ports, accorder des subsides de guerre, soit en argent ou en matériel, etc., etc.

Tous les auteurs, en général, admettent qu'un État viole les devoirs de la neutralité, lorsqu'il cède directement ou indirectement, à l'un des belligérants, que ce soit à titre onéreux ou gratuit, une chose utile à la guerre.

Les spéculations privées sont personnelles. Les États n'en sont nullement responsables. Ainsi, la fourniture privée d'un matériel de guerre à l'un des belligérants est un incident auquel il ne faudrait pas accorder une grande importance si l'État neutre y est resté étranger et si la fourniture en question n'est pas ce que l'on appelle : une expédition en gros.

Un État neutre ne compromet pas sa neutralité parce qu'il accueille, dans ses ports, des navires de guerre en détresse. Mais ceux-ci peuvent être soumis à un désarmement pendant toute la durée de leur séjour dans un port neutre. Nous verrons plus loin que tous les États n'accueillent pas toujours favorablement une hospitalité demandée par des navires de guerre, même lorsque ceux-ci sont appuyés dans leur demande par des raisons de force majeure.

Si une neutralité est violée par suite de l'impuissance où l'État s'est trouvé de faire respecter sa condition de neutre, tous les droits sont pour lui. Les autres États peuvent s'unir dans ce cas afin de protester contre l'acte commis.

Quelquefois une neutralité imparfaite est la conséquence d'un traité. Il peut exister une obligation, un engagement réciproque entre deux États de se prêter, en cas de guerre, un mutuel appui. Dans ce cas, il n'y a plus de neutralité possible pour les parties contractantes. D'autre part, une puissance qui n'a pris aucun engagement envers un autre État, peut cesser d'observer une neutralité parfaite, lorsque ses intérêts sont lésés ou menacés par l'exécution des opérations militaires. Toutefois, il faut qu'il y ait eu une violation du droit accordé à l'état de guerre pour qu'une mesure de cette nature puisse être

prise ; un dommage causé ne serait pas un argument de
valeur pour l'expliquer ou la justifier, car les neutres
doivent prendre leur part dans les ennuis de toutes sortes
occasionnés par l'exercice du droit de guerre. En un mot,
une puissance libre de tout engagement ne doit sortir de
sa réserve parfaite que si elle y est contrainte par des circonstances graves. Mais elle peut et doit assurer la sécurité de ses frontières et même repousser, par la force, une
agression dirigée contre l'intégrité de son territoire.

D'une manière générale, les devoirs du neutre peuvent
être ainsi résumés :

Le neutre ne peut tolérer sur son territoire aucune entreprise des belligérants qui aurait pour but une action
belliqueuse ; il doit s'abstenir de toute immixtion dans les
opérations militaires en dehors de son territoire, et ne
doit favoriser aucun des belligérants, ni tous les deux à
la fois. Ces devoirs, violés par un neutre, peuvent amener
des représailles et même une déclaration de guerre.

Ses droits, vis-à-vis des belligérants, sont : droit au
respect de son territoire, de son indépendance, de sa souveraineté ; il est entendu dans ses réclamations si ses
nationaux ont été lésés par la guerre au delà des limites
admises par la législation et les usages internationaux.

Au xviiᵉ siècle, et même plus tard, les Anglais arrê-
taient et visitaient les bâtiments neutres, au mépris des
traités. Il en résultait mille vexations, des abus, et la
ruine du commerce des neutres. Catherine II, impératrice
de Russie, la première, proclama (août 1780) la franchise
des pavillons, à la condition qu'ils ne couvriraient pas la
contrebande de guerre : poudre, canons, boulets, etc., etc...
— Pour soutenir ce principe, elle proposa un plan de
neutralité armée, qui fut successivement accepté par : la
Suède, le Danemark, la Prusse, l'Autriche, le Portugal,
les Deux-Siciles et la Hollande. La ligue se proposait de
défendre les principes dont la France a obtenu la reconnaissance par l'Angleterre dès 1854, à savoir : que le

pavillon couvre la marchandise et assure, par conséquent,
la liberté absolue du commerce des neutres, excepté pour
la *contrebande de guerre* qui servirait à l'ennemi ; que le
neutre peut aller partout, excepté dans les ports bloqués
par une force effective ; qu'il doit subir la visite, s'il n'est
pas convoyé par un bâtiment de guerre ; mais que le visiteur doit se tenir à portée de canon et n'envoyer à bord
du navire à visiter qu'un canot monté par trois hommes.
Catherine fut le promoteur de ces principes, appliqués
pendant la guerre de Crimée et remaniés par le Congrès
de Paris de 1856.

DÉCLARATION DE NEUTRALITÉ.

Tout État souverain, soit au début de la guerre, soit
pendant la durée des opérations militaires, peut déterminer, dans une déclaration *ad hoc*, la neutralité qu'il entend
garder. (Voir un exemple de déclaration de neutralité à
la IV° Partie.)

Certains auteurs distinguent plusieurs sortes de neutralité :

1° La neutralité naturelle ou parfaite : elle résulte de
la volonté d'un État de ne prendre part à aucune démonstration ni manifestation envers l'un ou l'autre des belligérants ;

2° La neutralisation convenue entre les belligérants :
elle dépend de la volonté des parties en cause. Ainsi, par
exemple, les belligérants conviennent quelquefois de ne
se faire la guerre qu'en Europe et non dans les colonies;

3° La neutralité perpétuelle. C'est une neutralité d'exception garantie par des traités. Plusieurs États sont encore placés sous la protection de ce genre de traités. Ce
sont : la Suisse (20 novembre 1815); la Belgique (15 novembre 1831, 19 avril 1839 et 11 août 1870); le grand-
duché de Luxembourg (traité du 11 mars 1867); les îles
Ioniennes (traité du 14 novembre 1863 et du 29 mars
1864).

DE L'INVIOLABILITÉ DU TERRITOIRE MARITIME DU NEUTRE; NAVIRES DE GUERRE DANS LES EAUX NEUTRES.

Le domaine maritime, comme le domaine continental, d'une puissance qui ne prend pas part à la guerre, est neutre et par conséquent inviolable pour les belligérants. Il est évident, on ne saurait trop le répéter, qu'en cas de violation de ce domaine, un neutre aurait le droit de la repousser par la force.

Le passage d'un navire de guerre dans la mer territoriale d'un État neutre, pour se rendre d'un point à un autre, est permis. Mais aucun État neutre n'est obligé de recevoir dans ses ports les navires de guerre des belligérants. Il peut accorder cette autorisation, sans violer ses devoirs de neutralité; il en a le droit. Toutefois, il ne peut ouvrir ses ports à l'un des belligérants et les fermer à l'autre. Dans les cas de danger de mer, l'asile n'est jamais refusé; des conditions relatives à ce cas particulier sont généralement imposées au navire de guerre qui est obligé d'y recourir. Il est admis, et c'est une règle universelle pour ainsi dire, que tout acte hostile ou tout ce qui est fait en vue de préparer une hostilité, est considéré comme un abus du droit d'asile et ne peut, par suite, être toléré. Un navire peut se réparer, prendre de l'eau, du charbon pour un temps déterminé, des provisions, etc. Mais il lui est interdit de prendre des armes, des munitions, des hommes, c'est-à-dire de commettre un acte susceptible d'être mal interprété par les parties intéressées.

L'admission des bâtiments de guerre dans les ports neutres, à défaut de traités préalables, excepté aussi le cas de danger de mer, n'est pas envisagée de la même manière par tous les États. Les uns l'admettent *à priori*, les autres avec certaines restrictions. Cela dépend presque toujours des circonstances et des mobiles politiques; à ce sujet, les uns et les autres, suivant la tournure que prennent les choses, modifient, dans un sens ou dans un autre, leur attitude. Ainsi, on trouve dans les ordonnances, déclarations, décrets ou proclamations relatives à ces questions, autant de refus que d'admissions.

Quant aux navires armés pour la course, il va de soi que les puissances signataires de la déclaration de Paris de 1856 ne peuvent les recevoir, sauf le cas de danger de mer, dans leurs ports. La course est et demeure abolie, ont-elles dit. Dans ces conditions, il nous semble que leur droit est limité à l'asile et que, le danger de mer n'existant plus, les corsaires doivent reprendre la mer.

Les puissances qui n'ont pas adhéré à la déclaration de Paris doivent, en toute justice, rester absolument libres de refuser ou de permettre l'entrée de leurs ports aux navires corsaires.

Enfin, un neutre parfait n'autorisera jamais l'un des belligérants à entreprendre sur son territoire quelque chose qui puisse servir les intérêts de ce belligérant, soit dans le moment, soit dans un autre temps.

DES ACTES D'HOSTILITÉ ACCOMPLIS PAR LES BELLIGÉRANTS SUR LE TERRITOIRE NEUTRE.

Nous l'avons exposé plus haut, le territoire continental ou maritime doit être respecté ; il ne peut y être commis aucun acte hostile. Un combat ne doit pas, par conséquent, y être livré. Le droit des gens recommande aux belligérants, dans le cas d'une rencontre fortuite près des eaux neutres, de ne commencer le combat qu'à une certaine distance de celles-ci, afin que les projectiles ne puissent pas atteindre le territoire neutre. Toutefois, ce dernier point a été l'objet d'objections sérieuses.

Un navire de guerre ne doit pas non plus en poursuivre un autre jusque dans les eaux neutres. Plusieurs auteurs sont cependant d'un avis contraire et disent qu'une pour-

suite semblable est naturelle, si elle est la conséquence
du combat et si l'adversaire, pour échapper à un désastre,
cherche un asile dans les eaux neutres. Nous partageons
cette dernière manière de voir. Du reste, ce devoir de ne
pas combattre dans les eaux du neutre n'est pas strictement absolu. Lorsque les hostilités sont exercées dans des
eaux closes, l'immunité inhérente au territoire neutre est
violée, sans aucun doute. Mais, si ce même cas se présente en vue d'une côte inculte, inhabitée, dépourvue de
ce qui constitue la véritable puissance territoriale, c'est-à-
dire de canons, de batteries, etc., la violation sera mitigée
par des circonstances atténuantes qui, nous le pensons du
moins, ne seront pas refusées aux combattants. A notre
avis, l'amiral Dupré eût pu appareiller en même temps
que la frégate allemande *Hertha,* lorsque celle-ci, au mois
de septembre 1870, quitta les eaux de Tchefoo (Chine), où
se trouvait aussi notre bâtiment amiral. Il n'existait alors
aucun traité international entre la Chine et la France.
Dans ces conditions, une poursuite immédiate n'eût pas
été contraire aux principes reconnus et admis.

Quant à l'asile à donner, dans un port neutre, à un navire poursuivi par l'ennemi, les avis sont très différents;
cette question est très controversée.

La poursuite immédiate d'un navire ennemi, de guerre
ou de commerce, lorsqu'il quitte le territoire neutre, n'est
pas autorisée, en vertu du principe qu'un acte d'hostilité ne peut être ni commencé ni accompli dans les eaux
territoriales neutres. Ainsi, d'après le droit des gens,
un navire de guerre présent dans un port neutre ne peut
poursuivre un adversaire qui s'y trouve également que
24 heures après le départ de celui-ci, et encore ce dernier
ne doit plus être en vue. Toutefois, Walter Scott déclare
licite une poursuite semblable lorsque le navire poursuivi
n'avait pas choisi le port neutre pour le point de départ de
ses expéditions de capture, mais s'y trouvait par hasard et
avait remarqué l'approche de l'ennemi; elle est également

licite pour nous, dans le cas particulier dont nous avons parlé à propos de la *Hertha*.

Il n'y a aucun délai à accorder, si le navire parti a jeté l'ancre, sans y être obligé, en vue du port, dans les eaux neutres ou en dehors de celles-ci. Le neutre peut même empêcher, selon les circonstances, ce navire de prolonger son séjour dans les eaux qu'il vient de quitter.

Le droit de capture est interdit dans les eaux neutres. On ne peut même ni arrêter, ni visiter, ni prendre, ni reprendre un bâtiment de commerce de l'ennemi qui s'y trouve. Dans les mêmes conditions, la poursuite d'un navire neutre n'est pas permise, pas plus que la visite et la saisie. Lorsqu'une saisie a été faite dans les eaux neutres, contrairement à ces règles, l'État neutre peut exiger la restitution de la prise au propriétaire et demander une réparation. Des prises de cette nature sont généralement considérées comme nulles. Le propriétaire du navire capturé peut, dans tous les cas, attaquer la légitimité de la saisie.

Les navires capturés sont presque toujours dirigés dans un des ports du navire capteur ou dans celui d'une nation alliée. Dans ce cas, le tribunal des prises rend un jugement qui permet de vendre ou qui prescrit de relâcher la prise.

La prise ne peut être conduite dans un port neutre qu'en cas de danger de mer ou d'absolue nécessité. Mais, lorsque cela arrive, il faut l'autorisation de l'État neutre pour qu'elle y soit vendue. Celle-ci n'est généralement accordée qu'après condamnation définitive de la prise par le tribunal compétent.

Le fait d'amener une prise dans un port neutre ne constitue pas un acte d'hostilité et le neutre ne viole pas la neutralité en permettant à un navire de guerre convoyant une prise de chercher dans l'un de ses ports un abri contre le mauvais temps. Pour être juste, il faut que les deux belligérants puissent profiter de la même faveur.

Du reste, dès le début d'une guerre, les États neutres, dans une déclaration *ad hoc*, font généralement connaître leur intention de fermer leurs ports et rades aux navires capturés, ou bien ils fixent les conditions à remplir pour y être admis. Hors le cas de danger de mer, les ports neutres sont presque toujours fermés aux capturés par les croiseurs ou corsaires.

NAVIRES DE COMMERCE NEUTRES EMPLOYÉS A DES USAGES DE GUERRE. — DROIT D'ANGARIE.

Les usages et lois de la guerre permettent à un belligérant d'employer un navire neutre, y compris son équipage, à des services de transports. C'est ce qu'on appelle le droit d'angarie. Un capitaine de navire de commerce, soumis à une corvée de cette nature, doit s'exécuter, mais il en rend compte à ses armateurs qui, dans ce cas, sont toujours indemnisés. Quelques traités interdisent le droit d'angarie ou stipulent, si ce droit est admis, des réserves entièrement à l'avantage des armateurs des navires qui auront à en souffrir. Souvent l'indemnité est déterminée préalablement entre les parties.

Les navires neutres qui se trouvent dans les eaux de l'ennemi peuvent être détruits pour des raisons militaires. Lorsque des mesures semblables sont prises, des indemnités sont accordées aux propriétaires des bâtiments détruits. A propos d'un bâtiment anglais coulé, dans la Seine, par les Allemands en 1870, ceux-ci payèrent l'indemnité réclamée par le cabinet de Londres, mais en insistant auprès de ce dernier pour qu'à l'avenir une obligation de cette nature fût imposée au vaincu et non au vainqueur.

LES NAVIRES NEUTRES PEUVENT ÊTRE CAPTURÉS.

Cette question de droit de capture a été l'objet d'une quantité de controverses, d'études et de traités, pendant plusieurs siècles. D'un côté, on voulait, dans tous les cas, la confiscation du navire ennemi et des marchandises qu'il portait. D'autres, par ailleurs, posaient des règles ayant toutes de nombreuses exceptions, suivant les circonstances dans lesquelles la capture avait été opérée. Celles que l'on trouve encore dans les auteurs sont les suivantes :

Navire ennemi, marchandise ennemie : confiscation du tout ;

Navire ennemi, marchandise neutre : la cargaison seulement n'était pas confisquée ;

Navire neutre, marchandise ennemie : celle-ci était confisquée ;

Navire neutre, marchandise neutre : tout était affranchi de la confiscation.

L'ancien droit maritime de la Méditerranée posa des règles qui furent suivies par beaucoup d'États. Le bien ennemi, sur navire neutre, y est-il dit, est sujet à confiscation ; le bien neutre, sur navire ennemi, ne peut être saisi.

Plus tard, il fut admis que le pavillon devait couvrir la marchandise et que la marchandise neutre devait être respectée à bord du bâtiment ennemi. Ces deux principes ont été maintenus et proclamés dans la plupart des conventions ou lois qui s'occupent de la question. En 1854, la France et l'Angleterre, au début de la guerre de Crimée, les proclamèrent à nouveau.

Enfin, après cette même guerre, la déclaration de Paris du 16 avril 1856 dut fixer les règles en matière de capture ; elle porte que :

1° Le pavillon neutre couvre la marchandise ennemie, *à l'exception de la contrebande de guerre* ;

2° La marchandise neutre, *à l'exception de la contrebande de guerre*, n'est pas saisissable sous pavillon ennemi.

Tels sont les principes admis et en vigueur actuellement partout. Les États-Unis et l'Espagne, qui avaient d'abord refusé d'adhérer aux stipulations de la déclaration de

Paris, parce que celle-ci contenait une clause abolissant
la course, ont inséré les deux règles précitées dans des
traités spéciaux.

CABOTAGE.

Les belligérants, conformément aux règles de la déclaration de 1856, n'ont pas de distinction à établir entre le
cabotage et le long cours, au point de vue du droit de
capture. Ainsi, un caboteur neutre, à bord duquel on
trouve de la contrebande de guerre, doit être saisi et confisqué. La guerre, il ne faut pas l'oublier, est non seulement dirigée contre la propriété privée et le commerce de
la nation ennemie, mais aussi contre les neutres, quels
qu'ils soient, qui portent des secours à l'un des combattants, au détriment de l'autre belligérant. Les navires de
guerre devront toujours examiner avec soin, le cas échéant,
si la cargaison ennemie d'un navire neutre ne dissimule
pas quelque part de la contrebande de guerre, puisque
c'est de cette dernière que dépend la légitimité de la
confiscation.

ASSISTANCE PRÊTÉE PAR LES NEUTRES.

La neutralité complète, nous l'avons déjà dit, ne permet
pas de favoriser l'un des belligérants au détriment de
l'autre. Ainsi, le neutre doit défendre à ses nationaux
d'entrer au service militaire des États qui sont en guerre.
Le pilotage, par exemple, exercé à bord des navires de
guerre belligérants, est considéré comme un service militaire. Une assistance de cette nature ne peut être prêtée.
Mais le pilotage, à l'entrée ou à la sortie d'un port neutre,
ne constitue pas un acte répréhensible.

Les Anglais, en 1870, défendirent à leurs pilotes de
conduire « aucun navire appartenant à une puissance
« belligérante quelconque, si ce n'est dans les eaux britan-

« niques, à trois milles de la côte, et ils ne pouvaient que
« guider ces navires à l'entrée et à la sortie des ports et des
« lieux d'ancrage de la Grande-Bretagne ; ces vaisseaux ne
« devaient accomplir, à ce moment, aucun acte hostile ».
Toutefois, les navires de guerre en danger pouvaient être
pilotés pour en sortir. Ici, ce n'est point un acte d'hostilité, mais un acte d'humanité toujours autorisé en pareille circonstance. Du reste, on ne viole réellement une
neutralité que si l'acte commis par un sujet neutre profite
à l'un des belligérants.

Les neutres doivent s'abstenir, en outre, de fournir des
renseignements militaires aux belligérants.

Dans les déclarations de neutralité, généralement publiées au début des opérations d'une guerre, on trouve
les prohibitions suivantes :

Le neutre doit empêcher l'équipement et l'armement
de tout navire destiné à croiser ou à concourir à des opérations hostiles contre une puissance avec laquelle il est
en paix ; un navire quelconque ayant été, dans sa juridiction, transformé en tout ou en partie à des usages de
guerre, ne peut quitter les eaux territoriales du neutre
pour aller prendre part à des opérations hostiles.

Il ne permet à aucun des belligérants de faire de ses
ports ou de ses eaux la base d'opérations, ni de s'en servir
pour augmenter ou renouveler des approvisionnements
militaires ; il ne fait, en un mot, aucune fourniture directe
ou indirecte de matériel de guerre et empêche toute personne placée sous sa juridiction de manquer aux devoirs et
obligations mentionnés dans la déclaration de neutralité.

DE LA NEUTRALITÉ MARITIME.

Tout ce qui vient d'être dit sur la neutralité en général,
peut s'appliquer à la neutralité maritime. Toutefois, celle-
ci a des règles particulières qui dérivent de la nature

même de la mer, de son indépendance absolue, du droit
que possède chaque nation d'en user librement pour les
besoins de sa navigation. Le navire, nous l'avons vu, est
une partie détachée du territoire de la nation dont il porte
légitimement le pavillon. Donc, tout navire neutre rencontré en pleine mer, doit être traité par les belligérants
avec les mêmes égards et de la même manière que le
territoire réel de la nation à laquelle il appartient; il
suffit pour cela que le navire rencontré justifie de la vérité
de la qualité de neutre, annoncée par son pavillon. De
même que le territoire ou domaine souverain d'un État
neutre est inviolable, le territoire maritime de ce même
État doit être respecté. Ces droits sont mentionnés dans
les déclarations de neutralité publiées au moment d'une
guerre.

Ainsi donc, la mer territoriale d'une puissance neutre
doit être traitée de la même manière que son territoire
continental et le navire neutre en pleine mer est une portion du territoire de la nation à laquelle il appartient et doit
être respecté par les belligérants comme ce territoire lui-
même. C'est un principe dont on ne doit jamais se dé-
partir.

CONDITIONS IMPOSÉES AUX NAVIRES DE GUERRE AUTORISÉS A SÉJOURNER DANS LES EAUX NEUTRES.

Nous avons vu que l'impartialité des États neutres envers les belligérants doit être absolue. Mais, si des navires
de guerre de l'une ou de l'autre des parties belligérantes
sont accueillis dans un port neutre, ils doivent se soumettre aux règles suivantes :

1° Les bâtiments des États en guerre entretiennent entre
eux des relations pacifiques et avec tous les autres navires
qui sont au mouillage ;

2° Il leur est interdit d'accroître le nombre et la force

de leurs canons et d'acheter ou d'embarquer des armes ou des munitions de guerre ;

3° Il leur est défendu d'y faire des enrôlements, même parmi leurs nationaux ;

4° Les investigations sur les forces, la position ou les ressources de l'ennemi, comme tout appareillage brusque en vue de poursuivre les navires signalés, sont interdites ;

5° Ils ne doivent pas recourir à la force ou à la ruse afin de recouvrer les prises faites sur leurs concitoyens, ou de délivrer des prisonniers de leur nationalité ;

6° Ils ne peuvent y procéder à la vente des prises avant qu'un jugement de condamnation ait été prononcé par le tribunal compétent et encore faut-il qu'ils y soient préalablement autorisés par le pouvoir territorial.

De par son droit de souveraineté, un État neutre est toujours libre d'interdire l'accès de ses ports et de ses rades aux navires capturés soit par les navires de guerre, soit par les corsaires, ou d'en fixer les conditions.

DROIT D'ASILE EN TEMPS DE GUERRE.

Les navires belligérants sont autorisés à traverser les eaux territoriales, mais l'accès dans l'intérieur des ports, des rades et des baies est réglé par les États suivant leurs convenances. Il ne faut pas confondre le droit d'asile avec le refuge qui, au fond, n'est qu'un devoir d'humanité auquel on ne saurait se soustraire. L'asile est un droit de souveraineté, une manifestation de l'indépendance de la nation.

Il faut établir une différence entre l'asile accordé aux forces navales et celui qui l'est aux armées. Lorsque celles-ci franchissent les frontières d'une nation neutre par suite d'une débacle quelconque, il est de règle que tous ces combattants doivent être immédiatement désarmés internés et éloignés du théâtre des hostilités. A l'égard des navires, les mêmes mesures ne sont pas applicables, mais ils sont tenus de remettre en mer dès qu'ils sont en état de continuer leur voyage ou dès que le mauvais temps ne les retient plus au port.

Ainsi donc, l'asile est un droit et le refuge un devoir : l'un et l'autre, dans tous les cas, doivent être concédés avec impartialité. C'est un point important pour un État qui veut observer la plus stricte neutralité.

DE LA NATIONALISATION DANS UN BUT DE GUERRE.

Chaque État fixe comme il l'entend les conditions auxquelles il confère sa nationalité aux navires, leur donne le droit de porter son pavillon et leur accorde sa protection. De même qu'une personne peut se faire naturaliser dans un autre pays, de même un navire peut changer de nationalité.

En temps de paix, un État peut conférer sa nationalité à des navires étrangers en leur accordant provisoirement le droit de porter son pavillon et la protection qui en est la conséquence, mais il faut que cet acte ne soit *entaché d'aucune intention préjudiciable à des droits déjà existants.*

En temps de guerre, le navire acheté de sujets des belligérants acquiert la nationalité de l'acheteur dès qu'il est régulièrement inscrit sur les matricules de l'État ayant procédé à l'achat.

Les nations ou États maritimes sont libres de fixer les conditions auxquelles elles reconnaissent la nationalité des navires étrangers dans les eaux territoriales qui leur appartiennent. Ces conditions ne doivent pas être de nature à entraver la libre navigation et le commerce maritime.

D'après M. Lorimer, la nationalisation dans un but de

guerre ne modifierait pas le domicile ; c’est là une conséquence du caractère public de la guerre. La guerre étant
un rapport entre les États et entre leurs citoyens comme
citoyens, un changement de nationalité suffit pour autoriser le citoyen neutre à prendre place dans les rangs des
belligérants.

On objectera, écrit le même auteur, « qu’en facilitant la
séparation de la nationalité du domicile, on provoque nécessairement des complications internationales. Un homme,
dira-t-on, dont le statut et les rapports privés, tant personnels que patrimoniaux, sont gouvernés par les lois d’un
État, pourra ainsi combattre non seulement pour un autre
État, mais encore contre un État avec lequel son État d’origine est en paix. A cela on peut répondre qu’en renon-
çant à sa qualité de citoyen, cet homme renonce à tout ce
qui lui permettait d’exercer une influence sur les rapports
de son État avec les belligérants. Il renonce à toute participation à l’action législative ou exécutive de son État ;
c’est en sa qualité privée ou cosmopolite seule qu’il continue d’être lié envers cet État par la conservation de son
domicile ; ce n’est pas comme personne privée ou cosmopolite qu’il entre au service de l’État sous la bannière
duquel il s’est engagé ; cet État ne s’inquiète pas du point
de savoir s’il est majeur ou mineur, s’il est marié ou céli-
bataire, et si l’autre belligérant demande raison à son
État d’origine. Celui-ci se borne à répondre que l’homme
dont il s’agit n’est plus son citoyen et qu’il n’a plus à
s’occuper de sa qualité publique, que le belligérant n’a
pas à s’inquiéter de sa qualité privée. Fusillez-le, faites-le
prisonnier, peu m’importe, dit l’État d’origine ; aussi longtemps que vous vous conformerez au droit de la guerre, je
ne réclamerai point. S’il meurt, je réglerai sa succession ;
s’il est fait prisonnier, je veillerai à ce que ses biens
soient administrés conformément à la loi de son domicile. »
(Voir aussi sur ce sujet : NEUTRALISATIONS SIMULÉES, chapitre XII, p. 211.)

RÈGLES DE NEUTRALITÉ PROCLAMÉES PAR LES *Foreign enlistment Acts*; RÈGLES DE NEUTRALITÉ DE WASHINGTON.

M. Lorimer, professeur de droit des gens à l'Université d'Édimbourg, a examiné, dans un ouvrage très bien fait, les règles de neutralité anglaises et américaines et en tire les conclusions suivantes :

1° « Les règles de neutralité proclamées par les *Foreign Enlistment Acts* et les règles de Washington sont bonnes en principe, en tant qu'elles cherchent à isoler les États belligérants des États neutres, ou, si on se place au point de vue des neutres, à mettre les États neutres à même de s'isoler en conservant une attitude de non-intervention absolue. »

2° « Ces règles sont mauvaises en tant qu'elles cherchent à enlever aux États belligérants l'aide que leurs ressources pourraient leur permettre de tirer de l'intervention des particuliers neutres, et en tant qu'elles cherchent à limiter la liberté qu'ont les citoyens neutres de consulter leurs intérêts et de témoigner leurs sympathies. »

3° « Nos conclusions s'appliquent également aux enrôlements privés et au commerce privé ; elles n'établissent, d'autre part, aucune distinction, entre ce qui est et ce qui n'est pas communément considéré comme munition de guerre. »

4° « La distinction que les règles essayent de faire disparaître entre la responsabilité de l'État neutre pour ses propres actions et pour celles de ses citoyens comme citoyens d'une part, et sa responsabilité pour les actions de ses citoyens comme personnes individuelles d'autre part, résulte du caractère public de la guerre et est conforme au droit commun des nations. »

5° « Les nouvelles règles qui anéantissent cette distinc-

tion ne sont point le développement des principes du droit
international et ne renferment point non plus une tentative pour définir plus nettement ses dispositions. Elles ne
sont pas un pas en avant dans la voie que le droit international avait parcourue avec assez d'uniformité jusqu'au
premier *Act* américain de 1794 concernant le recrute-
ment pour l'étranger ; elles sont un pas dans une autre
direction, et la question qui s'impose en ce moment est de
savoir si les intérêts permanents de la neutralité des États
justifiaient cette innovation, si celle-ci offrait une compensation pour les responsabilités additionnelles qu'elle imposait aux États neutres. C'est au point de vue pratique
qu'on défend généralement les règles dont nous parlons.
Les États, dit-on, ne peuvent demeurer en dehors de la
guerre qu'en dérogeant au principe du droit commun des
nations et qu'en s'identifiant avec leurs citoyens envisagés
comme personnes individuelles et comme citoyens ; aussi,
ajoute-t-on, doivent-ils empêcher les individus qui les
composent de faire ce qu'eux-mêmes n'entreprennent
point. »

En somme, les règles de neutralité ne sont peut-être pas
parfaites. Elles ne contentent pas à la fois les deux belligérants ; il n'en est pas une qui, même impartiale ou
appliquée avec impartialité, puisse être équitable pour
l'un et pour l'autre adversaire. La prohibition totale du
commerce, par exemple, cet idéal des nouvelles règles, ne
saurait avoir des conséquences semblables pour les deux
belligérants en présence, car toujours l'un aura plus
besoin d'hommes et d'objets de guerre que l'autre, et
toujours l'un aura plus de moyens que l'autre de se procurer ces choses essentielles. La bourse la mieux garnie
obtient toujours beaucoup, surtout en temps de guerre (¹).

Le neutre d'aujourd'hui peut être le belligérant de demain ; aussi, se demande-t-il souvent quel sera bien son

______

(1) Voir TRÉSOR DE GUERRE, chap. VII, p. 114.

plus prochain antagoniste et essaye-t-il d'adapter le droit aux éventualités les plus immédiates. Mais il n'est guère possible de prévoir la série de ces éventualités. Pour le neutre qui sera peut-être le premier à en souffrir en cas de guerre, la règle la plus simple et aussi la plus juste, vraisemblablement, est celle qui permettrait aussi bien au neutre qu'à son adversaire de demain d'opérer librement sur un marché où rien n'entraverait leurs projets d'achats. Il n'est pas facile à un neutre d'empêcher toute personne placée sous sa juridiction de manquer aux devoirs nombreux et obligations de plusieurs sortes dont il est fait mention dans les déclarations de neutralité qui suivent ou précèdent les premiers actes d'hostilité d'une puissance.

CHAPITRE X

DE LA CONTREBANDE DE GUERRE.

La question de savoir si tel ou tel objet peut ou doit
être considéré comme contrebande de guerre a soulevé
et soulève encore bien des difficultés. Pendant notre dernière guerre avec la Chine, le riz a été considéré et traité
comme contrebande de guerre. La circulaire suivante,
adressée par le ministre des affaires étrangères, le 21
février 1885, aux représentants de la France à l'étranger,
en expose les raisons :

. . . .

. . . .

« Nous apprenons aujourd'hui que de grandes expédi-
« tions de riz doivent partir prochainement de Shang-Haï
« pour se rendre dans le nord de la Chine ; nos agents
« dans l'Extrême-Orient présentent la suspension de ces
« envois comme étant susceptible d'exercer une action
« efficace sur le gouvernement de Pékin et nous ne sau-
« rions nous dispenser d'y recourir, sous peine de nous
« priver de l'arme la plus puissante que les circonstances
« placent dans nos mains.

« Deux voies s'ouvraient à nous pour atteindre ce but :
« bloquer Shang-Haï et d'autres ports ouverts de la Chine,
« ainsi que nous en avions le droit incontestable, ou inter-

« dire le commerce du riz, en le déclarant contrebande
« de guerre.

« Fidèle à notre système d'atténuer, autant que possible,
« pour les neutres, les conséquences de la guerre, nous
« nous sommes arrêté à ce dernier parti.

. . . .

« Quant à notre droit de faire entrer cette denrée dans
« la catégorie des articles prohibés, il ne paraît pas con-
« testable. A côté des objets constituant, par leur nature
« même, la contrebande de guerre, comme les armes, les
« munitions, etc., il en est d'autres dont le commerce peut
« être accidentellement prohibé en temps de guerre, par
« suite de l'utilité particulière qu'en retirent les belligé-
« rants. C'est ainsi que le charbon a pu, dans certaines
« circonstances, être considéré comme contrebande de
« guerre, bien qu'il ne contribue qu'indirectement à la
« poursuite des hostilités. »

Cette résolution de notre Gouvernement fit naître des
inquiétudes dans le monde maritime et commercial de
quelques puissances. Leurs chambres de commerce expri-
mèrent ces appréhensions, mais en se bornant seulement
à faire remarquer que le transport des marchandises procure, dans les mers de Chine, une occupation permanente
et rémunératrice à un nombre considérable de navires et
que cette branche d'affaires serait paralysée s'il fallait
renoncer au transport du riz, qui constitue le principal
article.

A ces arguments, on peut répondre que toute guerre
est une calamité qui, semblable en cela aux autres mal-
heurs, ne peut pas toujours être évitée ; mais les guerres
des autres nations sont toujours des calamités moindres
que celles auxquelles on prend part soi-même. La Chine
était en état de guerre avec la France et notre Gouvernement avait le droit et le devoir de faire acte de belligérant.
Ce dernier droit était implicitement reconnu par le gouvernement anglais, puisqu'il nous refusait du charbon à

Singapore et à Hong-Kong. Or, dans ces conditions, nous ne pouvions permettre aux neutres de ravitailler en paix les armées chinoises, de leur apporter de tous les pays des munitions de guerre, des armes et des vivres.

La prohibition du riz était-elle, du reste, contraire au droit des gens? Nous ne le pensons pas. L'interruption des arrivages de vivres est une mesure légitime en temps de guerre, et cela non pas seulement vis-à-vis des places fortes assiégées. Son but est d'abréger la durée de la guerre en rendant plus difficiles les approvisionnements de l'ennemi et en poussant ce dernier à terminer, à l'amiable, le différend au sujet duquel il lutte; et une pareille mesure est inattaquable lorsqu'elle est appliquée d'une manière uniforme et juste à tous les navires neutres. Le gouvernement allemand était de cet avis; dans une note relative à la question du riz considéré comme contrebande de guerre, la *Gazette de l'Allemagne,* du 18 mars 1885, disait : « La décision de la France peut être justifiée au point de « vue du droit international, mais elle n'est admissible « que si on la met en vigueur pour tous les navires « neutres. » Toutefois, notons-le tout de suite, le journal allemand visait surtout, dans cette circonstance, la déclaration de l'Angleterre, dans laquelle elle ne reconnaissait pas le riz comme contrebande de guerre. Si la France, ajoutait ce journal, « renonce à traiter le riz comme contre- « bande de guerre sur les navires des États qui ne sont « pas de son avis relativement aux droits des belligérants, « elle devra traiter de même les navires des autres na- « tions..... »

En Angleterre, la question du riz considéré comme contrebande de guerre fut l'objet de discussions assez vives. Le point de savoir, y disait-on, si les provisions de bouche, en général, peuvent être judicieusement traitées comme de la contrebande a été très controversé. Ces provisions sont contrebande de guerre quand une des parties belligérantes se trouve à court de vivres; elle peut alors, par droit de *préemption* (¹), s'emparer des marchandises des neutres pour suppléer à ses besoins ; encore faut-il que ceux-ci soient réels et non imaginaires. En second lieu, lorsque ces provisions de bouche sont destinées à une armée belligérante et non pas seulement à un port de l'un des pays belligérants, les neutres doivent se soumettre à une pareille restriction de leur commerce, parce que, dans ce cas, l'ennemi peut espérer forcer son adversaire, par la famine, à accepter ses conditions de paix.

Tels étaient, en quelques mots, les arguments anglais, au fond desquels on trouverait aisément un intérêt commercial. Comme on le voit aussi, la question du *tribut* du riz était écartée et cependant elle a ici une importance assez considérable. Chaque année, en Chine, certaines provinces paient leurs impôts en nature ou doivent à la cour de Pékin un tribut comprenant une certaine quantité de piculs de riz. Or, à notre avis, un tribut, de quelque nature qu'il soit, sera toujours saisi en temps de guerre par l'une des parties belligérantes, si elle en a les moyens. En agissant ainsi, n'est-ce pas abréger la durée de la guerre et restreindre les maux qui en découlent? Les soldats chinois sont même, la plupart du temps, soldés avec du riz. Du reste, pour justifier sa mesure, notre ministre des affaires étrangères d'alors mit sous les yeux du Foreign-Office des précédents concluants : l'opinion exprimée, notamment en 1870, par M. Gladstone, et une lettre officielle de lord Malmesbury de 1859. Notons encore que le tribut en riz pouvait être considéré comme une propriété de l'État ennemi et, à ce titre, susceptible d'être saisie.

---

1. C'est un droit d'acheter une chose d'avance et avant tout autre. Tous les auteurs disent que ce droit prétendu ne peut s'appuyer sur aucune notion exacte de la contrebande et que, pour le justifier, on en est réduit à invoquer ce qu'on appelle le droit de nécessité, ce qui n'est pas un droit proprement dit, attendu qu'il est difficile et même parfois impossible d'établir exactement le moment précis où commence et où finit la raison de la nécessité.

En résumé, pour en terminer avec le riz, la mesure adoptée par notre Gouvernement, et si désirée depuis longtemps par notre vaillant et éminent amiral Courbet, était, dans le fond comme dans la forme, parfaitement d'accord avec le droit des gens, tel qu'il résulte du protocole du traité de Paris de 1856. C'est uniquement par un sentiment de courtoisie que le trafic de cette céréale, sous pavillon neutre, resta libre pour les ports du sud de la Chine, y compris Canton.

Mais revenons aux principes généraux qui servent de base aux règles admises en matière de contrebande de guerre. Le droit des gens en formule deux :

1º Les sujets de l'État neutre doivent s'abstenir de favoriser, en quoi que ce soit, aucun des belligérants ; s'ils le font, ils se rendent coupables d'un acte d'hostilité envers celui dont les intérêts sont lésés par la faveur accordée ; il importe peu qu'ils agissent contrairement à une défense de leur propre gouvernement ;

2º Partout où les hostilités peuvent avoir lieu, en pleine mer ou ailleurs, le belligérant possède le droit de prendre les mesures nécessaires afin de s'opposer à ce que des faveurs contraires au droit des gens soient accordées ; il arrête notamment le transport d'objets destinés à l'adversaire et susceptibles de servir à un usage belliqueux. Ces objets sont confisqués, en attendant la décision d'un tribunal compétent statuant en dernier ressort.

Un particulier qui abuse de la liberté du commerce pour aider l'un des belligérants, le fait à ses risques et périls, que cette assistance soit prêtée à l'un ou à l'autre ou aux deux belligérants à la fois.

Sont considérés comme contrebande de guerre, les objets qui servent, soit directement, soit indirectement à la guerre ; certains auteurs n'admettent, dans l'espèce, que les objets susceptibles d'être employés immédiatement à un usage belliqueux.

De tout temps, les armes de guerre et les munitions

confectionnées, *destinées à l'ennemi*, ont été considérées comme contrebande de guerre. Un navire de commerce peut avoir néanmoins des armes et des munitions pour se défendre en cas d'attaque ; ces objets ne sont pas de la contrebande de guerre. En général, les articles prohibés en temps de guerre sont spécifiés dans des traités spéciaux qui sont communiqués aux parties intéressées en temps opportun ; il serait superflu d'en donner ici la nomenclature complète. Les objets déclarés contrebande de guerre par une déclaration expresse ou une convention, rentrent dans ce que l'on appelle : la contrebande absolue. Ce sont généralement : les armes de guerre, les canons, fusils, sabres, balles, projectiles de toutes sortes, poudre, salpêtre, soufre, matériel de guerre, embarcations de guerre, etc., etc.

D'une manière générale, on peut dire que tout ce qui peut servir à un usage de guerre doit être traité comme contrebande : le salpêtre et le soufre, par exemple. Pendant la guerre de Chine, le navire anglais *Gleenroy* fut saisi par l'un de nos croiseurs, parce qu'il avait à son bord cinquante tonneaux de plomb. Lord Fitz-Maurice prétendit que notre Gouvernement n'avait pas indiqué que le plomb serait regardé comme contrebande de guerre. Le plomb, disait-il, est un article des plus nécessaires à la Chine pour la confection des doublures de boîtes à thé, et il en concluait que la saisie du *Gleenroy* et de sa cargaison devait être levée. Le ministre français ne fut pas tout à fait de l'avis du Foreign-Office : il enjoignit de relâcher le navire, mais de séquestrer le plomb jusqu'à la fin des hostilités.

Les matériaux qui peuvent être façonnés pour servir à un usage de guerre sont tenus pour de la contrebande et le plomb, dont nous venons de parler, peut certainement être classé parmi les matériaux en question.

Lorsque des objets peuvent également servir à des usages pacifiques et de guerre, la présomption de contrebande de guerre est généralement écartée. Du reste, les papiers de bord, examinés avec une grande attention, permettent le plus souvent d'apprécier exactement la situation d'une cargaison de cette espèce. Incidemment, si le navire visité possède une police d'assurance, c'est un document précieux à consulter : lorsque l'on veut garder le secret de la provenance ou de la destination d'une marchandise prohibée, on y trouve presque toujours une clause par laquelle il est dit, en termes vagues, que l'assurance est faite *pour le compte de qui il appartiendra*, expression qui signifie très souvent « pour compte hostile ».

Les machines ou parties de machines d'un navire de guerre ; les vivres et l'argent comptant destinés à l'un des belligérants ; les chevaux et équipages de ces derniers, sont des objets considérés et traités comme contrebande de guerre.

Le charbon destiné à un usage de guerre est également regardé comme contrebande. En 1859, la France et l'Italie ne prohibèrent point cet article. En 1870, le gouvernement anglais défendit à ses charbonniers de porter du combustible à nos navires de guerre qui stationnaient dans la Baltique. Récemment, pendant notre dernier conflit avec la Chine, ce même gouvernement donna l'ordre aux autorités de Singapore et de Hong-Kong de refuser à notre escadre de Chine : charbon, argent, équipement, etc., etc. L'article X du *Foreign Enlistment act* nous fut rigoureusement appliqué ; il est ainsi conçu :

« Attendu qu'aux termes de la section X du *F. E. act*, « il est interdit aux navires belligérants d'embarquer à « Hong-Kong des articles propres à aider aux opérations « navales, ceux-ci ne prendront que le charbon nécessaire « pour gagner le port le plus proche et qui ne soit le « théâtre d'aucune hostilité ; cela, une fois en trois mois « pour chaque navire. Les réparations et le ravitaillemen « strictement nécessaires pour gagner ledit port s'effec- « tueront sous la surveillance des autorités locales. »

Les navires installés pour prendre part à des opérations

militaires sont considérés et traités comme contrebande
de guerre. Le *Foreign Enlistment act* de 1870, dont nous
venons de parler, contient des renseignements complets à
ce sujet. Un neutre ne doit pas permettre à ses nationaux
de fournir des navires de cette espèce à l'un des belligérants ; de même, il ne peut tolérer dans ses ports que
des navires y soient construits, équipés, armés et pourvus
de matelots dans le même but.

Enfin, il y a présomption de contrebande de guerre
lorsque la destination hostile des objets susceptibles d'être
employés immédiatement à un usage de guerre est bien
établie ; lorsque les papiers de bord sont falsifiés et indiquent une fausse destination. Si une contrebande de
guerre doit se rendre dans un port neutre, il est permis
de supposer que le destinataire est neutre. Toutefois, ici,
la preuve du contraire est admise ; elle est même imposée,
si d'autres raisons contredisent les indications fournies -
par les papiers de bord.

La neutralité est violée dès que l'opération de porter
des secours à l'un des belligérants est commencée, c'est-
à-dire dès que le navire porteur de ces secours quitte son
port de chargement.

Dans les derniers temps du blocus de Formose, récemment par conséquent, nos croiseurs ne saisissaient que
les navires dont la contrebande de guerre formait les *trois
quarts* du chargement total.

CONSÉQUENCES JURIDIQUES.

Lorsque le fait de contrebande est bien constaté et établi,
il entraîne la saisie et la confiscation des marchandises
prohibées et du bâtiment à bord duquel elles sont ; certains
États saisissent et confisquent même les marchandises
non prohibées qui s'y trouvent, lorsque cette manière de
procéder est autorisée par des traités ou conventions particulières.

Ce droit de confiscation des articles de contrebande est consacré par les restrictions des règles 2 et 3 de la déclaration de Paris de 1856, et par le droit positif actuel.

La confiscation a lieu avec ou sans indemnité. Si celle-ci est stipulée dans un traité, elle est accordée ou encore si le propriétaire neutre des articles de contrebande prouve qu'il ne les destinait pas à l'ennemi. Une indemnité est encore accordée au navire saisi avec de la contrebande, lorsque son voyage a été entrepris avant la déclaration de guerre. Mais alors le belligérant, au lieu de le saisir, peut le diriger sur un port neutre. Dans ce cas, le capitaine du navire à bord duquel se trouve la contrebande ne peut plus changer sa destination sans s'exposer à être saisi et confisqué; il n'y aurait plus lieu de lui accorder une seule faveur.

L'intervention d'un belligérant dans le commerce neutre est légitime chaque fois que celui-ci porte atteinte aux opérations de guerre. Bien plus, le belligérant peut s'approprier, contre paiement d'une indemnité, les marchandises neutres et les vivres que l'on dirige vers le pays ennemi, même quand leur destination militaire n'est pas établie. A terre, un commandant d'armée peut, dans la zone qu'il occupe, interdire le commerce ou le restreindre, ou même l'appliquer aux besoins de ses troupes. Un commandant d'une force navale doit évidemment avoir les mêmes droits.

Les opinions sont très divisées au sujet de la conduite à tenir lorsque la cargaison d'un navire neutre est composée de contrebande de guerre et de marchandises non prohibées. Certains auteurs admettent, dans ce cas, la confiscation de toute la cargaison; d'autres sont moins absolus et veulent seulement la confiscation des articles prohibés. D'après la déclaration de Paris, dans laquelle il est dit que la propriété ennemie, *à l'exception de la contrebande de guerre,* ne peut être saisie à bord d'un navire neutre, l'hésitation, en pareil cas, ne nous semblerait nullement justifiée.

Quant à la confiscation du navire pris en flagrant délit d'envoi à l'ennemi de contrebande de guerre, il n'est pas douteux pour nous qu'elle doive avoir lieu, lorsqu'il est établi que l'armateur ou le capitaine a eu connaissance de la nature du transport. Dès que le propriétaire, disent à ce sujet plusieurs auteurs compétents, sait quelles sont les marchandises dont se compose la cargaison de son navire, il est complice du délit et, conséquemment, punissable au même titre que le propriétaire de la contrebande. Il est évident que celui qui transporte ou fait sciemment transporter de la contrebande de guerre, prête assistance à un belligérant et commet ainsi un acte d'hostilité qui permet à l'autre belligérant de le traiter en ennemi; il cesse alors d'être neutre.

Lorsque le voyage est achevé, un navire neutre ayant transporté de la contrebande de guerre n'est plus saisissable ; le délit est considéré comme consommé. Toutefois, l'État auquel il appartient ne cesse pas, pour cela, d'être responsable jusqu'à un certain point.

DE LA CONTREBANDE PAR ACCIDENT.

On désigne sous ce nom les transports d'hommes liés au service militaire des armées de terre et de mer; le transport volontaire de dépêches venant des belligérants ou qui leur sont destinées et concernant les opérations militaires, ou le transport des agents des puissances belligérantes, lorsqu'ils doivent concourir aux opérations de guerre ou sont chargés d'acquérir du matériel de guerre.

Dans tous ces cas, l'hostilité de l'acte commis n'est pas à démontrer. Un navire neutre qui accepte de remplir l'une ou l'autre de ces missions, perd son caractère de neutre et doit être traité en ennemi. En ce qui concerne les dépêches, la culpabilité de fait est établie par la destination définitive de celles-ci, quel que soit leur point de départ.

Ce genre de transport de la contrebande par accident entraîne la saisie des objets ou l'arrestation des individus, et même la confiscation du navire si l'armateur ou le capitaine a eu connaissance de l'état de choses et si le flagrant délit ne fait aucun doute. Lorsque les dépêches ont été prises dans un port ennemi, le navire est confisqué. Le transport d'un général important entraîne aussi la confiscation du navire.

Les objets ci-après désignés rentrent dans ce que l'on appelle la contrebande relative ou accidentelle. Ce sont : les vêtements, les matières premières destinées à l'habillement, l'argent, les chevaux, le bois de construction, la toile à voile, la laine, le goudron, le fer, le cuivre en feuilles, les machines à vapeur, le charbon, etc., etc.

CONTREBANDE ABSOLUE ET CONTREBANDE CONVENTIONNELLE.

La contrebande absolue est celle qui est reconnue en principe comme telle par l'accord tacite ou public des puissances. Elle est établie partout sur des bases à peu près immuables et dans des limites constantes. La contrebande conventionnelle est celle qui est déterminée ou dénoncée par des conventions ou des déclarations *ad hoc*, des règlements spéciaux variables suivant les circonstances, les besoins, les engagements mutuels des partis.

OPINIONS DE QUELQUES AUTEURS AU SUJET DE LA CONFISCATION D'UN NAVIRE NEUTRE.

Jusqu'aux premiers temps de l'ère moderne, il était de règle constante de confisquer à la fois la totalité de la cargaison et le navire chargé de son transport. Phillimore

reconnaît que si l'on s'en tient à l'esprit des règles internationales modernes, la confiscation limitée aux seules
marchandises illicites est fondée en droit ; mais il avoue
en même temps qu'il y a certains cas où l'application
stricte des dispositions plus rigoureuses de l'ancienne
législation peut se justifier. A ses yeux, le navire neutre
se rend passible de confiscation :

1° Lorsqu'il appartient au propriétaire de la cargaison ;

2° Lorsque le chargeur a cherché à dissimuler le lieu
réel de la destination ;

3° Lorsqu'il s'est efforcé de cacher les noms du propriétaire, ou lorsque le transport qu'il opère viole les stipulations des traités ou le texte des lois en vigueur ;

4° La confiscation est permise pendant le cours du
voyage de retour, lorsque dans la traversée d'aller l'opération de contrebande a été dissimulée ;

5° Peut également être saisi ou vendu, le navire dont le
capitaine-conducteur institué par un tribunal de prises
s'est livré à une opération de commerce illicite.

Enfin cet auteur approuve la confiscation de la totalité
de la cargaison, lorsqu'elle appartient à un seul et même
propriétaire.

D'autres publicistes admettent que le navire et sa cargaison entière sont confiscables dans les cas suivants :

1° Si les marchandises de contrebande composent les
trois quarts de la valeur du chargement ;

2° Si le navire et les marchandises innocentes appartiennent au propriétaire de la contrebande ;

3° Si le transport de la contrebande est fait avec les
circonstances frauduleuses de faux papiers et de fausse
destination ;

4° Si le navire servant au transport de la contrebande
appartient à un propriétaire expressément obligé par les
traités existants entre son pays et le pays capteur à s'abstenir de fournir de pareils articles à l'ennemi.

PRINCIPES EN VIGUEUR ACTUELLEMENT.

Deux principes paraissent guider aujourd'hui la pratique des nations maritimes : les uns limitent la confiscation à la portion illicite du chargement du navire neutre ; les autres l'étendent au chargement tout entier et même au navire, lorsque la contrebande forme la partie principale de la cargaison, *les trois quarts de sa valeur généralement*. Pourtant, la confiscation pure et simple des marchandises prohibées est la mesure qu'on exerce le plus souvent. Au commencement d'une guerre, les belligérants et les neutres désignent les marchandises qui seront prohibées pendant la durée de la guerre. Les pénalités relatives à la contrebande de guerre ne sont applicables qu'aux cas de flagrant délit, c'est-à-dire lorsqu'il a été constaté que les navires sont bien en possession d'objets de contrebande.

ÉTAT ACTUEL DE LA QUESTION DE LA CONTREBANDE DE GUERRE.

La question de la contrebande de guerre, dit M. Testa, dont nous partageons l'opinion, aussi bien dans sa généralité que dans ses détails, est si importante et d'une application si fréquente durant les guerres maritimes, qu'elle donnera lieu souvent à de grandes difficultés d'appréciation ; en outre, elle se présentera avec la nécessité d'être promptement résolue. Ces difficultés naissent non seulement des conflits possibles entre les devoirs et les droits réciproques des neutres et des belligérants, mais aussi de l'impossibilité de spécifier, d'après l'accord général, les objets qu'il faut classer comme articles de contrebande de guerre, impossibilité qui subsistera tant que les progrès de la science et de l'industrie rendront incessante l'application des inventions humaines à l'art de la guerre.

Le congrès de Paris de 1856 inscrivant dans ses déclarations de droit maritime le terme « contrebande de guerre », n'a pas voulu le définir d'une manière positive ; il prévoyait, sans doute, les difficultés pratiques qu'il rencontrerait s'il tentait de passer de la généralité du principe au détail de l'application.

Dans l'état actuel du droit international, c'est une question sur laquelle l'accord des nations maritimes est encore à établir ; il y a là une lacune à combler.

Au milieu de toutes les divergences d'opinions, quelques esprits inclinent vers une solution radicale qui consisterait à abolir toutes les restrictions et à ne limiter le commerce des neutres que dans le cas de blocus. Mais cette théorie ne résisterait pas à l'expérience de la première guerre ; elle contient en germe la négation d'un droit naturel et supérieur aux conventions humaines, le droit de légitime défense ; ce serait faire violence au droit naturel que d'assister impassible au transport et à la remise entre les mains de son ennemi d'armes destinées à être employées de suite contre soi. Quel que soit le dernier mot sur la contrebande de guerre, jamais une règle durable de droit ne sera établie sur une théorie qui, ayant la violence pour fondement, serait une déviation des plus simples prétextes de la loi naturelle.

D'autre part, les adversaires de la prise maritime soutiennent que la saisie de la propriété privée ne saurait exercer d'influence sur l'issue de la guerre ; ils la condamnent au nom du principe d'économie. Le droit prohibe, en effet, tout exercice de force qui n'est pas nécessaire ; mais pourtant l'affaire de l'*Alabama* et les dommages-intérêts considérables que les États-Unis réclamèrent, démontrent l'efficacité de la prise.

CHAPITRE XI

DU BLOCUS EN GÉNÉRAL.

On désigne sous ce nom la rupture de toute communication, opérée et maintenue par la force armée, entre les côtes ou les ports de l'ennemi et l'extérieur. Cette mesure met fin aux relations commerciales et elle est autorisée au même titre que le siège ou l'investissement d'une place forte.

Il est admis aujourd'hui que les neutres doivent reconnaître et respecter l'état de blocus, même quand il lèse leurs intérêts propres.

La rupture d'un blocus par un navire neutre entraîne sa confiscation. Mais, pour cela, il faut que le blocus soit réel, que le navire ait eu connaissance du blocus et qu'il ait tenté de le rompre.

L'interception des communications du dehors étant le principal objectif d'un blocus, rien ne s'oppose à la sortie des navires neutres qui sont dans les ports de la côte bloquée. Un navire de commerce neutre peut entrer dans un port bloqué pour une cause de danger de mer. Quant aux navires de guerre neutres, ils ne sont presque jamais visés dans la déclaration de blocus ; ils ont conséquemment le droit d'entrer dans un port dont la côte est bloquée.

La légitimité du blocus des embouchures d'un fleuve est très controversée. Les auteurs qui ont le plus d'autorité en cette matière disent qu'il est impossible d'admettre cette légitimité, étant données les conditions exigées pour une application entière et rigoureuse du blocus. En 1870, le blocus des côtes allemandes de la mer du Nord ne fut pas étendu aux bouches de l'Ems.

Le droit de mettre une côte ou un port en état de blocus est exercé par le pouvoir exécutif ou par les autorités militaires ayant reçu des instructions à cet effet.

DU BLOCUS EFFECTIF.

Les blocus, pour être obligatoires, dit la déclaration de Paris du 16 avril 1856, doivent être effectifs, c'est-à-dire maintenus par une force suffisante pour interdire réellement l'accès du littoral de l'ennemi. Le blocus est un acte de guerre ; il résulte pratiquement du droit de guerre et a pour fondement la souveraineté de l'occupant qui, avec ses canons, le maintient.

Par suite, il faut donc empêcher effectivement toute communication entre ce qui est bloqué et la pleine mer. L'entrée et la sortie d'un port de la côte bloquée doivent offrir des dangers de capture aux navires. Telle est la condition essentielle d'un blocus. Un lieu bloqué, dit-on encore, est celui dont l'accès est interdit par des batteries de terre ou des vaisseaux stationnés devant le port.

Pour qu'un blocus conserve ses droits, les croiseurs, sauf le cas de danger de mer, ne doivent pas perdre de vue la partie de la côte qu'ils surveillent. Les cas de force majeure suspendent le blocus, mais ne le lèvent pas. Cette exception est précisée par Bluntschli : « Lorsque le « blocus cesse momentanément, dit-il, et qu'on le réta- « blit dans un bref délai, on admet que l'ancien blocus n'a « pas cessé d'exister. »

Un blocus ne cesse pas d'être effectif parce que plu-

sieurs navires auront réussi à le forcer, par suite d'une
circonstance de temps ou d'une tout autre cause.

Le commencement et la fin d'un blocus sont notifiés
dans une déclaration spéciale. Toutefois, le blocus cesse
d'être valable, en droit, si les croiseurs, nous l'avons déjà
dit, s'éloignent du lieu de la croisière pour un autre motif qu'un cas de force majeure, et s'ils n'exercent pas leur
droit d'une manière équitable envers tous les navires
neutres.

Lorsque des contestations s'élèvent au sujet de la réalité du blocus, les tribunaux des prises, avant de les prendre en considération, s'assurent qu'une déclaration officielle du commandant de la force navale existe et atteste
que le blocus a été exécuté par une force suffisante. Un
document de cette valeur indique assez quelle suite il
faut donner aux contestations. En 1854, à la suite du blocus des ports russes de la Baltique, des réclamations au
sujet de la réalité de ce blocus furent adressées à la cour
d'amirauté anglaise. Elles furent toutes rejetées. Le tribunal fit savoir aux réclamants que la déclaration du
commandant de la flotte anglaise était affirmative au sujet
de la réalité du blocus, et qu'en conséquence le point litigieux n'était pas admissible.

D'après beaucoup d'auteurs, le droit de blocus peut s'é-
tendre non seulement aux places et aux ports fortifiés,
mais encore aux villes et aux ports de commerce non
fortifiés. Il peut également être appliqué à l'embouchure
d'une rivière ou d'un détroit, pourvu que, en ce qui concerne la rivière, son cours soit tout entier dans le pays
ennemi.

DE LA NOTIFICATION DU BLOCUS.

Le blocus supprime les communications avec le dehors,
mais avant d'en arriver là, une notification officielle doit
avoir prévenu les neutres.

La notification se fait au moyen d'une communication adressée aux puissances neutres par la voie diplomatique et, dans certains cas, par une déclaration du commandant des forces navales chargées d'établir le blocus, adressée aux représentants des États neutres dans le cercle des opérations relatives au blocus (voir à la IVe Partie, la notification du blocus de Formose).

Dans certaines circonstances spéciales, on informe seulement les autorités locales du port à bloquer. Les navires rencontrés en mer et qui ignorent l'existence du blocus, doivent aussi recevoir une notification.

D'une manière générale, la notification doit fixer les ports et les parties de la côte qui seront bloqués et le jour où le blocus commencera.

Un délai de sortie, d'une durée plus ou moins longue, suivant les circonstances, est toujours accordé aux bâtiments neutres qui sont mouillés dans les ports bloqués. Il est fixé par le commandant des forces navales. Ces navires doivent, en quittant le port, se rendre dans un port neutre; ils ne peuvent avoir de la contrebande de guerre dans leur cargaison.

Le blocus commence généralement dès que la notification en a été faite. Dès qu'il cesse, les neutres en sont avertis par une déclaration officielle.

DE LA VIOLATION DU BLOCUS.

Une tentative de violation de blocus est considérée comme une violation accomplie. Toute infraction commencée dans le même but est également une violation.

Nous l'avons déjà dit plus haut : tout navire qui, dans un cas de danger de mer, viole un blocus, est affranchi des conséquences prévues pour ce fait. Le manque de vivres ne serait pas une cause d'excuse pour un navire qui violerait un blocus.

Des observations erronées, une fausse route, des compas mal réglés, une appréciation inexacte de la côte bloquée, ne justifieraient pas la violation du blocus.

Le départ d'un navire d'un port bloqué avec une cargaison non prohibée n'est pas une violation, s'il s'y trouvait avant la notification.

Si un navire, en dehors de la ligne de blocus, embarque ou débarque des marchandises au moyen d'allèges qui traversent ou ont traversé la ligne de blocus, il y a violation.

En matière de blocus, le délit de violation est flagrant lorsque le navire se dirige vers le port bloqué, qu'il ait ou non l'intention de prendre une autre direction ensuite.

Un navire viole le blocus lorsqu'il mouille, met en panne ou croise à petite distance de la ligne de blocus. On suppose, dans ce cas, qu'il profitera de la première occasion favorable pour forcer le blocus.

Il n'y a pas violation de blocus parce que les instructions d'un armateur ordonnent au capitaine de son navire de relâcher dans un port bloqué. Mais si ce navire s'approche de la ligne et tente de la franchir, ayant été avisé de l'état de choses, il peut être capturé.

Les conséquences de la violation d'un blocus sont : la saisie, la confiscation du navire et de sa cargaison.

Presque tous les auteurs ayant traité la question du blocus reconnaissent que la capture d'un navire en dehors des eaux bloquées est illicite, excepté le cas de poursuite d'un navire qui, après violation du blocus, cherche à fuir.

La confiscation de la cargaison d'un navire capturé pour violation de blocus est toujours licite, excepté le cas où le propriétaire de ce navire ignorait la notification du blocus au moment du départ des marchandises pour le port bloqué. Ce capitaine peut démontrer combien il était de bonne foi dans la circonstance. Il est bien entendu que si la cargaison en question se compose de contrebande de guerre, elle est entièrement saisie et confisquée. L'équipage du navire saisi et confisqué est mis à la disposition du tribunal des prises, mais il n'est pas prisonnier de guerre.

D'une manière générale, on peut dire que les conséquences de la violation d'un blocus sont toujours applicables au navire neutre qui, après avoir eu connaissance de l'existence du blocus, veut néanmoins passer outre. Un navire peut se trouver en pleine mer au moment où le blocus a été notifié, mais si, en approchant des eaux bloquées, un croiseur lui fait connaître l'état réel des choses, il y a eu alors notification faite ; c'est un ordre d'y obtempérer. Tous ces cas particuliers sont, du reste, prévus dans des instructions spéciales données aux croiseurs d'un blocus. (Voir IVᵉ Partie : *Instructions de l'amiral Courbet.*)

En Angleterre, les tribunaux des prises admettent qu'il y a présomption *juris et de jure* de la connaissance du blocus, lorsque la notification en a été faite d'une manière quelconque ; c'est aussi la manière de voir de presque tous les autres tribunaux compétents en matière de prises.

Dès qu'un blocus cesse, tous les États intéressés en sont immédiatement prévenus par une nouvelle notification. Des traités internationaux prescrivent d'en notifier le commencement et la fin ; dans presque tous les cas, la notification est générale ; dans quelques cas particuliers, elle est spéciale.

Les blocus de cabinet, appelés blocus pacifiques, établis quelquefois dans un but de représailles, sont considérés comme des actes incompatibles avec l'état de paix et, par suite, réprouvés.

DE LA FERMETURE DE SES PROPRES PORTS.

C'est une mesure licite. Elle consiste dans le fait de retenir au port les navires neutres ou autres ; c'est un embargo général. Elle peut avoir un autre but : empêcher, par exemple, toute communication quelconque, en prévision de certaines opérations militaires.

Pendant la guerre de 1870-71, plusieurs de nos ports furent fermés pour empêcher les Allemands qui les occupaient de s'approvisionner par mer. Quoi qu'il en soit, dans l'espèce, il n'y aurait pas lieu de considérer la violation d'une fermeture d'un port par un navire neutre, comme une violation de blocus. Ce serait tout au plus une infraction susceptible d'être suivie d'une séquestration temporaire du navire et de sa cargaison.

CONSIDÉRATIONS SUR LE BLOCUS.

Il semble admis que la cessation réelle de l'investissement fait cesser le blocus avec tous ses effets. L'éloignement même temporaire de l'escadre bloquante, pour une cause qui lui est propre ou pour faire face à l'intervention d'une escadre ennemie, entraîne d'ordinaire cette conséquence ; mais l'absence des forces bloquantes occasionnée par un accident fortuit, par le vent, l'état de la mer, etc., etc., ne met pas fin au blocus.

Ensuite, lorsqu'un blocus réellement interrompu est repris, les mesures requises pour la première mise en état de blocus sont indispensables pour le rétablir, attendu que les neutres ne sont pas tenus d'agir en vertu d'une présomption de son rétablissement *de facto*.

Lorsqu'un blocus est levé, il est du devoir de la puissance bloquante, pour que la cessation en soit réelle, de porter le fait de la levée à la connaissance de toutes les parties intéressées. Le fait matériel établit le changement survenu dans l'état des choses et les droits de la puissance bloquante, à l'égard du commerce neutre, n'existent plus à partir du moment où ses forces militaires ont été retirées.

Du moment où un belligérant bloque l'un des ports de

son adversaire, il fait la conquête de cette partie du domaine ennemi ; il est le maître de cette partie du domaine ennemi, c'est-à-dire de la mer territoriale inhérente au port bloqué. Il peut donner à cette conquête les lois les plus propres à favoriser ses opérations militaires. Il peut y promulguer la prohibition et même décréter la peine applicable à ceux qui violeraient cette loi, puisque le lieu bloqué est soumis à sa juridiction.

Le droit ressortissant à un blocus n'est autre chose que l'application des principes admis en matière de souveraineté. Le bloqueur se substitue au bloqué ; il devient le souverain des domaines de son adversaire, mais pas au delà de la sphère des parties bloquées. Ce n'est pas un droit spécial à la guerre, c'est une dérivation plus ou moins directe, plus ou moins éloignée, du droit de la nécessité. Le bloqueur jouit de la faculté d'y interdire le transit ; c'est donc une restriction apportée à la liberté commerciale neutre, à toute espèce de commerce qu'il croit devoir défendre. Cette manière de faire est considérée comme un moyen direct de nuire à l'ennemi et non comme un moyen de nuire aux opérations commerciales des neutres.

Il existe, en matière de blocus, une grande différence entre la loi internationale et certaines ordonnances particulières de quelques États maritimes. La première est juste, parfaite. Les secondes sont toujours inspirées par un sentiment d'intérêt commercial, et lorsqu'elles émanent des nations essentiellement commerciales, en état de pouvoir dominer les autres, on y trouve facilement le désir de ruiner la marine des peuples neutres par les confiscations et les vexations de toutes sortes. Dans cet ordre d'idées, il faut rendre justice aux ordonnances de notre pays : elles ont toujours été très modérées et justes autant que possible.

Le blocus maritime ne diffère pas du blocus terrestre, du siège. Sur terre, l'ennemi a un intérêt majeur à s'em-

parer des places fortes ; sur mer, le même intérêt subsiste.
C'est, dans l'un comme dans l'autre cas, un acte dont le
but est parfaitement déterminé ; l'assiégeant d'une ville
ou d'une place forte veut priver les assiégés de toute communication avec le dehors, conquérir et occuper, si faire
se peut, les abords du domaine ennemi comme le bloqueur
d'un port veut se procurer la possession réelle de la partie
de la mer soumise à une souveraineté ennemie.

DIFFÉRENCE ENTRE LA CROISIÈRE ET LE BLOCUS.

Une croisière consiste dans le fait d'envoyer un ou plusieurs bâtiments de guerre parcourir certains parages,
plus ou moins étendus, pour attaquer et enlever les bâtiments ennemis qu'ils peuvent rencontrer, et empêcher les
navires neutres de faire le commerce de contrebande. C'est
un acte de guerre indéterminé ; son caractère spécial est
de parcourir certaines régions ; il a pour but de nuire à
l'ennemi d'une manière générale sans aucune spécification
d'un lieu déterminé. Quelquefois cependant, la croisière
est limitée par deux ou plusieurs points extrêmes, mais le
plus souvent elle comprend les parties les plus étendues
d'une mer. Elle peut être faite soit par une escadre, soit
par une division navale ou même par un bâtiment isolé.
L'espace dans lequel un bâtiment quelconque de guerre
établit sa croisière peut comprendre plusieurs centaines
de lieues. C'est pour cette raison que la croisière est considérée comme un acte de guerre indéterminé, tandis que,
au contraire, le blocus est un acte dont le but est fixe,
limité à un port ou à une certaine étendue de mer territoriale.

RÈGLES DU BLOCUS.

Les règles admises en matière de blocus sont les suivantes :

1° Pour qu'un blocus soit reconnu, il doit être effectif et maintenu par des forces navales en nombre suffisant;

2° Il doit être notifié diplomatiquement et dans la localité à bloquer;

3° Il y a violation de blocus dès qu'une tentative d'entrer dans le port bloqué est constatée;

4° La rupture d'un blocus par un navire neutre entraîne sa confiscation;

5° Les navires bloqueurs ne doivent pas perdre de vue les points bloqués;

6° Le commencement et la fin d'un blocus sont notifiés dans une déclaration spéciale;

7° Les tribunaux de prises statuent sur les contestations en matière de blocus;

8° Toute infraction commise dans le but de violer le blocus est considérée comme une violation accomplie;

9° Un navire ne viole pas le blocus lorsqu'il sort d'un port bloqué avec une cargaison non prohibée, s'il s'y trouvait avant la notification;

10° La pénalité appliquée à la violation d'un blocus est la capture du navire et du chargement;

11° Le navire qui a violé le blocus en sortant d'un port bloqué échappe à la pénalité par la prescription, s'il arrive au port de destination sans avoir été appréhendé par un navire de guerre.

CHAPITRE XII

DU DROIT DE VISITE.

Le droit de faire arrêter et de visiter en mer les navires
de commerce a été, de tout temps, permis aux belligérants. C'est ce qu'on appelle *le droit de visite.*

Son but est d'établir la nationalité du navire arrêté.
Quand celui-ci est un bâtiment neutre, le visiteur recherche :

1° Si le navire ne commet pas ou s'il n'a pas commis
une violation des devoirs de la neutralité ;

2° S'il n'a pas de contrebande de guerre à bord ;

3° S'il ne se dirige pas vers un port bloqué ou s'il n'en
vient pas ;

4° S'il n'a pas à bord des objets appartenant ou destinés
à l'ennemi, en ne perdant pas de vue que, suivant la déclaration de Paris de 1856, la propriété privée de l'ennemi
est couverte par le pavillon neutre.

Il faut, en un mot, déterminer exactement la situation
du navire visité, sa destination et la nature de sa cargaison. L'exercice de ce droit est réservé aux bâtiments de
guerre.

Partout où des actes de guerre peuvent être commis, la
visite est permise : en pleine mer et dans les eaux territo-

riales des belligérants et d'un allié. Il n'est jamais permis de visiter un navire dans les eaux territoriales neutres.

Le droit de visite est aujourd'hui et partout exercé avec beaucoup de ménagements. Dans les mers éloignées du théâtre de la guerre, des soupçons de violation de neûtralité ayant quelque consistance sont nécessaires pour l'exercer.

Les navires de guerre et autres appartenant à un État neutre ne peuvent être visités, pas plus que les vapeurs postaux commandés par un officier de marine en activité de service.

Le droit de visite peut être exercé pendant un armistice. Du reste, la convention rédigée au sujet de cette suspension d'armes prévoit le cas du droit de visite, qui est maintenu ou suspendu.

Enfin, le droit de visite n'appartient qu'aux nations qui sont en état de guerre. Il n'existe aucun droit de visite pour les États neutres.

Les corsaires portant le pavillon d'une nation belligérante et soupçonnés d'avoir commis un acte de piraterie, peuvent être arrêtés par les navires de guerre de toutes les nations.

COMMENT ON EXERCE LE DROIT DE VISITE.

Arrestation du navire. — Le bâtiment de guerre s'approche du navire à visiter et tire un coup de canon pour lui indiquer qu'il doit stopper ou mettre en panne. Le jour, ce coup de canon est tiré après avoir hissé le pavillon national et la flamme ; la nuit, un fanal est placé au-dessus du pavillon national.

Il est expressément défendu d'employer un faux pavillon en tirant le coup de canon de semonce.

Le bâtiment de guerre se tient ordinairement à petite distance du navire à visiter, afin que la visite soit faite le plus rapidement possible et que les communications entre le navire visiteur et le navire visité puissent avoir lieu dans de bonnes conditions de célérité et d'exécution. Mais cette distance peut varier selon les circonstances. Le bâtiment à visiter peut fort bien être, par exemple, un ennemi dissimulant sa véritable nationalité. Il est évident que le commandant d'un bâtiment de guerre, dans un cas de cette espèce, devra être en mesure de faire face à toutes les éventualités et tenir le navire suspect à une distance susceptible de lui procurer des avantages d'attaque ou de défense.

Il est permis de tirer un projectile sur un navire qui n'obéit pas au coup de semonce en stoppant ou en mettant en panne, ou qui cherche à fuir. Des mesures plus efficaces encore peuvent être prises le cas échéant ; la visite *manu militari*, ou plutôt la visite de vive force, est quelquefois imposée par les circonstances.

Un navire qui résiste à la visite en employant la force est généralement de bonne prise, quoique notre ordonnance de 1681 exige la résistance et le combat ; et celui qui essaie d'éviter la visite par la fuite peut être saisi comme suspect. D'après la jurisprudence anglaise, la cargaison, même dans les deux cas précédents, doit être confisquée. Cette manière de procéder ne nous semble pas équitable : selon nous, le navire seulement doit supporter la peine du délit commis ; la cargaison, si elle n'est pas de la contrebande de guerre, ne doit pas changer de mains. Et encore le navire et la cargaison ne pourraient être l'objet d'aucune condamnation, s'il est démontré que le capitaine ignorait l'existence de la guerre.

EXAMEN DES PAPIERS.

Dès que les communications sont établies, on examine les papiers de bord, soit à bord du navire arrêté, soit à bord du bâtiment de guerre. Généralement, cette opération est confiée à l'officier envoyé à bord du navire à visiter.

Lorsqu'il y a lieu de visiter le navire et sa cargaison, ce dernier doit avoir une embarcation bien armée et quelques hommes de corvée.

Les papiers de bord doivent fournir les indications suivantes : le nom et la nationalité du navire, son port d'attache, son dernier point de départ, sa destination et la nature de la cargaison. En France, parmi les papiers importants imposés aux bâtiments de commerce, il en est un appelé *congé* ou *lettres patentes,* qui constitue un véritable passeport destiné à donner le signalement complet de chaque navire.

La nationalité des navires de commerce étrangers est ordinairement indiquée dans les pièces appelées *certificat d'enregistrement* et *lettres de mer*. A défaut de ces papiers, on trouve encore des renseignements sur le navire et sa cargaison dans les certificats de construction, de jaugeage, le rôle d'équipage, le connaissement ou la charte-partie, le dernier étant le contrat d'affrétement et le connaissement la pièce constatant l'exécution du chargement.

Quoi qu'il en soit, l'officier auquel on confie la mission de visiter un navire ne néglige aucun détail susceptible de lui démontrer que les papiers en question sont bien réellement ceux du navire qu'il visite.

Le journal de bord est encore une pièce importante à examiner, car on y trouve le premier point de départ, la nature de la cargaison, les ports de relâche, etc., etc. La destination du navire et le port d'attache sont deux renseignements que l'on trouve sur : le rôle d'équipage, les lettres de mer ou passeports, les pièces de la douane et les papiers divers relatifs à la cargaison, c'est-à-dire le manifeste, le connaissement et la charte-partie.

Il est évident que l'absence de papiers d'une espèce ou d'une autre ne doit entraîner aucune conséquence pour le navire visité ; si l'acte de nationalité est en bonne et due forme, si le rôle d'équipage, le journal de bord et les papiers relatifs à la cargaison sont correctement établis et contiennent exactement les indications requises par l'officier visiteur.

Ceci fait, si la visite ne donne lieu à aucune observation, le navire continue son voyage. On lui délivre, à cet effet, un papier constatant qu'il a été visité tel jour, dans tel lieu, ou bien on se contente d'enregistrer les résultats de la visite à laquelle il a été soumis, sur l'acte de nationalité.

Enfin, si le navire est suspect, on procède à une perquisition de la manière suivante :

Le capitaine est appelé et prié de montrer son navire et la cargaison. Rien ne doit être ouvert ou fracturé qu'en présence du capitaine et par les soins de ce dernier. Si, à ce sujet, le capitaine refuse de prêter son concours, il s'expose à la saisie. Dans tous les cas, une perquisition doit être faite avec tous les ménagements possibles, et elle ne doit avoir lieu que si des soupçons sérieux de fraude existent dans la tenue des papiers de bord ou si une absence non justifiée de ces papiers est établie.

Pour nous éclairer encore plus complètement au sujet de l'exercice du droit de visite, nous pouvons citer des exemples pris dans l'escadre de notre regretté et éminent chef, l'amiral Courbet. Ses croiseurs opéraient de la façon suivante :

Dès qu'un navire était en vue, on allait à sa rencontre. On lui signalait de stopper. Ensuite, l'officier désigné se rendait à son bord. Celui-ci examinait avec soin les papiers : factures, quittances de la douane et connaissements. Puis, après, il faisait ouvrir les panneaux divers pour s'assurer de la nature de la cargaison. Tout cela devait être fait rapidement et sans froissements.

Quand le chargement ne comportait aucune contrebande de guerre, l'officier visiteur signait sur le journal de bord une déclaration tenant lieu de « laissez-passer » et y apposait le timbre officiel de la marine. Si la cargaison lui paraissait suspecte, il revenait à son bord pour en référer à son commandant qui, après un nouvel examen, signalait au navire visité : « Suivez-moi au mouillage », ou : « Continuez votre route ».

Lorsque le navire visité était rendu à la liberté, il recevait l'ordre de hisser, en tête du mât, un pavillon conventionnel, différent chaque jour, qui indiquait à nos croiseurs de le laisser circuler librement[1].

DE LA SAISIE.

Un navire de commerce peut être saisi :

Dans tous les cas, s'il est de nationalité ennemie, à moins que ce navire ne soit une ambulance ou un hôpital flottant non gardé par une force militaire (Convention de Genève du 20 octobre 1868, voir IVᵉ Partie);

De nationalité neutre, s'il cherche à résister ou à fuir au moment où il reçoit l'ordre de mettre en panne ou de stopper;

Si la visite établit le fait ou le soupçon d'une violation de neutralité;

S'il résiste par la force au coup de canon d'avertissement;

Si sa nationalité n'est pas suffisamment établie;

S'il manque de papiers ou s'il les a fait disparaître;

Si ces papiers sont doubles ou faux, ou falsifiés;

Si, connaissant l'état de blocus, il l'a violé;

Si le capitaine s'oppose à la visite des endroits de son navire susceptibles de renfermer des papiers ou de la con-

---

1. Li-Hung-Chang sauva, par une manœuvre habile, toute sa flotte à vapeur marchande (*China Merchants Steam Navigation and Cᵒ*), en la rétrocédant aux anciens propriétaires. Ces navires furent vendus, *pro formâ,* à une maison américaine de Shang-Haï, afin que les Français ne pussent pas s'en emparer. On a su plus tard que la transaction n'avait aucune valeur, les lois américaines ne permettant à aucun navire, dans des circonstances semblables, de porter le drapeau américain. Par suite, cette flotte, en cas d'attaque, n'eût pas été protégée par les États-Unis.

trebande de guerre, et s'il refuse d'ouvrir ceux qui sont fermés ;

Si la cargaison se compose de contrebande de guerre. Toutefois, dans ce dernier cas, si la contrebande ne forme qu'une partie du chargement, le capitaine peut échapper à la saisie en se débarrassant immédiatement des objets prohibés ;

Si, accidentellement, le navire possède de la contrebande, au vu et au su du capitaine ou de l'armateur : c'est ce qu'on appelle, en termes généraux, de la contrebande embarquée par-dessus le bord, c'est-à-dire qui n'est enregistrée sur aucun des papiers imposés aux navires.

DES CONVOIS.

Les convois de bâtiments de commerce protégés par des bâtiments de guerre ne sont généralement pas visités. Cependant, le gouvernement anglais n'admettait pas autrefois cette exception en leur faveur. Des navires danois, convoyés en 1799, furent saisis, parce que le commandant du convoi avait résisté à la visite. A notre époque, un semblable procédé serait blâmé, avec raison selon nous. Lorsque des bâtiments de guerre non belligérants accompagnent des navires neutres, les belligérants doivent supposer que ces derniers n'ont pas de contrebande de guerre, ni de destination prohibée, attendu que le commandant du convoi doit, avant d'entreprendre le voyage, s'assurer que ces deux conditions sont remplies et que les papiers de bord ne contiennent aucune irrégularité. Du reste, le plus souvent, des traités ou conventions règlent l'exercice du droit de visite des navires convoyés. Dans le cas où il n'y aurait aucun traité ni convention à ce sujet, on prend pour guide les principes suivants :

La déclaration formelle du commandant du convoi doit être tenue pour exacte, lorsqu'il affirme que tous les navires placés sous sa surveillance appartiennent bien au convoi; qu'il n'y a pas de contrebande de guerre à bord; que la nationalité et la destination des navires convoyés sont neutres l'une et l'autre. Il n'est pas permis d'aller au delà de ces investigations. Une semblable déclaration doit satisfaire le commandant de la force navale qui l'a exigée. Notons, toutefois, que quelques États veulent, en pareille occurrence, une déclaration d'honneur de la part du commandement du convoi. A notre avis, c'est dépasser la mesure. Le règlement russe de 1869 ne demande pas une parole d'honneur, mais il exige un écrit affirmatif ou un signal.

Tout exercice, présent et à venir, du droit de visite cesse dès que la déclaration a été trouvée acceptable. Un « laissez-passer » ou « sauf-conduit » est remis au chef du convoi par le commandant de la force navale ou l'un de ses délégués.

Mais la visite et même la saisie des navires du convoi sont considérées comme légitimes, si le chef du convoi ne veut pas donner la déclaration demandée; s'il résulte de cette déclaration que l'un ou l'autre des navires convoyés ne fait pas ou ne devrait pas faire partie du convoi; si, de ce dernier fait, il résulte un commencement de violation de neutralité.

Enfin, lorsque le commandant d'une force navale est décidé à exercer son droit de visite, il permet au chef du convoi d'y assister ou de s'y faire représenter par l'un de ses officiers.

Dans le même ordre d'idées, on décide que les navires qui se sont joints au convoi sans le consentement de son chef, ne sont admis à profiter d'aucune faveur, pas plus que ceux qui s'y trouvent par hasard ou s'en sont séparés.

Les croiseurs des belligérants peuvent toujours visiter les bâtiments de commerce, convoyés ou non, portant le pavillon d'un convoyeur dont les abus ont été constatés.

Les corsaires peuvent-ils exercer le droit de visite de la même manière que les navires de guerre? Non, certainement. Le corsaire et le bâtiment de guerre ont un caractère essentiellement différent. D'autre part, presque tous les grands États maritimes ont signé la déclaration de Paris de 1856, ou y ont adhéré. Or, d'après cette déclaration, ceux-ci s'engagent à ne plus délivrer de lettres de marque ; on peut supposer, dès lors, que ces États ne permettront pas aux corsaires des puissances non signataires de la déclaration précitée, d'inquiéter leurs convois.

Le droit de visite peut également être exercé à bord des navires neutres qui se sont placés sous la protection d'un convoyeur neutre qui n'appartient pas à leur gouvernement.

Les navires neutres convoyés par un navire de guerre ennemi sont entièrement soumis à la visite et généralement capturés, c'est-à-dire déclarés de bonne prise. Le fait de se placer sous la protection du pavillon ennemi est considéré très justement, à notre avis, comme une violation de neutralité et non pas comme une présomption de violation seulement, ainsi que le soutiennent quelques auteurs.

L'article 166 du décret du 20 mai 1885 dit que le commandant en chef d'un convoi peut admettre dans le convoi qu'il escorte, les navires du commerce des puissances alliées qui demandent à s'y ranger, lorsqu'ils font la même route que lui.

LIMITES DE LA VISITE.

Reconnaître la nationalité et la neutralité réelles d'un bâtiment rencontré, tel est le but de la visite. Si le bâtiment est de nationalité ennemie, on s'en empare ; s'il est neutre, on doit s'assurer qu'il n'a aucune contrebande de guerre à bord. Un navire de guerre peut visiter dans la mer territoriale de la puissance à laquelle il appartient, tout navire neutre qui s'y trouve, la visite est également régulière dans la mer territoriale de son adversaire et en pleine mer. Mais ce droit n'est pas exercé dans les eaux soumises à la juridiction des peuples neutres. Le respect dû au souverain territorial y met un obstacle. Tous les navires rassemblés dans un lieu neutre se trouvent placés sous la protection du pavillon dont la neutralité a été reconnue. La visite est un acte extérieur qui est régi par la loi du territoire. Ensuite, tout gouvernement neutre est directement responsable des fraudes et violations de devoirs de neutralité commises par les navires mis par le hasard de la navigation ou toute autre circonstance sous la protection de son pavillon; c'est à lui que le belligérant s'adressera pour obtenir les réparations auxquelles il peut prétendre.

DES SOUPÇONS.

Autrefois, lorsqu'un navire visiteur conservait des doutes sur la neutralité réelle d'un navire neutre, les usages l'autorisaient à saisir ce dernier et à le conduire dans le port le plus rapproché de sa nationalité. Là, le navire saisi était mis entre les mains des juges chargés de statuer sur la validité des prises. Cette manière de procéder n'est plus de notre temps : il faudrait aujourd'hui que les soupçons d'un commandant de croiseur fussent d'une gravité exceptionnelle pour saisir un neutre. Quand un navire a prouvé sa nationalité et sa neutralité effective; quand les papiers de bord sont en règle et établissent que le neutre se dirige vers un port neutre, qu'il n'a aucune denrée de contrebande, il n'est pas permis d'exiger plus. Soupçonner un navire ayant satisfait à toutes ces conditions, ce serait dépasser le but et méconnaître l'esprit des règles internationales qui, d'une manière générale, cherchent à concilier à la fois les intérêts des neutres et des belligérants. La saisie des navires sur un simple soupçon était une arme employée pour anéantir le commerce et la navigation neutres ; comme tout ce qui n'est pas juste, c'était un moyen dépourvu de base : nous ne le conseillerons jamais. Il faut s'en tenir aux faits, aux constatations. Lorsqu'on y trouve des imperfections, cela ne suffit pas pour sévir. Ici, comme ailleurs, il faut être maître de soi. Se laisser dominer par un soupçon, ce microbe invisible, impalpable, n'est pas le fait d'un caractère robuste. En un mot, le désir de s'emparer d'un navire neutre dont les papiers contiennent une ou quelques irrégularités *sans importance* doit, *à priori*, être repoussé. Les usages d'autrefois, où le droit de la force dominait le plus souvent, sont abandonnés depuis longtemps, fort heureusement pour les neutres et même pour les belligérants.

Quelques auteurs considèrent comme *soupçonnés* les navires, aussi bien les ennemis que les neutres, dans les circonstances suivantes :

Lorsqu'ils ont des papiers doubles, ce qui fait naître la présomption que ces papiers sont faux ou falsifiés ;

Lorsqu'ils n'ont pas de papiers ou lorsqu'ils ont détruit ceux qu'ils avaient, surtout si la destruction a eu lieu au moment où le navire de guerre visiteur s'approchait ;

Lorsqu'ils ne mettent pas en panne ou ne s'arrêtent pas après en avoir reçu l'invitation, ou bien lorsqu'ils résistent aux recherches faites à leur bord pour s'enquérir de la contrebande de guerre ou des papiers ;

Lorsqu'il existe contre eux des soupçons justifiés de transport de contrebande de guerre ou de tentative de rupture de blocus.

On range aussi parmi les motifs de soupçon le fait par les navires arrêtés de jeter leurs papiers à la mer. Les gouvernements ont publié des défenses à cet égard et en ont fait des stipulations expresses dans les traités.

LES NEUTRALISATIONS SIMULÉES.

Lorsqu'une puissance neutre autorise les navires de commerce de l'un des belligérants à arborer son pavillon, et lorsqu'elle délivre avec cela des papiers de mer neutres, elle se prête à ce qu'on appelle une neutralisation simulée. C'est un moyen frauduleux qui n'a été employé que dans des cas rares. Les sujes neutres trompaient ainsi leur propre souverain, puisqu'ils sollicitaient pour un navire national des papiers qu'ils donnaient ou vendaient ensuite au belligérant. Aujourd'hui, les conditions auxquelles un État confère sa nationalité ne sont pas faciles à imiter. Elles portent généralement sur quatre points principaux : 1° la construction ou l'origine du navire ; 2° le propriétaire ; 3° le capitaine et les officiers qui le commandent ; 4° l'équipage qui le monte. Souvent même, on fait entrer en ligne de compte la nationalité du propriétaire de la cargaison, indépendamment de la destination des marchandises pour un port ennemi ou neutre. En tout état de cause, le navire doit toujours être en mesure de fournir la preuve de sa nationalité au moyen de documents dont l'authenticité peut être établie sans difficulté ; c'est-à-dire de signes distinctifs permettant de vérifier à première vue la nationalité à laquelle il appartient. — Par ailleurs, presque tous les traités stipulent qu'un bâtiment ne sera reconnu national qu'autant que le capitaine, les officiers et une fraction déterminée de l'équipage seront nés ou naturalisés citoyens de la nation dont le navire est la propriété. Le rôle d'équipage en France, ou la pièce qui le remplace dans les autres pays, suffit pour constater l'accomplissement de cette importante condition.

LES DÉCLARATIONS DU CONGRÈS DE PARIS AU SUJET DU DROIT DE VISITE.

Presque tous les États maritimes ont adhéré aux déclarations du Congrès de Paris de 1856, qui limitent l'exercice du droit de visite. La course est abolie, disent ces déclarations ; le pavillon couvre la marchandise. Il en résulte que bien des causes de conflits sont écartées. La visite est devenue moins vexatoire, plus restreinte et mieux définie. Le droit de visite ne vise guère maintenant que la contrebande de guerre et le maintien des blocus. L'abolition du droit de prise et le libre commerce des belligérants ne seraient pas un mal pour les intérêts généraux des neutres et des partis en conflit. En 1866, l'Autriche et l'Italie se sont entendues, avant la déclaration de guerre, au sujet de la suppression du droit de prise appliqué aux navires de commerce, et il n'en est résulté que des avantages réciproques pour ces deux puissances.

EXPIRATIONS DU DROIT DE VISITE.

Les circonstances et les raisons exceptionnelles qui peuvent justifier le droit de visite de la part des belligérants n'existant plus après la cessation des hostilités, il s'ensuit, comme conséquence naturelle, que ce droit ne doit plus s'exercer en temps de paix. Pendant un armistice, l'exercice du droit de visite n'est suspendu que si la convention relative à ce *modus vivendi* en fait mention.

SAISIE POUR IMMIXTION DIRECTE AUX HOSTILITÉS.

Nous avons déjà dit, chapitre IX, que les spéculations privées, en temps de guerre, sont personnelles. Il en est de même, lorsqu'un citoyen quelconque d'un État commet

un acte de nature à constituer une immixtion aux hostilités. L'usage admet que ce citoyen seul est reponsable,
mais il peut être appréhendé par le belligérant ayant souffert de l'acte commis. Quant au bâtiment neutre qui, par
ses actes dûment constatés, s'est rangé du côté de l'un des
belligérants, aucun doute n'est possible au sujet de la
suite à donner à une affaire de l'espèce. Ce navire est ré-
puté ennemi et considéré comme tel pendant le temps
employé à l'acte hostile. L'usage veut qu'il soit pris en
flagrant délit pour être saisi et condamné. L'action hostile
cesse dès que rien n'en manifeste la réalité. La nation en
guerre peut empêcher la consommation du fait hostile,
mais elle ne peut punir l'auteur du fait accompli, attendu
que le neutre n'est pas soumis à sa juridiction.

LIMITES DE LA SAISIE.

Les limites de la saisie sont les mêmes que celles du
droit de visite. La saisie peut être pratiquée dans toutes
les mers libres, dans toutes les mers territoriales et fermées appartenant à l'un des belligérants. Elle n'est pas
permise dans les parties de l'Océan soumises à la juridiction des puissances neutres, même étrangères au navire
saisi. Ainsi donc, une saisie est nulle lorsqu'elle est
opérée contrairement aux conditions que nous venons d'é-
noncer. Le territoire neutre est inviolable pour les belligérants ; tout acte d'hostilité, de guerre ou de supériorité,
commis dans ce lieu pacifique, est une violation du droit
de juridiction inhérent au territoire même ; c'est un attentat contre la souveraineté du pouvoir suprême du lieu. Il
doit être annulé ou réparé. Le neutre, propriétaire de la
mer territoriale, doit demander la nullité d'une saisie
opérée dans ses eaux et même une satisfaction dans certains cas.

Un délai est accordé aux navires qui se trouvent dans

le port devenu ennemi au moment de la déclaration de
guerre. Pendant ce temps, ils ne sont pas saisissables.

Une semblable mesure est adoptée pour les navires qui,
à ce même moment, sont en cours de voyage. Les navires
neutres ne sont pas non plus soumis à la saisie, s'ils sont
sortis des ports avant la notification officielle de la guerre
ou avant que cette notification y fût connue ; suivant les
principes de la saine raison, du bon sens, ils sont à l'abri
des conséquences d'une guerre dont ils ignorent l'existence. Ces questions, du reste, sont prévues dans les manifestes publiés au moment de la déclaration d'une guerre.

Le droit de saisie prend fin avec la cessation des hostilités. Pendant une trêve ou un armistice, l'exercice de ce
droit est suspendu. Presque tous les traités de paix stipulent un délai spécial pendant lequel toutes les conquêtes
et prises faites sur mer sont valables. Généralement, après
le rétablissement de la paix, la saisie est nulle ; celle qui
est faite postérieurement à la signature du traité de paix
est également nulle, le navire doit être rendu à son propriétaire. Les devoirs de neutralité naissent et cessent
avec la guerre. Les stipulations fixant un délai pendant
lequel les captures maritimes seront réputées valables,
sont une excellente chose, en ce sens que les contestations
à venir, entre capteurs et propriétaires des navires saisis,
se trouvent considérablement réduites.

CHAPITRE XIII

PROCÉDURE A SUIVRE DANS LES AFFAIRES DE PRISES.

Navires et cargaisons capturés. — Lorsque des navires ou des cargaisons sont saisis, on doit se conformer aux règles suivantes :

Le commandant du navire de guerre capteur fait faire un inventaire de la cargaison et du matériel du navire capturé, si les papiers de bord sont incomplets sous ce rapport. Ensuite, s'il le juge nécessaire, il procède, en présence du capitaine, à la mise sous scellé de la cargaison. Les papiers de bord inventoriés sont mis sous enveloppe cachetée; l'inventaire doit être signé et scellé par les deux parties en présence. Il charge un officier de son bord, auquel il donne le nombre d'hommes nécessaire, de conduire la prise dans un port de sa nation ou d'une nation alliée.

Les formalités administratives envers les prises sont résumées très succinctement dans les deux articles suivants du décret sur le service à bord des bâtiments de la flotte, du 20 mai 1885 :

« Art. 378. — Le commandant ordonne à l'officier « d'administration de se rendre à bord de la prise, d'y

« faire, en présence de l'officier chargé de la commander,
« un inventaire sommaire du bâtiment et de dresser un
« procès-verbal de la capture.

« Si la prise est un bâtiment de commerce, il ordonne
« également à l'officier d'administration de se saisir des
« livres et papiers de bord, de constater l'état du charge-
« ment, de faire fermer les écoutilles de la cale, les coffres
« et les soutes et de faire apposer les scellés nécessaires.

« Il est dressé un inventaire spécial des objets apparte-
« nant aux officiers, à l'équipage et aux passagers du na-
« vire capturé.

« Art. 379. — Tout commandant d'un bâtiment navi-
« guant isolément, adresse sans retard au ministre de la
« marine, en l'informant des prises qu'il a faites, une
« copie certifiée des procès-verbaux qui ont été dressés
« pour chaque bâtiment capturé. »

Le commandant du navire capteur veille à la conservation du navire et de sa cargaison. Si un danger de mer
l'oblige à relâcher dans un port neutre, il y restera le
moins de temps possible, attendu que les règlements de
prises prescrivent aux croiseurs de conduire les navires
capturés dans un port de leur pays ou dans celui d'une
nation alliée.

Le commandant du navire capteur procède, pendant le
voyage, à un interrogatoire du personnel capturé.

Une capture faite dans les eaux du port neutre où elle
est conduite, peut être gardée par les autorités locales de
ce port. Celles-ci, en effet, invoquant la souveraineté
violée par le capteur, peuvent en exiger l'abandon.

Les prises naviguent sous le pavillon de l'État capteur,
mais l'emploi d'un autre pavillon est admis pour tromper
l'ennemi ou lui échapper.

Lorsqu'un navire capturé a été maltraité par la mer et
qu'il en est résulté des avaries irréparables, le navire peut
être vendu dans un port neutre, sans attendre pour cela
la condamnation du tribunal des prises. Si la cargaison

est avariée et exposée à la pourriture, elle est vendue de la même manière, mais le gouvernement neutre a le droit d'exiger le dépôt en lieu sûr du prix de la vente.

Une prise peut être détruite dans quelques cas : lorsque le combat lui a causé des avaries qui ne lui permettent plus de rester à flot par gros temps, et lorsque le capteur ne peut la conserver qu'en exposant son navire. Il est, en effet, admis qu'une décision judiciaire doit confirmer la validité de la capture. Jusqu'à ce moment, on ne pourrait en disposer qu'à ses risques et périls. Une propriété de cette nature ne change réellement de mains que si un jugement a été rendu, à cet effet, par le tribunal des prises.

Lorsqu'une prise disparaît par suite d'accident de mer, dans aucun cas il n'est dû d'indemnité.

Quelquefois, on autorise le rachat d'une prise et de sa cargaison par le propriétaire. Mais il faut pour cela des ordres précis. Voici en quoi consiste le rachat ou la rançon : d'un côté, le propriétaire s'engage, *par contrat*, à payer une somme déterminée ; de l'autre, le commandant du croiseur promet, dans le même contrat, fait en double expédition et signé par les deux parties, de ne pas reprendre le navire jusqu'à l'achèvement du voyage inscrit dans ledit contrat. Cette dernière pièce sert de sauf-conduit au navire. La légitimité du rachat est repoussée par beaucoup d'États, notamment par l'Angleterre, la France, les Pays-Bas, la Suède, la Russie et le Danemark.

DES TRIBUNAUX STATUANT SUR LES PRISES.

En France, le Conseil des prises est chargé du jugement des prises. Plusieurs États attribuent, avec raison selon nous, la connaissance des prises aux juges d'exception, c'est-à-dire aux cours d'amirauté, très compétentes en pareille matière. Mais il est évident que l'organisation d'un tribunal de prises dépend du droit public interne et des lois particulières de chaque nation.

Le jugement des prises doit avoir pour base principale l'équité.

Voici comment on procède pour statuer sur la validité d'une prise :

L'autorité judiciaire ou administrative du port où la prise a été conduite procède à une instruction sommaire, dont les résultats écrits sont envoyés au tribunal des prises. A cet effet, le capteur, en arrivant au mouillage, remet à cette autorité tous les documents qu'il a en sa possession : procès-verbal de capture, inventaire de prise, papiers de bord, plis cachetés, interrogatoire des capturés et confirmation, sous serment, des déclarations consignées dans ses rapports de mer. Ceci fait, un délégué spécial se rend à bord de la prise, lève les scellés, dresse en présence des intéressés un inventaire détaillé tant du navire que de la cargaison, ordonne, s'il y a lieu, la vente des marchandises avariées et fait mettre à terre celles qui doivent être conservées.

Dès que le tribunal est muni de ces documents et du dossier que les capturés ont pu faire dresser pour se défendre, il procède au jugement statuant sur la validité ou l'illégitimité de la capture.

Un État neutre peut, le cas échéant, examiner si une capture conduite dans un de ses ports a été faite sur son territoire maritime ; il n'a pas d'autre droit.

Tout capteur est responsable des prises qu'il a faites, et aussi des préjudices que ces actes ont occasionnés à des tiers. L'État couvre le capteur commandant un bâtiment de guerre. Quant aux corsaires, dans tous les pays, ils doivent fournir un cautionnement destiné à dédommager les neutres, pour le cas où un tribunal des prises juge qu'il y a lieu de leur accorder une indemnité. En matière de dommages et intérêts, les tribunaux des prises sont souverains ; la sentence qu'ils rendent met fin à la responsabilité du capteur, mais elle ne couvre pas, nous l'avons déjà dit, celle de l'État répondant. Le jugement n'est et ne peut être définitif que pour les nationaux du pays ; il ne l'est pas pour les étrangers contre lesquels il est rendu. Ceux-ci, par l'intermédiaire de leur gouvernement, peuvent réclamer des dommages-intérêts, s'ils sont en mesure de prouver qu'ils y ont droit. Il est toutefois définitif lorsqu'il n'est plus susceptible d'un recours régulier : appel et cassation.

Les captures en commun sont celles qui sont opérées par deux ou plusieurs navires d'une même division navale ou agissant, soit de conserve ou isolément, soit avec le concours ou sous la protection de troupes de terre. L'usage est de répartir le produit de la prise entre tous ceux qui ont effectivement et matériellement coopéré à la capture ; en ce qui concerne la marine militaire, tous les navires de guerre qui sont sur les lieux au moment de la capture, ont droit au partage du produit net, mais, pour cela, il faut que les bâtiments qui n'ont pas coopéré effectivement et matériellement à la capture aient été vus par le *navire capturé* et le navire capteur.

Le jugement d'un tribunal de prises peut prononcer :

L'acquittement pur et simple ;

L'acquittement, avec allocation de dommages-intérêts ;

La condamnation complète ;

La condamnation partielle.

En cas d'acquittement, et si la saisie a été faite sans motifs suffisants, il est généralement accordé des dommages-intérêts.

Le traité de paix arrête tous les droits qui découlent de l'état de guerre ; la procédure des tribunaux des prises est même arrêtée le plus souvent. Il est d'usage de restituer les prises dont la condamnation n'a pas encore été prononcée au moment de la conclusion de la paix ou d'en payer la valeur.

ARMISTICES.

L'armistice suspend les hostilités. C'est une convention bien plus importante que la suspension d'armes.

Les auteurs font une distinction entre les armistices partiels et les armistices généraux. Il y a en effet une grande différence entre les premiers et les seconds.

Les armistices partiels sont contractés par des chefs de corps ou de simples commandants ; les armistices généraux ont un caractère politique et doivent être revêtus de l'approbation du pouvoir suprême de l'État.

Dès qu'un armistice est conclu, chaque partie peut faire, sur le territoire qu'elle occupe, ce qu'elle pourrait y faire en temps de paix. Mais les opérations militaires que l'ennemi aurait pu arrêter, s'il n'y avait pas eu d'armistice, ne doivent pas être entreprises. En un mot, en dehors du théâtre de la guerre, on a le droit, pendant toute la durée d'un armistice, de faire ce qu'on y ferait en temps de paix ; sur le lieu de la lutte, au contraire, tout doit rester dans le *statu quo*.

Toute violation volontaire des clauses d'un armistice par l'une des parties, donne à l'autre partie le droit de le dénoncer.

Les hostilités reprennent soit au moment où l'armistice est dénoncé, soit à l'expiration d'un délai fixé par les parties en cause.

CAPITULATIONS MILITAIRES.

Elles ont pour but d'éviter l'effusion du sang lorsque la résistance est devenue inutile et sont conclues par les commandants d'armées et d'escadres ou par les commandants de place, de corps ou de bâtiment isolés.

Les conditions d'une capitulation peuvent varier ; elles dépendent naturellement de la situation dans laquelle se trouve le demandeur. Les honneurs de la guerre sont accordés au vaincu si la résistance a été énergique, complète, pendant toute la durée de la lutte.

Les exemples de capitulations de la guerre franco-allemande de 1870-1871 contiennent, en général, les conditions suivantes :

1° L'armée vaincue est prisonnière de guerre ;

2° Sont exceptés les officiers et fonctionnaires qui s'engagent sur l'honneur et par écrit *à ne rien faire et à ne rien dire contre les intérêts allemands pendant la durée de la guerre ;*

3° Remise de tout le matériel de guerre;

4° Remise de la place ;

5° Les médecins restent pour soigner les blessés.

Notons que les officiers ne doivent jamais séparer leur sort de celui de leurs soldats. Ceux qui, en 1870-1871, ne se sont pas conformés à cet usage de la guerre ont été justement blâmés par les conseils d'enquête.

DRAPEAUX[1] ! !

Quoi qu'il arrive, les drapeaux, emblèmes de la patrie, de l'honneur, doivent être détruits avant la capitulation. Souvenons-nous, à ce sujet, du honteux précédent de la capitulation de Metz ! Pour conduire une armée à la victoire, il faut peut-être avoir du génie ; mais pour remplir ses devoirs les plus sacrés, il ne faut avoir que des entrailles ! Rien de ce qui peut servir à l'ennemi ne doit

---

1 A l'époque de la première invasion des ennemis en 1814, le maréchal Sérurier ordonna que les 1,417 drapeaux et étendards pris sur les ennemis de la France, ainsi que les décorations et l'épée du grand Frédéric, fussent brisés et brûlés dans la cour de l'Hôtel des Invalides : ce qui fut fait le 30 mars à 9 heures du soir. Il ne voulait pas que ces dépouilles victorieuses confiées à sa garde fussent enlevées par les envahisseurs.

La veille de la reddition de Metz, le 27 octobre 1870, le colonel et les officiers du 1er grenadiers de la garde impériale déchirèrent le drapeau du régiment et en partagèrent les morceaux entre les soldats.

tomber entre ses mains. Ce qu'on ne peut plus faire après avoir signé, on peut le faire avant ; on est inexcusable d'y manquer, surtout en ce qui concerne trois choses principales qui sont : les armes, les munitions et les drapeaux. En ce qui concerne ces derniers, le général Pourcet s'est exprimé ainsi : « Soustraire sournoisement les drapeaux, par une manœuvre déloyale, à des soldats trompés, et les déposer humblement aux pieds du vainqueur, c'est descendre autant qu'on peut descendre par le mépris du devoir et l'oubli de l'honneur. » (Affaire Bazaine.)

TRAITÉS DE PAIX.

La paix est réalisée par :

1° La cessation de fait des hostilités de la part des belligérants et la reprise entre eux des relations qui existaient avant la guerre ; 2° la soumission absolue de l'un des États belligérants à l'autre, par suite de conquête et d'absorption ; 3° la conclusion d'un traité général et formel de la paix.

Les traités de paix sont des conventions par lesquelles deux ou plusieurs souverains consacrent entre eux, d'une manière expresse, la fin des hostilités.

Afin d'assurer immédiatement le rétablissement de la paix, une convention provisoire, appelée « préliminaires de paix », est d'abord conclue.

Les obligations ressortant d'un traité de paix doivent être remplies à partir de la date de l'échange des ratifications.

Les traités de paix sont valables quand :

1° Les parties contractantes ont été dûment autorisées à les conclure ; 2° les mêmes parties y ont donné leur plein assentiment.

Naturellement, cette dernière condition comporte un consentement libre et spontané. Il faut aussi que l'entente et l'adhésion aux stipulations soient réciproques et que l'exécution en soit praticable et facile.

Pour être véritablement juste, il faudrait qu'un traité de paix fût un contrat dans lequel l'État offenseur reconnaîtrait ses torts et offrirait une réparation à l'offensé. Ce serait logique. Malheureusement, les États ressemblent beaucoup aux individus : le plus fort veut presque toujours imposer sa volonté au plus faible. Il en résulte que, au point de vue du droit, les traités de paix sont presque toujours entachés d'un vice originel.

L'État victorieux peut avoir été l'offensé ou bien il avait le droit contre lui. Dans le premier cas, il grandirait considérablement en oubliant l'offense et en restant dans la légalité. Dans le second, il commettrait une nouvelle injustice en exigeant des conditions de paix sans mesures.

MÉDIATION.

Les ouvertures de paix ou pourparlers qui s'y rapportent ont lieu soit directement, soit par l'entremise d'une tierce puissance, appelée, dans ce cas, puissance médiatrice.

Lorsqu'une médiation entend imposer ses volontés, elle devient une médiation armée et diffère essentiellement de la médiation dite officieuse.

Le médiateur intervient quelquefois parce qu'il est ou a été lui-même lésé dans ses droits par la guerre. Mais, s'il dénonce ses intentions de prendre part à la lutte pour une raison qu'il expose, il adresse un ultimatum aux belligérants.

CAUSES DE NULLITÉ DES TRAITÉS DE PAIX.

Les traités de toutes sortes conclus entre les nations, quel qu'en soit le but, sont semblables aux contrats passés entre les individus. Par suite, tout ce que, en raison et en droit, l'on considère comme devant produire la nullité ou l'annulabilité des contrats entre individus doit également produire, en raison et en droit, la nullité des traités entre les nations. Nous avons vu ce que l'on exigeait pour qu'un traité fût valable ; il va sans dire en outre que, dans une convention quelconque, tout objet illicite doit être écarté.

La violation d'une des clauses d'un traité peut, à la volonté de la partie adverse, entraîner la rupture du traité tout entier. Grotius dit, à ce sujet, « que tous les articles « d'un traité sont renfermés les uns dans les autres en « forme de conditions ».

Une demande injustifiable de délai pour l'accomplissement des stipulations contenues dans le traité peut être considérée comme une violation du traité. Mais, la partie qui est fondée à se plaindre d'une violation de traité peut se contenter, si tel est son désir, d'exiger un dédommagement ou des garanties pour l'avenir.

Enfin, la rupture de la paix elle-même implique la nécessité de la procédure qui précède la guerre. Si celui qui a rompu le traité entend continuer la guerre, il est évident qu'il n'y aurait aucune procédure à entamer.

ATTRIBUTION DES PRISES ET APPEL D'UN JUGEMENT DE PRISES.

En principe, le titre à la possession des prises maritimes réside dans l'État. Les bénéfices résultant du droit de capture lui appartiennent (*bello parta cedunt reipublicæ*). Ce n'est donc que par une concession gracieuse de l'État, sous les réserves établies par ses soins, que les prises sont attribuées au capteur. Quant au partage du produit des captures, la législation interne de chaque nation indique la règle à suivre. Le capteur, dans tous les cas, ne doit pas perdre de vue qu'il ne possède sur sa prise qu'un droit

imparfait, éventuel en quelque sorte ; le tribunal des prises
prend connaissance de la plupart des affaires maritimes,
notamment de toutes les questions concernant la légitimité des captures, du droit et du mode de disposer des
prises et des réclamations qui s'y rattachent. Quand un
jugement est rendu, la responsabilité du capteur est dé-
gagée. Les décisions de ce jugement sont susceptibles
d'appel devant le Conseil d'État. Chaque État organise ses
tribunaux de prises et en règle la jurisprudence selon ses
intérêts, ses traditions, sa constitution politique. Ces tribunaux, d'après la jurisprudence admise, décident si la
capture est conforme à la coutume, si la cargaison constitue en tout ou en partie de la contrebande de guerre, de
la marchandise ennemie ou de la marchandise neutre, à
qui et dans quelles proportions le partage de la propriété
de la prise doit être fait. Le tribunal d'un pays neutre ne
peut pas prononcer la validité ou la condamnation des
captures amenées dans ses limites juridictionnelles par un
belligérant.

La théorie qui exclut toute autre juridiction que celle
des tribunaux du capteur pour décider de la validité des
prises faites en temps de guerre, sous l'autorité de son
gouvernement, admet toutefois deux exceptions : 1° lorsque
la capture a été faite dans les limites d'un territoire neutre ; 2° lorsqu'elle a été opérée par des bâtiments de guerre
armés en pays neutre. Dans ces deux cas, les tribunaux
de l'État neutre ont qualité et juridiction pour statuer sur
la validité des captures et affirmer la neutralité de leur
gouvernement en ordonnant, s'il y a lieu, la restitution à
qui de droit de la propriété saisie. Ces exceptions ont même
été étendues par les règlements administratifs de certains
États à la restitution illimitée et sous réserve des propriétés injustement capturées au préjudice de leurs sujets
et fortuitement amenées dans leurs ports.

DROIT DES ALLIÉS EN MATIÈRE DE PRISES.

Les navires alliés ont droit au partage des prises.

Si le gouvernement d'un des capteurs alliés décide qu'il y a lieu de restituer la prise et si le gouvernement de l'autre est d'un avis contraire, les juges fixent la part qui revient à chacun. Les capteurs alors disposent de leur lot comme ils le veulent.

Une capture faite en commun par plusieurs alliés soulève naturellement la question de savoir quel est le tribunal compétent pour prononcer sur la validité des prises. Pendant la guerre d'Orient, la France et l'Angleterre établirent à ce sujet les règles suivantes (20 mai 1854) :

« 1° Si la capture a été faite par des bâtiments des deux nations agissant en commun, le produit net de la prise, déduction faite des dépenses nécessaires, sera divisé en autant de parts qu'il y aura d'hommes embarqués sur les bâtiments capteurs, sans tenir compte des grades ; les parts revenant aux hommes embarqués sur les bâtiments de la nation alliée seront payées et délivrées à la personne dûment autorisée par le gouvernement allié à les recevoir ; la répartition des sommes revenant aux navires respectifs sera faite par les soins de chaque gouvernement, suivant les lois et les règlements du pays.

« 2° Si la prise a été faite par des croiseurs de l'une des deux nations alliées en présence et en vue d'un croiseur de l'autre, le partage, le paiement et la répartition du produit net de la prise, déduction faite des dépenses nécessaires, auront lieu également de la manière indiquée ci-dessus.

« 3° Si la prise faite par un croiseur de l'un des deux pays a été jugée par les tribunaux de l'autre, le produit net de la prise, déduction faite des dépenses nécessaires, sera remis de la même manière au gouvernement du capteur pour être distribué conformément à ses lois et règlements. »

REPRISES OU RECOUSSES. — RÉARMEMENT DES PRISES.

La reprise ou recousse est la reprise d'un navire capturé par l'ennemi. Elle annule la prise. La propriété ainsi soustraite à l'ennemi doit être respectée par le recapteur. Un navire neutre saisi par un belligérant et enlevé de ses mains par un autre belligérant, est appelé une reprise, et ce droit de reprise conserve sa valeur jusqu'au moment où la validité de la prise est prononcée par les tribunaux compétents. Un jugement régularise la situation respective du capteur et du capturé ; une prise alors ne peut plus être enlevée au capteur par une reprise à venir.

Le navire neutre saisi par un belligérant, repris sur ce dernier par son ennemi, est quelquefois relâché, si un jugement n'a pas encore été rendu par les tribunaux du premier saisissant. Un bâtiment condamné, même injustement, est la propriété de celui-ci ; si dans ces dernières conditions il est pris par l'ennemi du premier saisissant, c'est une véritable prise et non une reprise. Le croiseur, dans ce cas, enlève un navire ennemi et non un navire neutre[1].

Les navires capturés peuvent être employés pour les besoins du service moyennant une indemnité, qui est fixée par une commission nommée à cet effet. Les cargaisons de ces mêmes navires peuvent aussi être utilisées, pourvu qu'il en soit fait préalablement un inventaire complet et un procès-verbal d'estimation.

---

1. Toutefois, en cette matière de reprise, il n'existe encore aucune règle précise. Chaque État traite à peu près cette question selon ses intérêts. Les principes de la loi romaine qui établissait le *Jus postliminii* sont admis par les uns et méconnus par les autres.

COMPOSITION ET ORIGINE DU CONSEIL DES PRISES
(DÉCRET DU 9 MAI 1859).

Le conseil des prises, en France, est composé de la manière suivante :

Un conseiller d'État, président ;

Six membres, dont deux maîtres des requêtes au Conseil d'État ;

Un commissaire du Gouvernement qui donne ses conclusions sur chaque affaire ;

Un secrétaire-greffier.

C'est une cour administrative. Un avis du Conseil d'État du 16 décembre 1873 décide que le conseil des prises reste compétent, même en temps de paix, pour statuer sur toutes les affaires de prises maritimes et notamment sur celles concernant les navires accusés de piraterie.

L'origine des tribunaux des prises remonte au XIIIe ou XIVe siècle et coïncide avec l'établissement de la course. Ils marquaient, dans ces temps, un progrès significatif dans la vie sociale, attendu que leur création était provoquée par la tendance des États à restreindre l'arbitraire et la violence exercés sur les mers par des aventuriers, par de hardis brigands de toutes les catégories. Avant que la course fût établie, chacun pouvait courir impunément sus à l'ennemi, c'est-à-dire armer contre lui des navires, saisir comme prises ses biens et en disposer sans réserve. Les personnes adonnées à ce métier, les corsaires, entraînés par la passion des exploits militaires ou du butin, pillaient et ruinaient non seulement les ennemis, mais souvent aussi leurs compatriotes. Une anarchie pareille ne pouvait exister qu'en l'absence ou avec l'impuissance d'un pouvoir gouvernemental. Maintenant, les navires de guerre appartenant aux nations qui ont adhéré à la déclaration d'abolition de la course (16 avril 1856) ont seuls le droit de pratiquer le droit de prise. Les nations qui n'ont pas adhéré à la déclaration précitée peuvent encore armer des corsaires, mais ceux-ci doivent être pourvus de lettres de marque.

PROPOSITIONS RELATIVES AUX TRIBUNAUX DES PRISES, ADOPTÉES PAR L'INSTITUT DE DROIT INTERNATIONAL.

Dans une réunion, le 12 septembre 1877, l'Institut de droit international adopta les trois conclusions suivantes, proposées par Bluntschli :

L'Institut déclare que le système actuel des tribunaux et celui de l'administration de la justice, en matière de prises, sont défectueux, et considère comme urgent de porter remède à cet état de choses, par une nouvelle institution internationale.

Il est d'avis qu'il y a lieu :

De formuler, par traité, les principes généraux, en matière de prises ;

« De remplacer les tribunaux, jusqu'ici exclusivement composés de juges appartenant à l'État belligérant, par des tribunaux internationaux qui donnent aux particuliers de l'État neutre ou ennemi, de plus amples garanties d'un jugement impartial ;

« De s'entendre sur une procédure commune à adopter en matière de prises ;

« Toutefois, l'Institut croit devoir déclarer que, dès à présent, il considérerait comme un progrès l'institution de tribunaux mixtes, soit de première instance, soit d'appel, sur les bases du projet élaboré par M. Westlake. »

Jusqu'à présent, aucune suite n'a été donnée aux propositions de l'Institut.

TROISIÈME PARTIE

DIPLOMATIE ET NÉGOCIATIONS

CHAPITRE XIV

APERÇU HISTORIQUE DE LA DIPLOMATIE.

Trois périodes distinctes constituent l'histoire de la diplomatie : l'antiquité, le moyen âge, les temps modernes. Elle a suivi les progrès du droit public ; elle se transforme encore afin de mieux représenter les intérêts des peuples.

Dans l'antiquité, la diplomatie n'était qu'une formule vide de sens. La guerre et la violence n'avaient d'autres limites que la clémence ou la magnanimité du vainqueur. Les peuples ne comprenaient pas encore l'utilité d'entretenir entre eux des rapports permanents. César fut cependant un grand diplomate. Si, avec des forces insuffisantes, il parvint à soumettre les Gaules, ce fut en réalité moins par la supériorité de ses armes que par l'habileté de ses négociations.

En France, la diplomatie est née avec Louis XI. Ce fut le premier roi qui entretint partout des agents à poste fixe ; il sema l'or à pleines mains pour acheter des agents secrets, jusque dans le cabinet de ses ennemis. Le choix des moyens qu'il employa est critiquable, mais il n'en reste pas moins acquis que la diplomatie de Louis XI fit la monarchie française.

Henri IV arrive ensuite avec sa devise : Justice internationale et protection des faibles.

Le XVIIe siècle est l'apogée de la diplomatie française : les Richelieu, les Mazarin, les d'Avaux, les Servien, les Lyonne, les Torcy, furent d'habiles négociateurs.

Au siècle suivant, la diplomatie baisse considérablement, elle dégénère en intrigues de boudoir et d'alcôve. Ce n'est plus de la diplomatie.

Sous Napoléon Ier, elle fut tantôt souple, tantôt énergique ; sous la Restauration, elle n'éprouva que des mécomptes et sous Louis-Philippe, sauf quelques éclairs dus au ministre Casimir Périer, l'histoire n'enregistre aucun fait diplomatique saillant.

Pourtant, ne soyons ni ingrats, ni injustes : des hommes de talents ont été, durant la période dont nous venons de parler, d'excellents diplomates, d'habiles négociateurs, et ont rendu, en cette double qualité, de grands services à notre pays.

DIPLOMATIE ET DIPLOMATE.

Les peuples ont des rapports entre eux. A ces rapports, il faut un organisme ; cet organisme, c'est la diplomatie.

Le comte de Garden, dans son *Traité complet de diplomatie,* s'exprime ainsi :

« La diplomatie embrasse le système entier des intérêts
« qui naissent des rapports établis entre les nations ; elle
« a pour objet leur sûreté, leur tranquillité, leur dignité
« respectives, et son but direct, immédiat, est, ou doit

« être au moins, le maintien de la paix et de la bonne
« harmonie entre les puissances. »

« La diplomatie théorique, dit de Martens, peut être
« ramenée à des principes fixes, parce qu'elle est fondée
« sur des préceptes plus ou moins positifs, et qu'elle a un
« objet précis et distinct, celui de régler les rapports qui
« existent ou doivent exister entre les divers États : dans
« son acception la plus étendue, c'est la *science des rela-*
« *tions extérieures* et, dans un sens plus déterminé, la
« science ou l'art des négociations. La diversité et la mo-
« bilité de ces rapports dépendent de la formation et de
« l'origine des États, des principes constitutifs des gouver-
« nements, de l'appréciation de leur puissance réelle ou
« présumée, des variations de leur position relative, de
« leurs affinités, de leurs discordances, de la vicissitude
« des événements, etc., etc. »

Toutes ces données reposent sur des faits dont la recherche, la comparaison et l'enchaînement doivent être
un objet d'étude.

Dans quelques cas, l'expérience peut cependant suppléer à l'insuffisance des préceptes établis par la théorie.
Les mêmes sujets, par exemple, présentent, au moment
où l'on s'y attend le moins, une dissemblance frappante.
La diversité des incidents, les circonstances soudaines et
imprévues, le caractère des acteurs, la différence des
mœurs, des intérêts et des vues changent souvent et subi-
tement l'aspect des affaires. Des exemples choisis pour
guides cessent de fournir une ligne de conduite, et aucune
règle n'est plus applicable à l'objet de la discussion. Dès
lors, il faut étudier avec soin les circonstances dans lesquelles on se trouve et prévoir les événements plus ou
moins probables qui peuvent les modifier ou les changer.
Ici, l'expérience, c'est-à-dire l'habitude de manier les
affaires, doit combler les lacunes de la théorie.

Les exemples sont toujours le plus grand et le plus sûr
de tous les moyens d'instruction, mais ils ne sont pas tou-

jours applicables à la circonstance dans laquelle on se trouve. Toutefois, il est bon de ne pas perdre de vue que les passions ont toujours été en lutte pour les mêmes objets, pour le même but, pour les mêmes intérêts ; de tout temps, elles ont usé des mêmes moyens et mis en jeu les mêmes ressorts.

Si on examine avec une grande attention les documents où sont consignés les détails et la marche des discussions et des événements diplomatiques, la sagacité s'exerce à en pressentir l'issue. On apprend ainsi à mesurer les obstacles et à prévoir les dangers. En diplomatie, le simple bon sens ne suffit pas pour réussir. Ici, comme en beaucoup de choses, d'ailleurs, la solution des questions complexes se trouve dans la connaissance des principes auxquels elle se rapporte. L'expérience en tire ensuite les déductions, mais pour que celle-ci puisse être fructueuse, elle doit avoir pour base la théorie.

Mais, on ne saurait trop le répéter : la diplomatie n'est pas une chose d'instinct ; c'est bien plutôt la science et la pratique des relations internationales : science compliquée, pratique, délicate et qui exige, avec une foule d'autres qualités, une profonde pénétration.

Au moment de traiter une affaire, dit le comte d'Hauterive, de prendre une détermination, les points *les plus importants* sont la recherche de la *règle de décision* et la connaissance précise du *genre de droit où cette règle se trouve établie*. Le droit public des principaux États de l'Europe doit surtout appeler l'attention des personnes qui, de près ou de loin, s'occupent de diplomatie. Dans le même but, tous les ouvrages traitant du droit des gens et de l'histoire des principales négociations sont également utiles à consulter, car ils éclairent le jugement et l'esprit lorsqu'ils sont étudiés avec méthode, c'est-à-dire lorsqu'ils sont l'objet d'un système réfléchi d'études. Remonter aux sources, considérer à la fois les causes et les conséquences des événements et des faits en prenant un point de départ, tels sont, très succinctement, les secrets des négociateurs habiles. Les mémoires historiques et les actes diplomatiques offrent aussi, à tous les points de vue, des modèles de dignité, de mesure, de raisonnement et de style.

Ce que doit être un diplomate, le baron de Martens nous le dit dans son ouvrage si intéressant :

« Le diplomate, dit-il, ne doit jamais paraître préoc-
« cupé de sa personne et pourtant il doit veiller atten-
« tivement à conformer sa conduite aux exigences de sa
« position.

« Son premier devoir est d'être toujours maître de lui.
« Rien ne doit troubler son équilibre. Il évitera les co-
« lères des esprits véhéments et l'excitation des vaniteux
« comme les défaillances des faibles, car il sait qu'un mot
« irréfléchi peut compromettre le travail d'une année ; de
« même, sans affecter un flegme étudié, il doit composer
« sa physionomie de manière qu'elle ne puisse servir à
« personne de baromètre. Une vive imagination est un don
« heureux pour le diplomate, mais à condition qu'il la
« maîtrise, autrement il risque de prendre les images de
« la fantaisie pour des réalités ; une raison calme et forte-
« ment trempée, qui pourtant n'a rien de commun avec la
« froide indifférence des hommes frivoles, est la véritable
« assiette d'esprit pour un homme d'État ; elle inspire la
« sûreté et la pénétration du jugement qui, à travers les
« voiles du moment, voit les choses comme elles sont. »

Un diplomate ne doit jamais faire l'important, sous peine de se rendre ridicule ou désagréable. Les grands personnages n'ont pas besoin de monter sur des échasses et les petits n'y sont jamais à leur aise. La prudence exige qu'on n'aille pas au delà de sa taille, autrement on risque de paraître ce que Talleyrand appelait « un géant dans l'entresol ». La modestie est une des premières règles de la sagesse diplomatique. En général, les gouvernements regardent les ministres accrédités auprès d'eux comme des observateurs incommodes ; ils se sentent blessés si un diplomate laisse trop voir qu'il a pénétré leurs secrets. Surtout après un succès, il est de bonne politique de se tenir à l'écart et de se soustraire même aux compliments mérités. Un esprit indépendant a, en lui-même, la mesure de sa valeur et peut se passer de l'admiration de la foule; il doit se résigner à passer quelquefois pour ignorant. En diplomatie, il ne faut jamais vider tout à fait son sac. Ce serait une maladresse de montrer les limites de ses connaissances et de ses facultés. Tout ce que l'on donne doit promettre davantage. Le monde admire surtout le talent qu'il ne comprend pas bien.

Pour faire la guerre, il faut de l'argent, dit-on, de l'argent et encore de l'argent. Pour faire un bon diplomate, il faut du tact. Un homme qui en a beaucoup comprend par intuition et saisit par instinct ce qui convient au moment et aux circonstances; il est la *boussole* du diplomate; il lui indique jusqu'où il peut aller et comment il peut éviter les dangers. Une disposition heureuse, cultivée par l'observation intelligente des hommes et des choses, exerce la sagacité, la pénétration d'esprit qui est souvent comparée à une seconde vue.

Le tact fait encore respecter les formes qu'un esprit médiocre seul peut mépriser. Les hommes bien élevés comprennent à demi-mot et savent que le silence est souvent la réponse la plus éloquente. Toutefois, le diplomate ne doit pas être formaliste; plus il est sûr de lui, plus il sera simple dans ses manières. Si l'habit ne fait pas le moine, il ne faut pourtant pas avoir une tenue laissant à désirer. Il faut aussi ne jamais perdre de vue que la politesse n'est point un mensonge et qu'elle ne fait que suppléer à la justice et à la modération intérieure qui devraient toujours nous guider.

Causer agréablement est important pour un diplomate. Le prince de Talleyrand avait, au plus haut degré, l'esprit de repartie, mais il est encore bon de ne pas abuser de cette faculté. Il y a des gens qui se font inutilement

des ennemis, parce qu'ils ne savent pas mettre un frein à
leur manie de faire une réponse malicieuse.

Dans certaines circonstances, en diplomatie comme
ailleurs, il y a des habiletés qui ne sont pas permises.
Les équivoques sont presque toujours funestes : il y a
même des moments où elles ne sont pas dignes et où la
parole et les actes ne pourraient s'envelopper de nuages
qu'au détriment de l'intérêt d'une affaire. La clarté et la
précision nous paraissent encore le plus sûr moyen d'arriver à un résultat, quel que soit l'objet du plan à tracer
ou à exécuter. Par ailleurs, avec un peu de perspicacité
et d'intelligence, on peut n'avoir jamais de meilleurs
conseillers que ses ennemis.

La confiance s'achète par la confiance. Il convient d'en
marquer à celui qu'il importe de mettre dans ses intérêts.
Mais ici, il faut apporter beaucoup de discernement. Gagner la confiance des hommes qui savent véritablement
ce qui se passe doit être l'objectif d'un diplomate ; il entretient aussi de bonnes relations avec tout le monde et
reste toujours courtois avec ceux qui ne peuvent lui être
d'aucune utilité.

Être bien avec le voisin, mais mieux avec le voisin du
voisin, telle était la maxime de l'ancien Sénat de Venise.
On apprend par un collègue ce que l'autre ignore. Toutefois, il faut beaucoup de circonspection dans un échange
de nouvelles. Et, en ce qui concerne les affaires qui demandent le secret, il faut être d'une discrétion absolue.
Un personnage en mesure de connaître le dessous des
cartes d'une situation, n'accordera jamais sa confiance à
un indiscret, fût-il le plus grand des diplomates. Les
brouillons et les maladroits sont, en diplomatie, de dan-
gereux collaborateurs pour un gouvernement. Il est facile
d'entrer dans une mauvaise affaire politique, mais il est
bien plus difficile d'en sortir. Il est toujours prudent, disait
un jour un écrivain de mérite, de traiter ses amis comme
si l'on devait les avoir pour ennemis le lendemain.

Une politique quelconque doit être l'objet d'un programme. Il est mauvais d'agir à l'aventure, sous l'impression du moment. En toutes choses, un plan bien conçu et conduit méthodiquement, ne peut donner que de bons résultats ; assez de difficultés surgissent contre notre volonté, gardons-nous d'en chercher ou d'en provoquer de nouvelles. Le diplomate habile calcule toujours les conséquences de ses actes et, s'il se trompe quelquefois, il peut réparer son erreur en la confessant. Les faux-fuyants produisent toujours des difficultés nouvelles. Dans une affaire difficile, ne prendre conseil que de soi, c'est quelquefois aller au-devant d'un insuccès. Les manières polies et engageantes sont des lettres de recommandation avec lesquelles on obtient des concessions. Et, malgré de rares tours de force, la perfection en toutes choses est l'ouvrage du temps, de la patience, du recueillement et du travail. Un bon diplomate, comme un bon général, n'éprouve jamais de grandes déroutes ; il sauve toujours ce qui est sauvable.

La personne des ambassadeurs, plénipotentiaires et parlementaires est inviolable et sacrée.

L'Angleterre défend énergiquement ses représentants à l'étranger ; quelque graves qu'aient été parfois les fautes de ceux-ci, elle les couvre toujours de son approbation. La France n'est pas dans toutes les circonstances aussi sage. En 1845, par exemple, l'amiral Dupetit-Thouars fut désavoué, mais cet acte rendit Louis-Philippe impopulaire, produisit au dehors le découragement de nos agents et plus tard, au dedans, une révolution.

En politique, dit M. de Bismarck, il faut se défier des partis-pris, bien régler sa conduite sur les faits, compter avec les situations. Le jour où l'Allemagne a eu besoin du libre-échange, M. de Bismarck est devenu libre-échangiste ; protectionniste, le jour où la protection devint utile à son pays. Un homme d'État, ajoute-t-il, doit servir son pays selon les circonstances et non d'après ses opinions qui sont souvent des préjugés. Il faut prévoir les difficultés quand on le peut; dans tous les cas, il ne faut pas les mépriser, ni les redouter. Il est nécessaire d'exercer son esprit à la clairvoyance, sa volonté à la modération, ce qui n'exclut pas la fermeté. Toujours, il faut savoir où l'on va....

M. de Bismarck est de l'école de ceux qui disent : ce que l'on veut bien, on le peut. Peu d'hommes ont rendu d'aussi grands services à leur pays. Du reste, un homme d'État, sûr du lendemain, peut faire de grandes choses, car il peut consacrer toute son intelligence, toutes ses forces matérielles et intellectuelles à la défense des intérêts de sa patrie.

On a publié une lettre de M. Thiers qui, faisant allusion à ses conversations avec M. de Bismarck, après la guerre de 1870, montre que, tout en félicitant le chancelier de son merveilleux esprit, il lui demandait en souriant s'il ne devait pas aussi, pour une bonne part, ses succès aux adversaires qu'il avait rencontrés sur son chemin, et le chancelier en convenait volontiers, car cela ne diminuait en rien sa gloire : savoir se servir des circonstances et des hommes, c'est tout l'art du politique. Quoi qu'il en soit, le chancelier est un habile homme et il le prouve chaque jour davantage. C'est un esprit politique complet; il va droit aux résultats et établit froidement la balance des profits et pertes : ne s'est-il pas comparé à un courtier honnête? Faire désirer ses bons offices, les offrir ou les imposer au moment opportun; opérer avec un sang-froid admirable; chercher des conflits pour les apaiser ensuite, s'il y a lieu; occuper ses adversaires pour être plus libre, sont des combinaisons qui font partie de son plan. Une qualité dominante, en politique comme ailleurs, c'est la possession de soi-même : le chancelier en est profondément convaincu.

De ce qui précède, il ne faudrait pas conclure que le chancelier n'a que des admirateurs. Comme tout homme très en vue, M. de Bismarck a de très nombreux détracteurs, même dans son pays. Examinons sommairement, dans un but instructif, l'opinion de ceux-ci : suivant plusieurs politiques éminents, son œuvre est peu solide.

En 1856, dans les clauses de la paix avec l'Autriche, il avait pris le soin de préparer l'établissement de relations amicales entre les deux pays, en refusant d'y insérer des exigences. Mais il n'eut pas le même souci, la même prévoyance, lorsqu'il eut à dicter des conditions au vaincu de 1871. Il ne le pouvait peut-être pas, dit-on, parce que l'Allemagne avait apporté, dans la lutte, des sentiments auxquels il fallait une satisfaction. Cette puissance en avait fait une guerre de race, de revendications historiques, dès lors le démembrement était imposé. Et puis, le diplomate-négociateur ne voyait sans doute pas dans cet agrandissement qui flattait l'orgueil national de l'ancienne Confédération germanique, quelque chose qui pût l'inquiéter. Il nous considérait déjà et nous considère encore (voir son discours du 11 janvier 1887) comme l'ennemi héréditaire. Aujourd'hui même, il entrevoit la lutte des deux peuples comme un effet de la marche de l'histoire, et la force des choses comme devant infailliblement les remettre aux prises un jour. L'avenir nous donnera une notion exacte de la valeur de ces profonds calculs. En attendant, il nous est bien permis de constater que M. de Bismarck, en 1871, s'est déjà trompé. Il n'avait certes pas prévu l'élasticité de nos ressources, ni pensé que quinze années suffiraient pour faire de nouveau, de notre pays, une puissance avec laquelle il faudrait compter. Sa politique de 1871 paraît avoir manqué de précision. Il ne s'occupa, à ce moment, que des deux puissances auxquelles cette politique avait fait sentir la supériorité de ses armes, la France et l'Autriche. De la France, il pensait qu'elle était hors de combat pour une période de 50 ans ; de l'Autriche, il estimait qu'elle viendrait à résipiscence. Erreur considérable d'un côté, mais prévision juste de l'autre.

Quant à la Russie, il ne s'en inquiéta point. Ce fut encore une erreur de calcul, dont les conséquences n'étaient pas faciles à prévoir. Mais quel est celui qui ne s'est jamais trompé? Le chancelier, si perspicace qu'il soit, n'est pas infaillible. Peut-être même se reproche-t-il maintenant de nous avoir pris deux provinces qui étaient et sont encore françaises de cœur et d'esprit; les politiques prévoyants qui vont au delà des succès du moment et qui étudient sans cesse la marche rapide des événements, trouvent qu'en faisant la grande Allemagne, le chancelier remaniait la carte d'Europe, mais qu'une modification de cette gravité obligeait forcément toutes les puissances à examiner comment leur position en était affectée. C'est, nous n'en doutons pas un seul instant, un objectif qu'elles ne perdront jamais de vue.

La domination universelle que l'Allemagne ne cache plus et dont M. de Bismarck n'a pas fait mystère récemment au Reichstag, n'est encore, Dieu merci, qu'un rêve. Il ne faut jamais désespérer des destinées de notre pays : tous les grands chefs d'État se sont heurtés à des obstacles invincibles lorsqu'ils ont voulu dépasser la mesure. La domination allemande est une création personnelle; de là sa fragilité incontestable. Un élément nouveau prépare peut-être un retour offensif redoutable contre cette machine si merveilleusement montée. Nulle part, le socialisme n'est mieux organisé qu'en Allemagne, là justement où le système de la grande puissance est le plus solidement constitué. Dans le pays des anciennes petites patries fourmillant dans la grande, il existe des différences de terroir, des habitudes, des préjugés et des répulsions. Il y a dans ce pays, dit M. Lavisse, sous les apparences du calme, un tumulte caché de sentiments et de passions. Il y a des Allemagnes dans l'Allemagne. En attendant des jours meilleurs, travaillons avec ardeur; soyons patients et toujours prêts. Nous ne devons pas nous effrayer des traités connus, qui ne sont pas cimentés par des intérêts communs; ceux des uns sont même opposés à ceux des autres. De plus, le pays où fleurit l'oranger, et qui pratiquait sans doute la politique sentimentale au temps des Visigoths et des Ostrogoths, n'est pas précisément disposé à retirer les marrons du feu pour les voisins; l'Autriche commence à s'apercevoir aussi que la protection du puissant diplomate pourrait bien lui jouer un mauvais tour.

Quant aux mesures vexatoires, violentes parfois, prises envers ces excellentes populations annexées malgré elles, il nous semble qu'elles justifient ce que nous disions à l'instant. Ensuite, lorsqu'on veut s'attacher un pays, n'est-il pas antipolitique de recourir à de semblables moyens? En pareille matière, toute ingérence inquisitoriale a pour effet de compliquer les choses au lieu de les simplifier. De toutes les sciences, la plus nécessaire, dit-on, pour faire un vrai grand homme, est la science du malheur. Le Grand Frédéric la possédait; il l'avait étudiée un peu partout, mais surtout à Kollin où le maréchal Daun le vainquit; aussi avait-il une grande âme, ce qui est autre chose que d'avoir l'âme d'un joueur heureux. L'adversité ne le troublait jamais; la prospérité ne le séduisait que modérément.

Du reste, M. de Bismarck n'est probablement pas toujours aussi satisfait qu'il semble l'être; ses familiers assurent, paraît-il, que le tapis de fleurs sur lequel on le fait souvent marcher manque de consistance et de surface! Le danger qu'il redoute le plus pour la réalisation de ses projets n'est peut-être pas extérieur, mais intérieur; il réside non au dehors, mais au dedans; par ailleurs, la certitude et la crainte de l'effroyable mer de sang dont une guerre ouverte aujourd'hui inonderait l'Europe est un facteur qui en impose à sa volonté de fer.

Nous avons encore un portrait instructif du grand diplomate allemand. Il est de M. P. Vassili, l'auteur d'une étude remarquable sur la société de Berlin :

« Le chancelier, dit Vassili, ne se connaît pas bien lui-
« même ; il ignore aujourd'hui ce qu'il fera demain et,
« tout en dirigeant depuis des années les événements du
« monde, se laisse en réalité souvent mener par les cir-
« constances qui accompagnent ces événements. Le grand
« secret de sa force consiste dans la facilité avec laquelle
« il change d'opinion, abandonne ses amis, courtise ses
« ennemis, profite des rancunes de l'un, de la haine de
« l'autre, de l'égoïsme de tous. Sa conscience entièrement
« élastique, ignore les scrupules ; son âme n'a pas d'autre
« ambition que celle d'un pouvoir absolu sur les hommes
« et les choses, les rois et les peuples.

« Il y a du « moi » de Médée dans sa vie ; il a si bien
« vu les destins des souverains et des empires venir se
« condenser dans sa personne, qu'il en est arrivé au point
« d'oublier que cette personne ne représente pas le monde
« entier. Voilà pourquoi il brise tout ce qui n'est pas lui,
« tout ce qui le sert mal ou ne lui obéit pas aveuglément,
« tout ce qui lui résiste ou le contrarie.

« Jadis, il y a de cela longtemps, M. de Bismarck a été
« ambitieux pour son pays, désireux de voir la Prusse occu-
« per le premier rang parmi les puissances européennes ;
« aujourd'hui, on peut hardiment affirmer que cette ambi-
« tion a disparu pour faire place à un désir violent de
« domination de sa propre individualité.

« Il y sacrifie la tranquillité et les intérêts supérieurs de
« l'Europe. Le jeu a beau être connu, il fait encore des
« dupes et surtout des victimes........ » .

A notre sens, il n'y a de grande politique, solide et
sûre, que celle qui repose sur les lois de l'économie sociale, sur les lois du développement et de la prospérité
des nations.

Le chancelier a été depuis 1870 et est encore le favori
de la fortune. Celle-ci ne l'a jamais abandonné, ce qui ne
signifie pas que ses plans aient été l'œuvre d'un homme doué
et organisé comme tout le monde. La patience, il le sait

mieux que personne, est une vertu nécessaire en toutes choses, en diplomatie surtout, et la fortune veut qu'on s'aide soi-même et qu'on sache la saisir à propos ; car, selon l'expression de Napoléon, elle est femme : elle veut avoir l'air d'accorder ce qu'on lui arrache ; il faut donc lui donner le temps d'ouvrir la main. A ce propos, on peut dire qu'il n'y a pas de vrai génie sans patience. Et, le génie n'est après tout que l'intelligence elle-même, avec l'éclat, la force, l'étendue et la promptitude ; c'est, à notre sens, une chose individuelle et non une résultante de la race et du milieu.

Mais n'anticipons pas ; revenons au passé, qui n'est pas moins intéressant que le présent. L'histoire nous a conservé, au point de vue qui nous occupe, une foule d'anecdotes instructives :

L'impassibilité de de Talleyrand est légendaire. Il était impossible de lire sur son visage ; aussi Lannes et Murat disaient-ils plaisamment de lui : « Son... recevrait un coup de pied, que sa figure n'en dirait rien. » Quoi qu'il arrivât, il se possédait toujours ; son imperturbable sang-froid ne l'abandonnait jamais.

Un jour, de Lyonne dit au premier échevin d'Amsterdam : « Ne vous fiez-vous pas à la parole du roi ? » — « J'ignore ce que veut le roi, répondit l'échevin, je considère ce qu'il peut. » Le marquis de Torcy dit un jour un mot qui mérite d'être cité à sa louange : « Le meilleur moyen de tromper les cours, dit-il, c'est de dire toujours la vérité. » La femme de Philippe d'Orléans, Henriette, fut un diplomate hors de pair. Elle avait un esprit solide et délicat, beaucoup de bon sens, une âme grande et juste. Elle savait tout ce qu'il faut dire dans une affaire importante, mais quelquefois elle s'en abstenait. Dans la conversation, qu'elle savait rendre agréable, sans le moindre effort, elle savait s'y prendre pour s'approprier les cœurs et gagner ses causes.

Enfin, à propos des qualités qui font le bon diplomate,

rien n'en donne une idée plus nette que l'éloge du comte Reinhart prononcé à l'Institut par de Talleyrand :

« Il faut, dit cette haute compétence, que le diplomate « soit doué d'une sorte d'instinct qui, l'avertissant promp- « tement, l'empêche avant toute discussion de jamais se « compromettre. Il lui faut la faculté de se montrer ouvert « en restant impénétrable ; d'être réservé avec les formes « de l'abandon, d'être habile jusque dans le choix de ses « distractions ; il faut que sa conversation soit simple, « variée, inattendue, toujours naturelle et parfois naïve ; « en un mot, il ne doit pas cesser un moment dans les « 24 heures d'être diplomate. Cependant, toutes ces qua- « lités, quelque rares qu'elles soient, pourraient n'être « pas suffisantes, si la bonne foi ne leur donnait une garan- « tie dont elles ont presque toujours besoin... — Non, la « diplomatie n'est point une science de ruse et de dupli- « cité. Si la bonne foi est nécessaire quelque part, c'est « surtout dans les transactions politiques, car c'est elle « qui les rend solides et durables. On a voulu confondre « la réserve avec la ruse : la bonne foi n'autorise jamais la « ruse, mais elle admet la réserve ; et la réserve a cela de « particulier, c'est qu'elle ajoute à la confiance... »

NÉGOCIATIONS.

L'art de négocier est l'œuvre combinée du talent, de la connaissance du monde et de l'expérience des affaires.

Doit-on négocier plutôt de vive voix que par écrit ?

En général, dit de Martens, les affaires sont entamées par voie verbale et menées à fin par écrit. Quand on veut traiter, on commence par sonder le terrain en causant et, après avoir constaté de cette manière qu'une entente est possible, il est bon de résumer par écrit le résultat des conversations. La négociation est poursuivie par un échange de lettres ou de notes ou par des discussions verbales.

En principe, le gouvernement seul négocie, mais la

manière dont son représentant sait soutenir et défendre ses intérêts, peut avoir une grande importance pour le succès final. Les écrits sont les étapes d'une négociation et les communications verbales en sont les rouages actifs. Donner des arguments, des développements ; céder sur tel point, refuser telle concession, prendre sur soi, dans des circonstances difficiles et imprévues, d'outrepasser la lettre de ses instructions, sans en négliger l'esprit, tel est le criterium du négociateur.

Si, dans le cours d'une affaire, quelques points nouveaux surgissent et font entrevoir au négociateur des conséquences susceptibles de nuire aux intérêts de son gouvernement, il est nécessaire d'arrêter les pourpalers et de demander de nouveaux ordres.

Négocier, dit-on, c'est concilier les extrêmes, mais entre ces deux termes, il existe un point difficile à franchir. Les difficultés sont toujours moins grandes quand on a bien étudié son affaire, quand on en a bien distingué les points essentiels des points secondaires. A cet effet, on prépare préalablement un petit plan. Il faut quelquefois demander plus pour avoir moins ou pour connaître les dispositions de la partie adverse. Dans tous les cas, il ne faut pas se décourager, parce que des demandes ou des propositions inattendues dérangent pour un moment le plan médité : il y a toujours plusieurs manières de résoudre un problème et, souvent, la partie adverse cède à la dextérité du diplomate qui sait opposer *froidement* une résistance supérieure à l'attaque.

Quelquefois, on se trouve dans l'impossibilité de soutenir des prétentions exagérées. Il faut alors recourir à la conciliation qui, bien présentée, peut être considérée comme une concession importante.

En ce qui concerne les propositions qui n'ont pas été prévues ou précisées dans les instructions du négociateur, il ne faut les accepter que *ad referendum*.

Enfin, quand on négocie, il faut savoir saisir aux cheveux les occasions qui se présentent. La stratégie des négociateurs ne doit jamais aller jusqu'à la ruse. La plus grande finesse peut s'allier à une parfaite franchise. Le diplomate, dit de Martens, qui ne sait pas pratiquer dans son domaine le précepte évangélique, n'a qu'à s'en prendre à son propre manque d'habileté.

Il est évident que, pour négocier, il faut avoir des pouvoirs en règle. Ceux-ci doivent donc être vérifiés tout d'abord. Pendant notre première guerre avec la Chine, les ambassadeurs Gros et Elgin négligèrent de remplir cette formalité préalable, lorsqu'il fut question de suspendre les hostilités pour négocier. Aussi, les Chinois, qui voulaient surtout gagner du temps, entamèrent-ils d'interminables pourparlers, pendant lesquels ils purent masser leurs troupes. Notre général, très au courant de ce qui se passait, prit ses précautions, mais il ne manqua pas néanmoins de faire remarquer au baron Gros la fausse situation dans laquelle se trouvaient les plénipotentiaires du Céleste-Empire. « Je le regrette... », répondit le baron, « mais, que voulez-vous ? il y a des précautions qu'on répugne à prendre entre gens d'un certain monde...... » C'est peut-être pousser un peu loin le sentiment des convenances. En toutes choses, il faut savoir où l'on va, ce qui n'empêche pas d'apporter les tempéraments nécessaires qui s'imposent lorsqu'il faut passer de la théorie à la pratique et quand il s'agit de traduire les principes par des faits. Les affaires sont les affaires. Il y a des devoirs qu'il faut remplir quand même, quoi qu'il en coûte. En diplomatie, comme ailleurs, il est indispensable de ne jamais mettre la charrue avant les bœufs, si cette vieille expression est encore permise. Là surtout, il faut distinguer la cause de son effet, le principe de sa conséquence; il faut préparer ce que l'on doit faire et dire d'abord et ce que l'on doit faire et dire ensuite. Et, le cas échéant, quand on est décidé à critiquer ou à repousser une proposition, il faut avoir disposé ce qui peut être offert à la place. Ce que

Bossuet disait est encore vrai de nos jours : « Dans toutes
« les affaires, il y a ce qui les prépare, ce qui détermine
« à les entreprendre et ce qui les fait réussir. » Certes,
ce n'est pas avec un *Rien* que l'on résout une question
quelconque, pressante ou non. Heurter les difficultés de
front n'assure pas non plus toujours un succès ; il est souvent préférable de les tourner. Quand on négocie, il faut
éviter de poser des problèmes susceptibles de provoquer
des solutions contraires au plan conçu. Mazarin, dont le
langage n'était pas français, mais dont le cœur l'était, fut
un négociateur habile. Dans plusieurs cas, il eut des difficultés énormes à surmonter. Ce ministre sut louvoyer
à l'occasion, et, après *maints heurts et chocs*, atteindre sûrement au port. Richelieu, dont la devise était : *Le temps
et moi*, avait aussi l'esprit hardi mais le cœur timide. Un
revers de fortune le décourageait. Mazarin avait plutôt de
la hardiesse dans le cœur que dans l'esprit ; il fut persé-
vérant et tenace jusqu'à la fin de sa vie. De son exil, il
ne cessa pas un instant de gouverner ; il mourut dans le
souverain commandement et l'extrême grandeur.

NOTES DIPLOMATIQUES.

Le signataire d'une note diplomatique y parle presque
toujours à la troisième personne ; l'énonciation du caractère public dont il est revêtu y suit, en tête de l'office, la
formule consacrée : le soussigné, etc., etc. Le diplomate
ou l'agent diplomatique s'y déclare *chargé* par son gouvernement ou le cabinet qu'il représente, de *transmettre*
telle communication, *autorisé à faire part* de telle réponse
ou de telles mesures, etc., etc. Il termine *en saisissant
cette occasion de renouveler* au destinataire les *assurances de
sa haute considération*. La date se place au bas de l'office,
au-dessus de la signature.

La rédaction d'une note diplomatique est plus ou moins
affectueuse ou froide, ferme ou conciliante, évasive ou

catégorique, selon l'objet qu'elle traite et l'intention qui la dicte. Il importe surtout qu'elle dise exactement tout ce qu'elle doit dire et que l'expression choisie rende fidèlement la pensée. L'apprêt du langage lui ôterait ce caractère de soudaineté, indice d'une conception franche et naturelle, exempte de recherche et de travail : une rédaction étudiée pourrait faire soupçonner des réticences dissimulées et provoquer une défiance nuisible à la prompte expédition des affaires.

LETTRES DIPLOMATIQUES.

Les lettres diplomatiques ne diffèrent des *notes* que par la forme plus libre et tout épistolaire. On y parle à la première personne. La date et le lieu d'où elles sont écrites se placent en tête ; elles sont terminées par la formule de courtoisie d'usage, selon le rang du destinataire, au bas de laquelle on appose sa signature.

ACTE DIPLOMATIQUE.

Moins que tout autre écrit, un acte diplomatique ne doit offrir rien de vague, ni de hasardé dans sa composition. Il doit aller au but par la voie directe ; les idées doivent en être justes, la marche ferme et rapide, la diction correcte, les expressions claires, naturelles et précises : il faut qu'on y trouve ce tact des convenances qui sait toujours approprier le ton et le style aux circonstances et aux personnes, de manière à n'être jamais ni au-dessus, ni au-dessous du sujet traité.

En diplomatie, il ne suffit pas d'être compris : il faut encore s'exprimer avec une grande netteté, afin qu'on ne puisse, d'une manière quelconque, fausser le sens d'un mot ou d'une phrase.

Enfin, tout écrit politique doit être concis et non seulement persuader, mais convaincre. En un mot, bien dire dans l'ordre convenable tout ce qui doit être dit et rien de plus ; unir à la précision des idées la propriété des termes et la concision du style, tel est le but à atteindre.

DES TRAITÉS ET CONVENTIONS.

Les traités et les conventions sont des actes publics par lesquels les nations ou, en leur nom, les souverains ou les gouvernements, contractent des engagements réciproques.

Au point de vue de leur forme, de leur nature et de leurs effets, les traités se divisent en : transitoires et permanents, en personnels et réels, en égaux et inégaux.

Au point de vue des objets qu'ils embrassent, les traités offrent une diversité infinie : traités généraux, spéciaux, politiques, économiques, de garantie, de protection, de sûreté, de neutralité, d'alliance, d'amitié, de subsides, de limites, d'échange, de cession, de paix, de commerce et de navigation, d'extradition, etc., etc.

D'une manière générale, quatre conditions sont nécessaires pour qu'un traité ait une valeur réelle. Il faut : 1° consentement des parties ; 2° capacité de ces mêmes parties ; 3° objet licite et réalisable des droits à déterminer ; 4° enfin cause réelle et licite d'obligation.

Généralement, les engagements pris par le mandataire au delà des pouvoirs qui lui ont été conférés ne sont considérés que comme une simple promesse personnelle par laquelle il s'engage à employer ses bons offices pour en obtenir la ratification. Mais, d'après le droit des gens, tout engagement pris par un mandataire dont les pouvoirs sont bien établis est obligatoire pour l'État au nom duquel il a traité, si ce mandataire est resté dans les limites du pouvoir qui lui a été donné pour entrer en négociation.

Aujourd'hui, cependant, les traités ratifiés sont seuls regardés comme obligatoires. De cette manière, on peut donner aux négociateurs des pouvoirs très étendus, et l'État est ainsi moins exposé aux conséquences graves qui résultent d'un traité conclu par son mandataire inhabile ou inexpérimenté.

Le préambule d'un traité est toujours précédé des noms et des titres des parties contractantes et de ceux de leurs plénipotentiaires ; il doit exprimer en termes clairs et précis les motifs qui l'ont déterminé, les événements et les prévisions auxquels il s'applique, et le but qu'il doit atteindre.

Les engagements généraux préalablement formulés, on entre, par articles distincts, dans le détail des obligations particulières qu'on s'impose pour en assurer l'exécution exacte et scrupuleuse. Chaque clause doit être nette et précise.

Des réserves au sujet de l'exécution des stipulations font l'objet d'un article spécial presque toujours inséré à la fin du traité, avec les dates convenues *en toutes lettres*. Un délai est mentionné pour les ratifications ; il fait l'objet le plus souvent d'un avant-dernier article suivi de la formule traditionnelle que voici : « En foi de quoi, les plénipotentiaires respectifs ont signé le traité en...... et en français et y ont apposé le sceau de leurs armes. Fait à...... le cinquième jour du mois de....... de l'année mil huit cent quatre-vingt...... »

Les termes équivoques ou susceptibles d'être interprétés inexactement doivent être absolument écartés. Un traité, base réelle attestant des faits accomplis, doit indiquer clairement ce que les parties ont consenti à y insérer.

Le plus souvent, les délibérations d'une négociation donnent lieu à des discussions longues et difficiles, dont le résumé est constaté par un procès-verbal, auquel on donne le nom de protocole. Ce dernier doit être signé par les négociateurs à la fin de chaque séance.

Les traités s'interprètent dans le sens de l'équité et du droit strict. Dans tous les cas d'amphibologie ou d'équivoque, les mots sont pris dans leur acception ordinaire, c'est-à-dire dans leur signification usuelle. L'argumentation spécieuse n'est pas plus admise ici qu'en diplomatie; les textes positifs sont les seuls qui obligent et il n'y a pas de droit tacite ou implicite.

En dehors des articles formulés dans l'acte principal, d'autres peuvent y être annexés sous forme d'articles *séparés* ou *supplémentaires,* de convention additionnelle ou de protocole de clôture.

Quelquefois, un traité qui ne doit être conclu que plus tard est précédé d'un traité transitoire, surtout lorsque les objets à régler sont nombreux et compliqués.

Presque toujours des instructions générales précisent les points les plus importants d'une négociation. Le négociateur ne devra donc pas aller au delà de la limite de ses pouvoirs.

Quant à l'ordre dans lequel un traité doit être signé, il est admis aujourd'hui que les signatures se placent dans l'ordre alphabétique, d'après la lettre initiale du nom de chaque puissance.

Chaque partie contractante d'un traité doit en avoir une copie exacte, signée des négociateurs et sur laquelle il ne doit y avoir *ni ratures, ni surcharges.*

En droit privé, dans une convention, les ratures ou surcharges sont tolérées et admises si les contractants y consentent et les approuvent de leurs paraphes ou signatures, mais, en droit public, de semblables procédés sont absolument contraires aux usages et, par suite, inadmissibles.

Quelquefois, on emploie indistinctement les termes de traité ou celui de convention. Pourtant, ce dernier a une portée moins grande et est généralement appliqué à un seul objet. Les conventions postales, télégraphiques, littéraires, etc., etc., par exemple, conservent leurs dénominations propres.

Certains accords intervenus entre les États prennent simplement la forme d'une déclaration lorsque les parties contractantes ont à déterminer seulement la ligne de conduite qu'elles entendent suivre dans certains cas généraux ou particuliers.

Le mot *Cartel* est aussi employé pour désigner les accords internationaux d'une importance secondaire.

Les traités de navigation et de commerce sont, ici, ceux qui nous intéressent le plus : nous en reproduisons plusieurs à la fin de notre ouvrage. Ils assurent la sécurité et la facilité des transactions commerciales et du transit maritime.

Les nations, comme les individus, s'enrichissent ou s'appauvrissent selon que la propriété du sol et des individus augmente ou diminue. Que les revenus des douanes soient élevés à un tel point que pas un produit étranger ne puisse pénétrer chez nous, la fortune publique restera stationnaire, si elle ne baisse pas. Il nous semble que contester une pareille vérité, ce serait vouloir nier l'évidence. D'autre part, la protection aux frontières ne favorise peut-être pas l'intérêt général, mais plutôt les intérêts particuliers. L'importance des traités de commerce est donc considérable, puisque nous n'avons encore qu'un libre-échange fortement mitigé, si cette expression est autorisée, et encore pour certaines choses seulement. Bien conçus, accordant une large liberté d'échanges réciproques aux parties contractantes, laissant une grande initiative aux producteurs et aux commerçants, prévoyant bien le sentiment réel des besoins des peuples, les traités préparent l'union sur le terrain commercial et en même temps sur le terrain politique.

Les liens commerciaux resserrent la fraternité des nations. Le profit mutuel d'un bon commerce vient à tout instant stimuler la sympathie réciproque. Jean Dollfus, le grand Alsacien, un vieillard illustre et un patriarche de l'industrie, disait un jour : « Je suis venu au libre-échange par intérêt et je m'y suis d'autant plus attaché que j'y ai vu la vraie sauvegarde de la paix. » Nous partageons en-

tièrement cette manière de voir. Toute politique commerciale est une politique de paix ; il n'y a vraisemblablement de moralité, de justice et de fraternité commerciale que sur le terrain de la liberté.

Partout où l'on crée une habitude d'échanges, on établit
un lien, on provoque une sympathie. La liberté commerciale est l'antidote du régime ruineux actuellement en
vigueur d'un bout à l'autre du vieux continent. Elle établit une espèce de solidarité d'intérêts entre les peuples
engagés, en les enrichissant. Ce que l'un ne peut faire ou
donner, l'autre le fait ou le donne. Mais nous n'en sommes encore qu'au régime des traités ; disons-en un dernier mot.

En matière de traités à conclure, il faut se défier des
chiffres. Pour bien saisir une situation, les comparaisons
de quantités de nature différente doivent être exclues
d'une combinaison ; dans le total des importations et des
exportations de deux pays, il est indispensable de distinguer la qualité de ces produits. La matière première ali-
mente un pays ; les objets manufacturés qu'on en retire
triplent la valeur de cette matière première. Un peuple,
par exemple, qui reçoit constamment les produits manufacturés d'un autre peuple et qui donne, en échange, des matières premières ou des espèces monnayées, s'appauvrit,
pendant que l'autre s'enrichit. Il entretient de la sorte le
travail national de son voisin. On estime que dans cent
millions de francs de produits manufacturés, il entre
quatre-vingts millions de travail et d'industrie ; la même
somme de produits agricoles échangés contre les cent
millions de produits manufacturés ne donne que vingt
millions au travail national et à l'industrie. Différence :
soixante millions de francs dont profitera la nation ayant
donné les produits manufacturés en échange d'une valeur
égale en espèces ou en céréales.

La clause du traitement de la nation la plus favorisée,
dans une convention ou un traité, assure des avantages

considérables à la partie pour laquelle elle est admise. Souvent, les parties contractantes se confèrent mutuellement ce régime, c'est-à-dire la participation aux avantages les plus importants qu'elles ont déjà ou qu'elles viendraient par la suite à accorder à une tierce puissance.

Dans nos colonies, on admet la nationalisation des marchandises étrangères par le paiement des droits portés au tarif conventionnel, qui est toujours moins élevé que le tarif général.

Enfin, les traités prennent fin, soit naturellement, quand ils arrivent à leur terme ou quand leur but est atteint; soit violemment, quand ils sont rompus ou dénoncés avant leur échéance. Il appartient à la puissance ayant dénoncé un traité de faire les premières ouvertures, dans un délai déterminé, lorsqu'elle désire en conclure un nouveau.

RATIFICATION DES TRAITÉS.

La ratification est l'acte par lequel le chef d'un gouvernement approuve et confirme ce qui a été convenu et stipulé en son nom par l'agent diplomatique à qui il avait donné des pouvoirs spéciaux.

Dans une monarchie, le souverain seul possède le droit de ratification. Dans certaines circonstances, il est assisté d'une délégation de la représentation nationale.

La ratification des traités, dans une République, appartient au chef du pouvoir exécutif, avec le concours d'un des grands pouvoirs de l'État. « Le Président de la République », dit notre loi constitutionnelle du 16 juillet 1875, art. 8, « négocie et ratifie les traités. Il en donne con- « naissance aux Chambres, aussitôt que l'intérêt et la « sûreté de l'État le permettent. » Une exception est pourtant faite en ce qui concerne les traités de paix, de commerce et de ceux qui engagent les finances de l'État.

Ces derniers, en effet, ne deviennent définitifs qu'après avoir été votés par les deux Chambres.

Les documents à ratifier doivent être produits et échangés dans le délai convenu. Si, à cet effet, des retards se produisent, les engagements pris n'en conservent pas moins toute leur valeur. Lorsque la cause de ce retard est connue, on la spécifie dans une note ou une déclaration, ou bien encore dans une convention *ad hoc*, prorogeant les délais de ratification.

Quand tout est prêt, chaque partie contractante, le jour convenu, apporte ce qu'on appelle les instruments du traité. Dès que ceux-ci ont été collationnés avec le plus grand soin, ils sont échangés ; un procès-verbal relate l'accomplissement de cette formalité. La date de ce procès-verbal détermine exactement le moment précis où le traité entre en vigueur ; c'est cette même date qui est consultée pour la durée du traité.

DES PROTECTORATS.

Lorsqu'un État se place sous la protection d'un autre État, en se réservant expressément, et dans tous les cas, le droit de se gouverner lui-même et d'édicter les lois qu'il juge convenable, il ne disparaît pas comme membre de la société des nations; mais il faut aussi que la convention établissant ce protectorat détermine les relations qui doivent exister entre les deux peuples et l'ensemble des droits qu'assume l'État protecteur.

Les protectorats sont, comme les sociétés, l'objet de plusieurs combinaisons. Un protectorat n'est qu'un traité ou une convention, et ces espèces de contrats, synallagmatiques ou bilatéraux, peuvent contenir des stipulations variées, pourvu que les conditions essentielles de leur validité existent. (Voir *Traités*.)

Une communauté politique qui demande l'appui d'une puissance, sous la forme d'un protectorat, peut seulement renoncer à une partie de ses prérogatives. Se mettre sous la tutelle de quelqu'un ne veut pas dire qu'on lui abandonne toute sa liberté d'action. Quelquefois, c'est une union où chacun est maître de ses droits et prend part à la direction générale des affaires. C'est une sorte d'association entre le peuple conquérant et le peuple conquis, le premier guidant dans la voie du progrès le dernier, qui, du reste, ne demande qu'à se laisser faire.

La Tunisie est placée sous le protectorat de la France ; le Tonkin, l'Annam, le Cambodge, les Wallis (et tout récemment encore les îles sous le Vent, dont l'annexion vient d'être décidée), forment la série des protectorats français.

La république d'Andorre est encore aujourd'hui placée sous le protectorat de la France, à laquelle elle paie un tribut de 960 fr., moyennant quoi elle peut extraire de France, sans payer de droits, presque tous les objets de consommation dont elle a besoin. La France nomme un des deux viguiers ; l'évêque d'Urgel nomme l'autre.

L'organisation des protectorats est une excellente chose. C'est une méthode de colonisation libérale et pacifique, ayant bien des avantages sur le *système d'annexion* qui, le plus souvent, ne donne que des déboires. Celui-ci est coûteux, l'autre est moins compromettant. De plus, le protectorat permet la diversité infinie des institutions. Des conceptions séduisantes en théorie sont souvent désastreuses en pratique. L'intervention du législateur est inadmissible dans les pays de protectorat, et ce n'est peut-être pas un mal.

Que veut-on, en prenant une partie seulement des charges d'un pays ? Trouver une compensation pour notre commerce, notre industrie ; créer des débouchés à la métropole ; déverser le trop-plein d'une population... La Tunisie est très satisfaite de son système de protectorat. Elle n'a plus aujourd'hui d'adversaires sérieux. Tous les esprits réfléchis reconnaissent que son occupation a été l'événement le plus utile et le plus heureux qui se soit produit, pour notre pays, depuis la conquête d'Alger. Les résultats acquis sont déjà considérables et tels qu'on ne peut en trouver d'aussi rapides dans l'histoire de la colonisation chez les peuples modernes. Nous les devons à l'impulsion première donnée par notre premier résident général, M. Cambon, qui a su manier le protectorat d'une main à la fois souple et ferme.

Entre parenthèses, l'*Act Torrens* dont les combinaisons permettent de déterminer la personnalité des terres, y a été appliqué par l'administrateur de premier ordre dont nous venons de parler et y donne les résultats les plus satisfaisants. C'est le titre indiscutable de propriété bien établi et qui permet aux institutions de crédit foncier et agricole de s'organiser.

Voici, incidemment, en quoi consiste ce régime : la terre est representée par un titre mobilier qui, dûment enregistré, vaut le sol, est, en quelque sorte, le sol lui-même. C'est ce titre qui se vend, s'hypothèque, se transmet sans erreur possible, toute mutation, tout changement dans l'état de la propriété ne pouvant s'effectuer que si le double, porté au livre foncier, les mentionne. C'est, par suite, la publicité idéale et la mobilisation parfaite.

Il est bien entendu que le protectorat est considéré comme dissous de fait par la non-exécution de l'engagement pris ou par la prétention de l'exercice de droits et de facultés non stipulés dans le traité.

CHAPITRE XV

Des traités de garantie en droit international. — **Traité de sûreté.** —
Deux espèces de traités. — Différence entre les traités accessoires
de garantie et les traités de garantie proprement dits. — Actes de
garantie. — Des traités de garantie proprement dits. — Garantie de
neutralité perpétuelle. — Son but principal. — Conditions à remplir pour être l'objet d'une neutralisation perpétuelle. — Neutralité
conventionelle et neutralité volontaire. — Garantie pour le main_
tien d'un gouvernement; garantie de certains droits politiques, civils et publics. — Rupture des traités de garantie. — Aperçu théorique et pratique des traités de garantie. Opinion de Frédéric le
Grand au sujet des garanties. — Des conventions dites capitulations. — Incident de Massouah.

Les traités internationaux, nous l'avons vu, sont ceux
qui sont conclus entre deux ou plusieurs États relativement à des questions de droit public, ou entre les autorités
ou les services administratifs de deux ou de plusieurs États
relativement à des matières concernant l'exercice de leurs
fonctions. La forme la plus usitée, dans l'état actuel des
relations internationales, est le *traité de garantie*, par lequel
un État promet à un autre de lui porter secours chaque
fois qu'il sera lésé ou menacé par une tierce puissance
dans son indépendance ou dans l'exercice d'un de ses
droits souverains.

Lorsque la garantie est destinée à assurer la sécurité
d'un pays en tout état de choses, sous réserve d'aucune
espèce, l'engagement souscrit acquiert une portée beaucoup plus grande et devient un véritable traité de sûreté.

Dans les traités dont nous parlons, le terme de garantie
a aussi deux sens distincts : il désigne soit un mode de
sûreté inhérent à l'exécution d'une convention, soit un
traité *sui generis*, ayant un rôle particulier dans l'organisme international. Dans le premier cas, il s'agit de la
garantie des traités ; dans le second, il s'agit des traités
principaux de garantie, et ces derniers constituent seuls,

stricto sensu, les traités de garantie. Nous avons donc là deux espèces de contrats. Pourtant, dans toutes les définitions des auteurs, les caractères distinctifs de la garantie accessoire prédominent. On y trouve toujours l'idée que la garantie est ce qui constitue la protection du garanti ; elle y est stipulée dans son intérêt et par suite elle n'est exécutable que sur sa demande ou tout au moins sur son consentement. C'est une idée fondée en droit, mais inexacte si elle est appliquée aux traités principaux de garantie : nous le verrons un peu plus loin.

, La garantie est une faculté, un droit de recours que les parties contractantes se réservent pour le cas où elles voudraient en user. La renonciation implicite résulte de la modification d'une clause de la convention première. C'est aussi une espèce de sûreté attachée aux traités internationaux ; elle ressemble beaucoup au cautionnement ; c'est une solidarité qui ne se présume pas et qui doit être par conséquent stipulée. De même que plusieurs patrimoines affectés à l'extinction d'une dette offrent des garanties aux créanciers de cette dette, de même, la garantie, dans l'espèce, est une sûreté destinée à assurer l'exécution des obligations ou de quelques obligations spécifiées, contenues dans un traité. Toutefois, la caution, en droit privé, est tenue de fournir l'équivalent si le principal obligé ne s'exécute pas au moment convenu, tandis que le garant n'est tenu à rien de semblable, à moins qu'il ne s'agisse de la garantie d'un emprunt. Il est évident que l'acceptation de l'intervention du garant par le garanti doit être stipulée dans le contrat ou traité. Si les obligations sont réciproques et si elles sont toutes indistinctement soumises à la garantie, le consentement de tous les contractants est également nécessaire. En matière contractuelle, il est de règle, quand on veut examiner jusqu'à quel point chacun des contractants est tenu à l'exécution d'une obligation commune, de rechercher surtout quelle était l'intention des parties au moment où les engagements ont été souscrits de part et d'autre. C'est un principe, bien plus général en droit international qu'en droit privé. La caution en droit privé court des chances de perte ; elle n'a aucune chance de bénéfice ; elle fait un acte de bienfaisance, pour ainsi dire, mais la loi lui donne des bénéfices de discussion, de division et de subrogation. Nous verrons, plus loin, que la garantie internationale n'est pas traitée ni considérée de la même manière. Néanmoins, comme tous les contrats, elle peut être modalisée, subordonnée à toutes les espèces de termes et de conditions. En sa qualité de contrat accessoire, elle est, par sa nature même, subordonnée à la durée du contrat principal et peut contenir la pluralité des garants et des garantis.

C'est un très ancien mode de sûreté des traités internationaux. Au moyen âge, les puissants vassaux donnaient leur garantie aux traités contractés par leurs suzerains. Cependant, avec l'affaiblissement du système féodal et la soumission graduelle des vassaux à la puissance suzeraine, ce système tomba en désuétude. Les relations diplomatiques des États européens étaient encore loin d'avoir acquis le caractère et le développement qu'elles ont pris dans les temps les plus rapprochés de nous. On eut recours alors à la garantie équivalente auprès des souverains des États étrangers. A partir de ce moment, on se trouve en présence d'une vraie garantie de droit international. Pendant longtemps, tous les traités de paix relatèrent cette condition. Plus tard, on comprit cependant que ce système n'était pas parfait. En effet, il se peut que les sûretés soient un excellent moyen de se prémunir contre la mauvaise foi des contractants, mais le garant, lui aussi, peut être de mauvaise foi. Il faut prendre garde, dit Vattel, que, « sous prétexte de garantie, un souverain puissant ne s'érige en arbitre des affaires de ses voisins et ne prétende leur donner des lois ».

On peut donc dire qu'il existe une grande différence entre les traités accessoires de garantie et les traités de garantie proprement dits. Les premiers sont moins importants que les seconds. Les uns ne sont qu'un acte de garantie inséré dans le traité principal; les autres comprennent tous les droits, d'une manière générale, possessions ou stipulations des parties contractantes.

ACTES DE GARANTIE.

Les actes de garantie ressemblent beaucoup aux traités appelés : traités accessoires de garantie. C'est aussi un acte public par lequel une puissance s'oblige à prêter secours à une autre, dans le cas où celle-ci serait lésée ou entravée dans l'exercice de certains droits par le fait d'une puissance tierce. D'une manière générale, lorsque la garantie porte en termes généraux que le secours sera prêté dans tous les cas de lésion de *droits quelconques,* elle est considérée comme une alliance. Les possessions territoriales, la constitution d'un État, le droit de succession au trône, peuvent être l'objet d'une garantie. Mais, il faut bien le constater, la solennité des engagements pris en pareille occurrence n'en assure pas l'exécution; l'honneur est, de fait, la meilleure caution de la bonne foi des contractants, l'histoire nous en donne des exemples. Ainsi, l'Empereur d'Autriche, en janvier 1814, garantissait par un traité formel, à l'un des Bonaparte et à ses héritiers, la souveraineté du royaume de Naples. Dix-huit mois plus tard, on fusillait sur la plage de Pizzo, celui que tous les souverains du vieux continent avaient appelé : *Mon très cher frère.*

La garantie peut être faite non seulement par une puissance tierce, mais encore par l'une des parties contractantes en faveur d'une autre, ou de quelques-uns des contractants : dans le traité d'Aix-la-Chapelle, les huit puissances contractantes se rendirent mutuellement garantes du traité de paix d'Oliva. Ce genre de traité peut aussi être unilatéral ou synallagmatique, général ou spécial. Dans tous les cas, l'acte de garantie ne doit jamais porter préjudice aux droits d'un tiers ; il énonce le but et la portée des engagements pris par le garant, et s'il n'est que temporaire, il en fixe le terme. Quelquefois, l'exécution d'un engagement de cette espèce est subordonnée à un événement que l'on présume devoir arriver tôt ou tard, et sans la réalisation duquel la promesse est considérée comme nulle. Quelquefois aussi, il est spécifié que tel article d'un traité restera secret. La politique rend cet usage fréquent, mais il est rare que ce secret soit bien gardé. En cette matière, toute publicité incomplète provoque des interpellations embarrassantes dans les assemblées parlementaires. Par ailleurs, avec la liberté et les investigations de la presse qui suppose souvent au pouvoir des intentions ou des projets hostiles aux libertés publiques, il est peut-être préférable de traiter ces questions au grand jour.

DES TRAITÉS DE GARANTIE PROPREMENT DITS.

Ce sont des traités par lesquels une ou plusieurs puissances s'engagent soit à respecter, soit à la fois à respecter et à faire respecter un certain état de choses concernant la situation internationale ou même la situation intérieure d'un ou de plusieurs États. Ces droits ainsi garantis peuvent constituer des privilèges au profit de l'État garanti. La garantie peut aussi contenir des clauses restrictives d'indépendance.

Le point capital de ces traités, ce qui constitue leur individualité, ce qui leur donne un caractère spécial, c'est le fait de placer les personnes internationales qui les contractent dans deux situations distinctes : celle du garant et celle du garanti. Ils créent pour chacune de ces situations des droits et des devoirs spéciaux, d'une étendue plus ou moins importante, selon le but à atteindre et l'intention des parties, manifestée explicitement ou implicitement par les stipulations ou modalités qui y sont contenues.

Ceux qui garantissent l'intégrité territoriale et l'indépendance des États qui ne sont pas en mesure de se défendre eux-mêmes tendent au maintien de l'équilibre existant. Le traité du 13 février 1832, par exemple, confirmé par celui du 13 juillet 1863, par lequel la France, la Grande-Bretagne et la Russie garantissent l'indépendance et l'intégrité territoriale de la Grèce; les deux traités du 30 mars 1856, entre la France, l'Autriche, la Grande-Bretagne, la Prusse, la Russie, la Turquie et la Sardaigne, et du 15 avril de la même année, entre les trois premières puissances, qui garantissaient l'intégrité et l'indépendance de l'Empire ottoman. Ils imposent aux garants, quel qu'en soit le nombre, l'obligation de s'abstenir de tout acte attentatoire à l'indépendance et à l'intégrité des garantis. Lorsque la garantie est donnée sans restriction, elle oblige le garant à respecter et à faire respecter, ce qui signifie que celui-ci serait tenu, le cas échéant, de prêter au garanti son concours moral et matériel pour empêcher ou pour repousser toute agression. Si une puissance quelconque prétend qu'il y a eu provocation de l'État garanti, elle aura recours à l'intervention ou à la médiation des puissances garantes avant de confier la solution du litige au sort des armes. Quand tous les moyens de conciliation auront été épuisés, le garant peut se désintéresser et la puissance provoquée peut alors recourir aux moyens coercitifs pour obtenir la réparation qu'elle n'a pu obtenir autrement.

D'autre part, les obligations de l'État garanti consistent : à ne point provoquer ni l'un de ses garants ni une tierce puissance ; à suivre les conseils de ses garants en ce qui concerne la solution des différends possibles entre lui, d'une part, et une puissance étrangère de l'autre; à ne rien compromettre, en un mot, de ce qui a été arrêté et convenu entre les contractants.

Les traités qui garantissent l'intégrité territoriale sont destinés à protéger les petits États menacés d'annexion ou de démembrements violents de la part de leurs voisins. La garantie promise ne s'applique généralement pas aux choses intérieures d'un État. Des tendances séparatistes d'un seul État ou des tendances unionistes de plusieurs communautés politiques ne peuvent être l'objet d'un traité de l'espèce en question. Le traité de Paris ne garantit ni la séparation des principautés danubiennes, ni la domination turque sur les populations chrétiennes assujetties. Les puissances n'y ont point contracté non plus l'engagement de soutenir la Porte dans sa lutte contre les tentatives d'émancipation de quelques petits États de son Empire, ni celui de combattre les vœux unitaires des Roumains. Il est naturel qu'un État, pour des raisons de sécurité, de paix, d'ordre, recherche une garantie contre une attaque possible d'un voisin entreprenant, audacieux. Les États sont solidaires les uns des autres, et la garantie de la part des puissances qui la promettent n'est en somme qu'un acte de légitime défense admissible en droit international. En se plaçant à ce point de vue, il est évident que ces engagements sont justes et conformes au droit naturel, à la morale et à la civilisation. Les partages, les vœux unitaires, les tentatives d'émancipation, les tendances séparatistes et unionistes, la domination d'une nation sur une autre, sont presque toujours des actes où la force prime le droit.

La garantie de la neutralité perpétuelle remplit le même but et produit des effets relatifs à l'indépendance et à l'intégrité territoriales. Pour qu'il y ait neutralité, c'est-à-dire un ensemble de droits et de devoirs inhérents à cette situation, il faut naturellement qu'il y ait des belligérants. La neutralité peut être armée ou non armée, bienveillante, stricte ou même menaçante ; mais son idée essentielle est la non-participation à la guerre. Elle est, de la part de chaque État, un acte purement volontaire. Toutefois, lorsque des traités stipulent la neutralisation, les droits souverains de l'État neutralisé sont modifiés. Dans ce cas, la neutralité devient obligatoire. C'est une espèce de privilège, puisque cette neutralisation confère à l'État garanti l'assurance que ses voisins ne pourront pas lui déclarer la guerre à leur gré et qu'ils ne pourront plus agir entre eux selon leur convenance en ce qui concerne le territoire neutralisé. Il est évident, en outre, que la neutralisation confère à l'État neutralisé une situation extérieure modeste; qu'elle lui enlève tous les moyens de répandre son influence à l'étranger et l'oblige en quelque sorte à se désintéresser de la politique internationale. En revanche, elle lui procure la sécurité pour son existence et pour son libre développement intérieur, et elle met, en des mains plus fortes, la défense de ses intérêts légitimes à l'extérieur. En principe, lorsqu'une guerre survient entre deux puissances, l'état du neutre n'est pas modifié; il reste en possession de son indépendance, comme si la paix n'avait pas été troublée. Il a les mêmes droits. La guerre lui est étrangère. Il ne doit en souffrir aucun dommage direct. Telle est la règle générale. Cependant, il faut bien le dire, cette règle n'est pas absolue. Les belligérants puissants la méconnaissent quelquefois sous un prétexte ou sous un autre. Ils invoquent les droits de la guerre, de légitime défense, de conservation et de nécessité pour justifier la non-observation de ces prescriptions du droit international. Les droits du neutre ordinaire sont aussi ceux du neutre garanti.

Le but principal de la neutralisation pour les puissances qui la garantissent consiste à s'éloigner réciproquement, à s'imposer l'une à l'autre une distance de certains points stratégiques importants qu'aucune d'elles ne peut conquérir contre toutes les autres. « Les Alpes, disait M. Thiers[1], « sont une des parties les plus importantes des frontières

---

1. Discours parlementaires.

« de l'Europe. L'Autriche, l'Allemagne, l'Italie, la France,
« ne veulent les céder à aucune d'elles. Alors, on les a
« laissées en dépôt dans les mains d'un petit peuple brave
« et sage, qui les garde et n'en peut abuser. En Belgique,
« il y a aussi une portion des frontières que ni l'Angle-
« terre, ni l'Allemagne, ni la France, ne veulent se céder :
« ce sont les rivages de l'Océan et l'embouchure des prin-
« cipaux fleuves de l'Europe. » C'est une espèce de bar-
rière, représentée par un État inoffensif, dont le rôle contribue au maintien de l'équilibre ; plus elle est grande,
plus elle offre de sécurité aux voisins. Elle limite le champ
de bataille et augmente de cette manière les forces défensives de chacun contre tous.

Il faut naturellement qu'un pays ait une position géo-
graphique particulière, exceptionnelle, pour être l'objet
d'une neutralisation perpétuelle. Il doit être petit, faible
et situé entre des États dont les forces militaires se valent.
Les devoirs d'une neutralité de cette nature sont les suivants : l'État doit rester indépendant et se défendre contre
toutes les tentatives d'annexion de la part des voisins ; il
doit éviter leurs querelles et garder une parfaite neutralité
pendant la durée de leurs conflits. La Suisse, la petite
république de Cracovie, la Belgique et le grand-duché
de Luxembourg jouissent du bénéfice de la neutralisation
perpétuelle : il a été question, récemment, d'y ajouter la
Roumanie et l'Égypte.

La différence entre cette neutralité perpétuelle, que l'on
pourrait appeler conventionnelle de préférence, et la neutralité volontaire, est assez grande. Celle-là est un état
continu, général ; celle-ci est une condition temporaire ;
mais toutes les deux visent le même but : la guerre. L'État
neutre s'engage à ne rien faire pour ou contre les belligérants, sauf le cas de légitime défense. D'un autre côté, les
puissances garantes promettent de respecter ladite neutralité et de tout faire pour qu'elle ne soit pas violée.
Nous avons vu ailleurs ce que l'on entend par une neutra-

lité temporaire et comment on en remplit efficacement et rigoureusement toutes les conditions (voir chap. IX).

La conférence de Londres, de 1867, s'est occupée des questions de neutralité. Elle a déclaré que la neutralité du Luxembourg était « purement militaire » et que ce grand-duché resterait dans le *Zollverein* allemand. On peut donc stipuler des conditions particulières dans un traité de neutralité perpétuelle. L'article 3 du traité de Londres, du 11 mai 1847, stipule aussi le démantèlement de la forteresse de Luxembourg et la défense d'y élever aucune fortification dans l'avenir. Les forces militaires doivent y être réduites au strict nécessaire. Le traité de Berlin neutralise le littoral monténégrin, mais l'accès en est interdit à tout bâtiment de guerre, et le Monténégro, lui-même, ne peut y entretenir aucune force maritime. La récente conférence de Berlin établit une situation particulière en ce qui concerne le Congo ; c'est une espèce de neutralisation locale perpétuelle mitigée, qui tient le milieu entre les deux systèmes généralement préconisés.

La garantie pour le maintien d'un gouvernement est quelquefois stipulée dans un traité. C'est un acte qui dépasse le but. Un attribut essentiel de la souveraineté des États, c'est le droit de faire librement leur constitution intérieure, et un des premiers devoirs entre les États indépendants dans une organisation internationale bien conçue et bien établie, c'est la non-intervention dans les affaires intérieures d'un État quelconque. C'est une doctrine admise par tous, et les gouvernements la revendiquent soit pour la défense de leurs droits, soit pour intervenir en faveur de leurs nationaux ou de leurs protégés. Des traités spéciaux qui garantissent le gouvernement intérieur d'un État se divisent néanmoins en quatre catégories : 1º garantie pour le maintien de la forme monarchique ou républicaine, absolue ou constitutionnelle ; 2º garantie donnée à une constitution déterminée ; 3º garantie pour le maintien de la dynastie régnante ; 4º garantie pour l'exclusion d'une dynastie. Dans tous les cas, c'est un abus et une immixtion injuste.

En ce qui concerne la garantie de certains droits publics, politiques et civils, en faveur des citoyens ou d'une catégorie de citoyens, dans un État indépendant, la théorie et la pratique sont aujourd'hui en communauté d'idées pour sanctionner ce genre d'intervention lorsqu'elle a en vue la réunion en un seul corps politique de plusieurs nationalités, l'une dominante, les autres asservies. Bluntschli exprime le vœu que le droit international devienne moins timide à l'avenir et que les puissances se croient autorisées à intervenir lorsqu'un État ne respecte pas suffisamment les lois de l'humanité. A notre sens, il faut respecter l'indépendance d'un État. Chacun doit être maître chez soi. Peut-être comprendrions-nous une intervention si elle devait aider une nationalité à se développer dans son esprit national et à affirmer son individualité politique, mais toute garantie touchant à la constitution politique ou économique d'un État étranger est une atteinte portée aux principes fondamentaux de l'ordre international.

RUPTURE DES TRAITÉS DE GARANTIE.

Comme tous les autres traités, les traités de garantie n'ont plus de valeur, s'il se produit un fait qui, d'après les termes du traité, en détermine la fin, ou si toutes les parties contractantes sont d'accord pour les dénoncer. Dans la pratique, ces traités sont le plus souvent purs et simples et destinés à être perpétuels, mais rien ne s'oppose à ce qu'on y stipule un terme certain ou incertain, une condition suspensive ou résolutoire. L'inexécution des obligations souscrites par l'un des contractants, donne à l'autre le droit de le contraindre au respect du traité ou de se considérer comme dégagé des obligations au sujet desquelles il avait pris des engagements.

APERÇU THÉORIQUE ET PRATIQUE DES TRAITÉS.

La théorie des traités politiques entre les États est
très bien résumée dans l'introduction des Mémoires de
Frédéric le Grand : « La postérité, y dit-il, lira avec sur-
« prise le récit des traités faits et rompus, et, bien que ce
« soit là une chose commune, elle n'en excuserait pas
« l'auteur, s'il n'y avait pas de meilleures raisons pour
« justifier sa conduite. L'intérêt de l'État doit servir de
« règle au souverain ; c'est là la loi suprême et inviolable
« à laquelle le prince peut sacrifier des relations dont le
« maintien serait préjudiciable. Quelquefois, l'intérêt de
« l'État, la nécessité, la sagesse, la prudence, obligent un
« souverain à violer les traités quand il n'y a pas d'autres
« moyens de salut. Un particulier doit être obligé à main-
« tenir sa parole quand même il l'aurait donnée inconsi-
« dérément ; et s'il y manquait, on pourrait recourir à la
« protection des lois ; mais les inconvénients qui en peu-
« vent dériver ne nuisent qu'à lui seul, tandis que l'ac-
« complissement de la parole du souverain peut nuire à
« l'État, et, dans ce cas, quel est celui qui serait assez fou
« pour soutenir qu'un souverain est obligé à maintenir sa
« parole ? »

Personne ne conteste aux membres de la grande famille
internationale le droit de défendre une nation contre toute
agression extérieure. Les puissances en usent ou non,
chacune suivant son intérêt et ses convenances. Un État
dont l'indépendance, l'intégrité et la neutralité sont indispensables ou utiles au maintien de l'équilibre général,
trouvera des défenseurs sans qu'il soit besoin d'en prendre
l'engagement dans un traité spécial. L'utilité ou plutôt
l'efficacité des traités de garantie n'est donc pas bien démontrée. Dans tous les cas, on est unanime à reconnaître
que les traités n'engendrent aucun droit ni aucun devoir,
lorsqu'ils ne respectent pas le droit qui appartient à chaque

nation d'être une personnalité internationale indépendante et souveraine. Conclusion : les garanties ne sont pas toujours une sauvegarde, une planche de salut solide ; elles sont, comme l'écrivait le grand Frédéric, « comme de « l'ouvrage de filigrane, plus propres à satisfaire les yeux « qu'à être de quelque utilité ».

La conférence qui s'est réunie à Berlin en novembre 1884, au sujet des affaires relatives à la côte occidentale d'Afrique, a proclamé neutres tous les territoires compris dans le bassin conventionnel du Congo. C'est un acte de garantie d'une grande valeur, puisque tous les États d'Europe, sauf les trois royaumes orientaux et la Suisse, en sont les garants. L'article 10 de l'acte général de cette conférence est ainsi conçu :

« Afin de donner une garantie nouvelle de sécurité au « commerce et à l'industrie et de favoriser, par le maintien « de la paix, le développement de la civilisation dans les « contrées mentionnées à l'article 1er (tous les territoires « constituant le bassin du Congo et de ses affluents et une « zone maritime très grande) et placées sous le régime de « la liberté commerciale, les Hautes Parties signataires « du présent Acte et celles qui y adhéreront par la suite « s'engagent à respecter la neutralité des territoires ou « parties de territoires dépendant desdites contrées, y « compris les eaux territorales, aussi longtemps que les « puissances qui exercent ou qui exerceront des droits de « souveraineté ou de protectorat sur ces territoires, usant « de la faculté de se proclamer neutres, rempliront les « devoirs que la neutralité comporte. »

Cette même conférence s'est occupée de régler dans deux articles (34 et 35) les conditions essentielles à remplir pour que des occupations nouvelles sur les côtes africaines soient considérées comme effectives. La prise de possession devra toujours être suivie d'une notification adressée aux signataires de l'acte général de la conférence, afin de les mettre en mesure de faire valoir, s'il y a lieu, leurs réclamations, et marquée par l'institution, sur chacun des points acquis, d'une autorité suffisante pour faire respecter les droits nouveaux. Le simple fait de planter un drapeau, des poteaux ou des emblèmes ne suffit pas à créer ou à soutenir un titre à la possession ou au protectorat d'un pays. Cette décision introduit dans le droit public moderne des règles nouvelles qui, si restreinte qu'en soit l'application immédiate, créent peut-être pour l'avenir un précédent d'une portée considérable.

DES CONVENTIONS DITES CAPITULATIONS.

Le titre de capitulations est particulièrement appliqué aux conventions qui ont été conclues entre la Porte ottomane et les souverains étrangers. D'après l'article 18 de l'ordonnance de 1681, rendue par Louis XIV, et qui a servi de règle aux ordonnances maritimes de la plus grande partie des puissances depuis cette époque, cette expression pourrait être appliquée également aux conventions conclues entre tous les États. Pourtant, il n'en est pas ainsi. La Porte ottomane, obéissant à ses principes religieux, croyait autrefois ne pouvoir consentir qu'à des armistices avec les puissances chrétiennes, et les conventions qu'elle signait avaient le même caractère. C'est pour cela, sans doute, qu'on les appelait : capitulations. Depuis plus d'un siècle, cette puissance a conclu des traités, notamment le traité de paix perpétuelle signé avec la Russie, en 1774.

L'incident, peu important du reste, qui vient de se produire à Massouah, et au sujet duquel plusieurs notes viennent d'être échangées entre les cabinets de Rome et de Paris, indique suffisamment le but et l'esprit de ces conventions particulières. D'une manière générale, elles visent les intérêts et la protection des étrangers résidant dans les pays ottomans. Voici, très succinctement, le fait de Massouah, tel qu'il résulte des documents échangés par les parties en cause :

Le général italien qui cumule à Massouah le commandement militaire et les pouvoirs civils a pris récemment sur lui de frapper d'une taxe les étrangers qui demeurent sur le territoire de la colonie. Notre agent consulaire lui en a contesté le droit, bien qu'il n'y ait pas de négociant français à Massouah, mais seulement des Grecs placés sous sa protection. Or, ceux-ci ont protesté; il fallait donc que notre agent intervînt.

Mais l'occupation du port de Massouah par les Italiens n'a pas modifié la situation au point de vue international. S'ils en sont les maîtres *de facto*, les Égyptiens en sont encore les propriétaires *de jure*. Dans ces conditions, les capitulations n'ont pas cessé d'exister, et la taxe sur les étrangers n'a, par suite, aucune raison d'être.

L'Italie, il est vrai, soutient la thèse que ses droits sur Massouah ne peuvent faire doute, et que sa souveraineté sur ce port est régulièrement établie. Il semble, *à priori*, que ce point est à examiner, aucune notification officielle prescrite par les conventions internationales, et notamment par la convention signée à Berlin, le 26 février 1885 (art. 34), n'ayant été faite aux puissances. Les termes de cet article sont précis et les formalités à remplir lorsqu'une puissance veut occuper un point quelconque du littoral de la mer Rouge, y sont clairement exposées. Il est d'usage constant, d'ailleurs, que la prise de possession d'un territoire musulman par une puissance chrétienne et l'abrogation du régime des capitulations doivent être l'objet de pourparlers internationaux. C'est ainsi, par exemple, que l'occupation de la Bosnie et de l'Herzégovine et ensuite celle de Chypre donnèrent lieu à des négociations qui firent consacrer par les puissances la substitution des autorités chrétiennes aux autorités musulmanes. D'autre part, le Gouvernement italien a déclaré, à propos de Massouah, qu'il n'entendait pas faire acte de *possession*, mais seulement acte d'occupation, ce qui ne se ressemble pas. C'est évidemment un malentendu qui sera courtoisement et rapidement réglé par les intéressés. Il se peut que les taxes municipales établies sur les étrangers résidant à Massouah soient une mesure légitime en elle-même ; mais celle-ci, pour être régulière, eût dû être précédée de l'abrogation officielle du régime des capitulations.

Le principe d'après lequel l'abolition des capitulations découlerait, *ipso facto*, de l'occupation par une nation civilisée, d'un pays où elles existaient, serait une innovation ; il n'est pas probable que ce principe ait été discuté et accepté.

Enfin, Massouah n'a été abandonné ni par l'Égypte, ni par la Porte et n'est donc pas devenu *res nullius*. Quant à l'article 10 de la convention de Suez, qui a été invoqué dans la note italienne, il vise surtout la souveraineté directe et ne peut être appliqué dans le cas actuel où il s'agit de souveraineté indirecte, telle qu'elle résulte de la situation de vassalité de l'Égypte, souveraine à Massouah.

La Porte vient, croyons-nous, de protester ; elle déclare que la souveraineté ottomane n'a jamais cessé d'exister à Massouah et que l'article 10 de la convention de Suez ne constitue pas une renonciation de sa part à ses territoires de la côte occidentale de la mer Rouge.

Pour mieux résumer les questions dont nous venons de parler, nous ne saurions mieux faire que de donner, ici-même, le contenu de la dernière note de notre Ministre des affaires étrangères au gouvernement italien. C'est un exposé très précis, courtois et juste à la fois du litige dont il est question.

Paris, le 24 août 1888.

Monsieur,

Dans la dernière dépêche qu'il a cru devoir adresser aux puissances, en date du 13 août, le gouvernement italien reconnaît que « lorsqu'un pays dit à Capitulations passe sous l'administration d'une puissance chrétienne sans que la souveraineté change, les Capitulations ne cessent généralement d'être en vigueur que par suite d'accords entre la puissance occupante et les tiers ».

Il en serait autrement, « lorsque le pays à Capitulations passe non seulement sous l'administration, mais aussi sous la pleine souveraineté d'une puissance chrétienne ». Dans ce cas, les Capitulations « cesseraient *ipso facto* d'avoir empire ».

Nous ne croyons pas qu'il y ait grand intérêt à discuter la valeur de cette distinction.

Elle importe peu, en effet, si, comme le dit la dépêche italienne, la raison d'être des Capitulations se trouve « dans la différence considérable sous le rapport de la religion, des mœurs, des lois et des coutumes » qui existe entre les peuples musulmans et les peuples chrétiens. Ce qu'il faut considérer dès lors, c'est moins la souveraineté nominale que l'administration effective, puisque c'est cette administration qui assure les garanties auxquelles est subordonnée la suppression des Capitulations.

Quant aux exemples cités par le gouvernement italien à l'appui de sa thèse, ils prouvent simplement que c'est toujours par des traités qu'ont été consacrés les changements de souveraineté.

Il en a été ainsi pour l'Algérie, où, après sa défaite, le dey nous a transmis la souveraineté qui lui appartenait par une Capitulation régulière. De même pour la Dobrudcha, pour les territoires cédés à la Serbie, c'est en vertu du traité de Berlin qu'a eu lieu la cession de souveraineté. La conquête même n'est parfaite que lorsqu'elle a abouti à un traité; et c'est alors seulement qu'elle peut être opposée aux tiers. On comprend qu'un territoire musulman, passant sous la souveraineté d'un État chrétien, cesse *ipso facto* d'être soumis au régime des Capitulations et même que ce régime, pour subsister, comme dans les provinces annexées à la Serbie, ait besoin d'être formellement maintenu. Ce qui n'a jamais été admis jusqu'à ce jour, c'est que la souveraineté puisse changer de mains sans le consentement de la puissance à laquelle elle appartenait.

Or, quelle est la situation de l'Italie à Massouah ?

Non seulement l'Italie n'invoque aucun traité, mais la dépêche du 13 août reconnaît de nouveau « que, lorsque l'Italie est allée à Massouah, son intention n'était pas de soulever la question de souveraineté territoriale ». Bien loin que « la proclamation de l'*animus dominandi* ait été faite itérativement à la tribune parlementaire italienne », les déclarations réitérées du gouvernement italien soit au Parlement, soit aux gouvernements étrangers, ont constamment maintenu que la question de souveraineté restait « impréjugée ».

Dans le Livre Vert, déposé à la Chambre des Députés par le comte de Robilant le 30 juin 1886, et qui divise en trois catégories les territoires occupés par l'Italie dans la mer Rouge, à côté des territoires lui appartenant en pleine souveraineté et de ceux placés sous son protectorat, Massouah figure simplement comme « territoire *présidé* et *administré* par l'Italie ».

Il ne s'agissait donc pas de *souveraineté,* mais de simple *administration,* c'est-à-dire précisément de cette situation de fait dans laquelle la dépêche italienne du 13 août reconnaît que la suppression des Capitulations n'a pas lieu de plein droit, mais doit faire l'objet d'un accord entre les intéressés ; si bien que ce sont les principes mêmes posés par le gouvernement italien que nous sommes fondés à invoquer contre lui.

Si telle était la situation en 1886, comment aurait-elle pu se modifier depuis, sans une déclaration expresse de l'Italie, alors que les actes d'administration accomplis par les autorités locales, qui pouvaient être considérées comme portant atteinte aux Capitulations, n'ont pas cessé d'être suivis de protestations et de réserves ?

En dernière analyse, il est vrai, la dépêche du 13 août déclare « que, si une notification aux puissances de l'occupation de Massouah était nécessaire, elle aurait été faite par les Notes du 25 juillet ».

Cette notification peut-elle avoir pour effet d'établir la souveraineté de l'Italie, alors que la Porte, loin d'avoir adhéré, comme on l'avait annoncé d'abord, aux faits accomplis, revendique énergiquement aujourd'hui des droits auxquels elle affirme n'avoir jamais renoncé ? Nous ne voulons pas discuter ce point, nous bornant à prendre acte de la protestation de la Porte et de la juste rectification qu'elle oppose à l'interprétation donnée dans les Notes italiennes à l'article 10 de la convention de Suez.

Mais dans tous les cas, en supposant la notification du 25 juillet valable, il est clair que ce n'est qu'à partir de ce moment que les Capitulations auraient pu cesser d'exister et que, jusque-là, le gouvernement italien n'était pas en droit d'agir comme si elles n'existaient pas.

Nous n'insisterons pas sur les faits qui se sont accomplis à Massouah, car nous avons à cœur d'éviter des polémiques irritantes. Il est impossible cependant de ne pas rappeler que la France avait depuis plus de vingt-cinq ans un agent consulaire établi à Massouah et y fonctionnant en vertu d'un exequatur de la Porte, puissance souveraine, lorsque les Italiens ont mis le pied sur ce territoire.

La dépêche du 13 août semble reprocher à notre consul d'avoir conservé pendant les premiers temps les relations que nous entretenions avec le Négus bien avant l'occupation italienne. Elle lui reproche tout au moins son intervention dans certaines circonstances, comme si cet agent avait fait autre chose que remplir son devoir en sauvegardant les droits et les intérêts des protégés français à l'égal de ceux de nos propres nationaux.

On peut avoir oublié les importants services rendus, en plus d'une occasion, tant par notre consul que par les Pères de notre mission française ; mais ce qui ne saurait être contesté, c'est que, précisément pour ménager les susceptibilités du gouvernement italien dont, encore une fois, nous n'avons jamais songé à contrarier l'action à Massouah, notre consul a été appelé en congé.

Quant à l'agent chargé de remplir ses fonctions, comment pourrait-on soutenir qu'il ne les exerçait que « par tolérance » et « en une qualité mal définie » ? Il n'avait besoin d'aucun exequatur pour remplir un simple intérim. Ses droits étaient les mêmes que ceux du consul dont il tenait la place et c'est assurément une étrange prétention que de qualifier d'acte de rébellion, de résistance à la loi, l'avis donné par lui à nos protégés de ne pas payer des taxes qui ne pouvaient être considérées comme légalement établies tant que le régime des Capitulations n'avait pas été abrogé. Le gouvernement italien sait parfaitement que notre agent n'avait pas reçu d'autres instructions et que le paiement des taxes n'a été différé que parce que lui-même a refusé d'entrer en négociations au sujet des Capitulations.

Nous ne prolongerons pas ce débat qu'aurait dû prévenir une explication amicale entre les deux gouvernements intéressés. En définitive, il se réduit à ces termes fort simples : le gouvernement italien nous a trouvés à Massouah en possession depuis de longues années d'un état de choses fondé sur les Capitulations et que pendant longtemps lui-même a reconnu et accepté.

D'autre part, nous avions sur certains points de la région des titres résultant de concessions antérieures et dont la discussion avait toujours été réservée.

Le gouvernement italien pouvait-il, de sa seule autorité, sans accord avec nous, supprimer cet état de choses ? Une telle prétention est-elle conforme au droit international ?

Nous nous refusons pour notre part à l'admettre ; et, puisque le gouvernement italien, car c'est lui qui a pris cette initiative, a cru devoir porter ce débat devant l'Europe, nous nous en rapportons avec confiance à son jugement. Elle nous rendra, nous en sommes convaincus, cette justice qu'au cours de ce regrettable incident comme de la discussion à laquelle il a donné lieu, nous ne nous sommes pas écartés un instant de la mesure que doit observer un gouvernement non moins soucieux des égards dus à une nation amie que de la défense de ses droits et de sa dignité.

Je vous autorise à remettre copie de cette dépêche au gouvernement auprès duquel vous êtes accrédité.

QUATRIÈME PARTIE

ANNEXES

DOCUMENTS DIVERS
TRAITÉS, CONVENTIONS, ETC., ETC.

SOMMAIRE. — Modèle de notification de blocus. — Renseignements
sur les blocus (escadre de l'amiral Courbet). — Instructions de
l'amiral Courbet au sujet de la contrebande de guerre et supplément
aux instructions spéciales. — Notification de blocus à adresser aux
bâtiments rencontrés dans les parages bloqués. — *Enlistment act*.
— Notification de levée de blocus. — De l'exercice des représailles
(consultation). — Traité de commerce et de navigation entre la
France et le Mexique. — Convention internationale (police de la
pêche). — Déclaration du Congrès de Paris du 16 avril 1856. —
Traité de Paris du 30 mars 1856 : article 8. — Convention dite de
Genève : articles relatifs à la marine. — Traité de Madagascar. —
Traité des îles sous le Vent. — Instructions générales de 1878,
pour le temps de guerre. — Cérémonial : salves et visites en mer.
— Déclaration de neutralité. — Projet de convention franco-an-
glaise au sujet du canal de Suez. — Convention des Nouvelles-
Hébrides. — Nouvelle convention franco-anglaise concernant les
Nouvelles-Hébrides. — Acte de prise de possession. — Convention
commerciale franco-chinoise. — Convention de navigation franco-
italienne. — Renseignements divers à prendre dans les pays visités
par les bâtiments de guerre. — Traité entre la France et le Japon.
— Annexion des îles sous le Vent. — Proclamation du gouverneur
de Tahiti. — Articles 6 et 7 de la convention postale (France et
Italie) du 4 septembre 1860. — Articles 5, 12 et 13 de la convention
consulaire (France et Italie) du 26 juillet 1862. — Article 23 relatif
au pavillon (service à bord). — Les navires de commerce sont subordonnés aux navires de guerre (art. 113, service à bord). — Réquisitions (art. 113, service à bord). — Rapport des navires de guerre
avec les consuls (art. 137, service à bord). — Participation des na-

vires de guerre aux démonstrations publiques en pays étranger. — Les tribunaux maritimes commerciaux. — Traité de garantie. — Règles internationales pour prévenir les abordages.

DOCUMENTS DIVERS A CONSULTER

Modèle de notification de blocus.

Nous soussigné, vice-amiral *A. Courbet*[1], Commandant en chef,
Vu l'état de représailles existant entre la France et la Chine ; agissant en vertu des pouvoirs qui nous appartiennent,

Déclarons :

Qu'à partir du 23 octobre 1884, la côte et les ports de Formose, compris entre le cap Sud (lat. 21°50 Nord, long. 118°32 Est) et la pointe Dôme (lat. 24°30 Nord, long. 119°35 Est), en passant par l'Ouest et par le Nord, seront tenus en état de blocus effectif, par les forces navales placées sous notre commandement et que les bâtiments amis ou neutres auront un délai de trois jours pour achever leur chargement et quitter les lieux bloqués.

Il sera procédé contre tout bâtiment qui tenterait de violer ledit blocus, conformément aux lois internationales et aux traités en vigueur avec les puissances neutres.

A bord du *Bayard*, Kelung, 20 octobre 1884.

Signé : COURBET[2].

---

1. Nom.

2. *Nota.* — Le blocus ayant été provisoirement suspendu vers décembre 1884, une nouvelle notification fut faite le 3 janvier 1885. Il y est dit que la ligne délimitant l'espace soumis au blocus devra s'étendre à cinq milles de terre.

Tous les documents de l'escadre de l'Extrême-Orient nous ont été fournis, en septembre 1885, à Tchefoo, par M. le capitaine de vaisseau Fleuriais, chef d'état-major du commandant en chef des forces navales françaises des mers de Chine.

ESCADRE DE L'EXTRÊME-ORIENT.

Renseignements sur les blocus.

(Pour les capitaines.)

La violation du blocus exige deux conditions : le navire neutre doit avoir eu connaissance de l'existence effective du blocus et avoir été capturé pendant qu'il tentait de forcer le blocus. La question est surtout une affaire de fait, et il est absolument impossible de la trancher au moyen d'une règle générale.

Le navire neutre qui sort du port bloqué se rend également coupable de violation de blocus. D'après Bluntschli, la capture ne peut avoir lieu en dehors des eaux bloquées, le blocus étant de sa nature restreint à une certaine étendue de mer et n'existant pas sur mer, en général.

L'entrée dans un port neutre protège le navire neutre contre les suites de la violation.

L'effet du blocus est d'empêcher toute communication par mer du port bloqué avec le dehors, mais le principe comporte quelques exceptions.

Quant à l'entrée, on laissera franchir la ligne du blocus aux navires que le manque de vivres, une avarie ou le mauvais temps obligent à chercher dans le port bloqué un refuge momentané ; le belligérant pourra prendre toutes les mesures qu'il croira nécessaires pour qu'on n'abuse pas de cette tolérance, dictée par des considérations supérieures d'humanité.

Pour la sortie, les exceptions généralement admises sont plus nombreuses. Les navires qui étaient déjà mouillés dans le port bloqué au moment où le blocus est notifié aux autorités du port, peuvent prendre la mer sur lest ou avec un chargement antérieur à cette notification. Il est, en outre, permis aux navires surpris par le blocus dans les eaux du port bloqué, de sortir avec leurs cargaisons, dans un délai déterminé.

La cessation de l'investissement réel fait cesser le blocus avec tous ses effets ; il est, en quelque sorte, la substance même de l'opération. Peu importe que la cessation soit amenée par la libre volonté du belligérant ou par la force des armes ou des éléments. Les belligérants doivent notifier aux neutres la cessation du blocus ; s'ils le négligent, ils ne peuvent désirer aucun droit de la non-exécution de leur obligation.

Signé : A. COURBET.

Conduite à tenir par les capitaines, en cas de rencontre de bâtiments porteurs de contrebande de guerre.

Lorsque le capitaine du neutre refusera de livrer les marchandises de contrebande de guerre ou lorsque ces marchandises formeront les trois quarts de la valeur du chargement, vous aurez à capturer navire et cargaison et à les traiter comme prises. Dans le cas contraire, les marchandises devront seules être saisies ; il devra être dressé procès-verbal détaillé de l'opération et ce procès-verbal devra être signé pour adhésion par le capitaine du neutre.

Quand le transbordement des objets de contrebande sera impossible, vous pourrez vous servir du navire pour les transporter dans tel port français que vous désignerez. Le navire devra être relâché aussitôt que les marchandises auront été mises à terre. Vous pourrez, d'ailleurs, considérer comme port français, pour la mise en séquestre des navires et des marchandises, tout port occupé par nos forces et où se trouve un officier du commissariat en état de procéder aux actes d'instruction et d'administration prescrits par l'arrêté du 6 germinal an VIII et celui du 2 prairial an XI.

Signé : A. Courbet.

Supplément aux instructions spéciales.

CONTREBANDE DE GUERRE.

Conformément aux ordres.........en date du............. le plomb, sous quelque forme qu'il soit, sera considéré comme contrebande de guerre, ainsi que l'huile d'arachide, qui est d'un bon usage pour le service des machines.

Les pêcheries seront respectées, à moins qu'elles ne soient établies dans le but évident de barrer les chenaux.

Tout bâtiment porteur, d'après son connaissement, de matières destinées à un arsenal chinois sera arrêté.....

Signé : A. Courbet.

Texte de la lettre par laquelle l'ambassadeur de France à Berlin a fait savoir au Gouvernement allemand l'intention de la France de visiter les navires des neutres dans les eaux de la Chine.

Berlin, le 6 février 1885.

Monsieur le Sous-Secrétaire d'État,

Afin d'atténuer, au bénéfice des neutres, les conséquences des opérations militaires entamées dans les mers de Chine, le Gouvernement français s'était efforcé jusqu'à ce jour de localiser l'action de ses forces navales, et il s'était abstenu d'exercer le droit de visite et de capture. Des ordres récemment envoyés de Londres aux autorités des possessions coloniales britanniques ont modifié les conditions dans lesquelles le maintien de ce mode de procéder était possible.

La situation nouvelle qui est faite aux bâtiments de la marine française, par l'application rigoureuse des règles de la neutralité dans les ports relevant de la souveraineté anglaise, oblige le Gouvernement de la République à avancer l'heure où, d'après ses prévisions, il devait être amené à revendiquer le plein et entier exercice des droits reconnus aux belligérants par la loi internationale. Des instructions dans ce sens ont dû être adressées au commandant en chef des forces navales françaises dans les mers de Chine. Je suis autorisé à ajouter que des recommandations expresses ont été faites pour que les croiseurs français continuent à user envers le commerce neutre de tous les égards et de tous les tempéraments conciliables avec la nécessité de prévenir la contrebande de guerre.

Recevez, Monsieur le Sous-Secrétaire d'État, les assurances de ma haute considération.

Signé : ALPHONSE DE COURCEL.

Modèle de notification de blocus à adresser aux bâtiments rencontrés dans les parages bloqués.

Je soussigné...........¹, officier du.............² français le...........³, agissant en vertu des ordres donnés à Monsieur...........⁴, commandant ce bâtiment, par le vice-amiral commandant en chef l'escadre de l'Extrême-Orient, notifie par la présente inscription sur le registre du bord du...........⁵, le blocus d'une partie de la côte et des ports de Formose.

Ce blocus comprend la côte et les ports de Formose, depuis le cap Sud (lat.....; long.....) jusqu'à la pointe Dôme (lat.....; long......), en passant par l'ouest et par le nord.

La zone du blocus s'étend jusqu'à cinq milles de terre.

En foi de quoi, j'ai signé et apposé le cachet du bord.

Le..........mil huit cent......

Proclamation du gouverneur de Hong-Kong mettant en vigueur l' « Enlistment act » dans les ports de Hong-Kong et de Singapour.

Attendu que le secrétaire d'État de Sa Majesté,... « les navires « publics des gouvernements belligérants (français et chinois) ne « doivent pas être admis à embarquer à Hong-Kong des articles « de nature à assister les opérations navales ; en conséquence, le « charbon fourni à tout navire des belligérants ne doit pas excé- « der la quantité nécessaire pour gagner le port le plus proche « qui n'est pas le théâtre des opérations navales ; du charbon ne « doit être fourni sans permission à un même navire qu'après « l'expiration de trois mois échus depuis la fourniture antérieure ; « les réparations des navires des belligérants et les fournitures de « provisions pour leurs équipages doivent être restreintes au strict « nécessaire pour mettre les navires des belligérants en état de « tenir la mer jusqu'audit port le plus proche où il n'est pas con-

---

1. Grade.
2. Cuirassé, croiseur, etc.
3. Nom du bâtiment.
4. Nom du commandant.
5. Nom du bâtiment auquel le blocus a été notifié.

« duit d'opérations navales ; aucune réparation ne peut être effec-
« tuée ni aucune fourniture faite aux navires des belligérants, si
« ce n'est sous la surveillance des autorités locales dont le devoir
« sera de faire immédiatement un rapport au gouverneur dans
« tous les cas où ces instructions seraient enfreintes... »

Notification de levée de blocus.

Nous soussigné, vice-amiral *A. Courbet* [1], commandant en chef
les forces navales françaises dans l'Extrême-Orient,

Vu les préliminaires de paix portant armistice qui viennent
d'être signés à Paris ;

Déclarons :

Le blocus de la côte et des ports de Formose est levé.

A bord du *Bayard,* le..........188 .

Signé: A. COURBET [2].

DE L'EXERCICE DES REPRÉSAILLES [3].

Consultation.

En temps de représailles, une nation peut s'emparer des propriétés ennemies et les conserver jusqu'à ce qu'elle ait obtenu

---

1. Nom.
2. Signature.
3. Document de l'escadre de l'Extrême-Orient.

satisfaction. Elle peut aussi empêcher le commerce avec les neutres par un blocus pacifique.

Le blocus pacifique, quoique ayant le caractère de vive force, n'est pas un acte de guerre ; c'est un moyen d'intervention admis par le droit et la pratique internationale pour obtenir satisfaction.

Le traité de Paris du 16 avril 1856 n'est pas applicable aux blocus pacifiques ; on ne peut cependant douter que le bloqueur puisse prendre les navires qui violent le blocus, qu'ils appartiennent à l'État bloqué ou à une puissance neutre.

Pour que la capture d'un navire neutre ayant violé le blocus soit déclarée valide, il est nécessaire :

1° Que le blocus soit effectif ;

2° Que le blocus soit notifié à puissance ;

3° Que le blocus ait été notifié au navire capturé, et pour que cette notification spéciale ne soit pas douteuse, la jurisprudence exige qu'elle soit inscrite sur les livres du bord.

La condition de la notification du blocus n'est pas exigée lorsque le navire capturé, bien que neutre, était chargé de contrebande de guerre, ou lorsqu'il appartenait à la nation contre laquelle le blocus a été établi.

TRAITÉS, CONVENTIONS, ETC.

Traité d'amitié, de commerce et de navigation entre la République française et les États-Unis du Mexique[1].

Le Président de la République française et le Président des Etats-Unis du Mexique, animés du même désir de maintenir les relations cordiales qui existent entre les deux pays, de resserrer, s'il est possible, leurs liens d'amitié et de développer les rapports

---

1. Ce traité vient d'être ratifié.

commerciaux entre leurs nationaux respectifs, ont décidé de conclure un traité d'amitié, de commerce et de navigation sur la base d'une équitable réciprocité, et ont nommé, à cet effet, pour leurs plénipotentiaires respectifs, savoir :

Le Président de la République française, M. Gaëtan Partiot, envoyé extraordinaire et ministre plénipotentiaire de la République française, au Mexique, officier de la Légion d'honneur, officier de l'Instruction publique de France, grand-croix du Mérite naval d'Espagne, etc., etc. ;

Et le Président des États-Unis du Mexique, M. le licencié Genaro Raigosa, sénateur de la République.

Lesquels, après s'être communiqué leurs pleins pouvoirs, trouvés en bonne et due forme, ont arrêté les articles suivants :

Art. 1er. — Il y aura paix et amitié perpétuelles entre la République française d'une part, et les États-Unis du Mexique d'autre part, ainsi qu'entre les citoyens de l'un et de l'autre État, sans exception de personnes ni de lieux.

Art. 2. — Il y aura réciproquement pleine et entière liberté de commerce et de navigation pour les nationaux et les bâtiments des Hautes Parties contractantes dans les villes, ports, rivières ou lieux quelconques des deux États et de leurs possessions dont l'entrée est actuellement permise ou pourra l'être à l'avenir, aux sujets et aux navires de toute autre nation étrangère.

Les Français, dans les États-Unis du Mexique, et les Mexicains en France, pourront réciproquement entrer, voyager, ou séjourner en toute liberté, dans quelque partie que ce soit des territoires et possessions respectifs ; ils jouiront à cet effet, pour leurs personnes et leurs biens, de la même protection et sécurité que les nationaux.

Ils pourront, dans toute l'étendue des deux territoires, exercer l'industrie, faire le commerce, tant en gros qu'en détail, louer ou posséder les maisons, magasins, boutiques ou terrains qui leur sont nécessaires, effectuer des transports de marchandises et d'argent et recevoir des consignations tant de l'intérieur que de l'étranger en payant les droits et patentes établis par les lois en vigueur pour les nationaux.

Ils seront également libres, dans leurs ventes et achats, de débattre et de fixer les prix des effets, marchandises et objets quelconques, tant importés que nationaux, soit qu'ils les vendent à l'intérieur du pays, soit qu'ils les destinent à l'exportation, sauf à se conformer aux lois et règlements du pays.

Ils pourront faire et administrer leurs affaires eux-mêmes ou se faire suppléer par des personnes dûment autorisées, soit dans l'achat ou la vente de leurs biens, effets ou marchandises, soit dans leurs propres déclarations en douane, soit dans le chargement ou le déchargement et l'expédition de leurs navires.

Enfin, ils ne seront assujettis à d'autres charges, contributions, taxes ou impôts que ceux auxquels sont soumis les nationaux.

Les citoyens de chacune des deux Hautes Parties contractantes auront sur le territoire de l'autre les mêmes droits que les nationaux en ce qui concerne les brevets d'invention, étiquettes, marques de fabrique et dessins. Pour ce qui est de la propriété littéraire et artistique, les citoyens de chacune des deux Hautes Parties contractantes jouiront réciproquement chez l'autre du traitement de la nation la plus favorisée.

Art. 3. — Les citoyens des deux nations jouiront, dans l'un et l'autre État, de la plus complète et constante protection pour leurs personnes et leurs propriétés. Ils pourront avoir recours aux tribunaux de justice pour la poursuite et la défense de leurs droits dans toutes les instances et à tous les degrés de juridiction établis par les lois. Ils seront libres d'employer les avocats, avoués ou agents de toutes classes auxquels ils jugeront à propos de recourir pour les représenter et agir en leur nom, le tout conformément aux lois du pays ; enfin ils jouiront sous ce rapport des mêmes droits et privilèges qui sont ou seront accordés aux nationaux, et ils seront soumis, pour la jouissance de ces franchises, aux mêmes conditions que ces derniers.

Art. 4. — Les Français dans les États-Unis du Mexique et les Mexicains en France jouiront du bénéfice de l'assistance judiciaire, en se conformant aux lois du pays dans lequel l'assistance sera réclamée. Néanmoins, l'état d'indigence devra, en outre des formalités prescrites par ces lois, être établi par la production de pièces délivrées par les autorités compétentes du pays d'origine de la partie et légalisées par l'agent diplomatique ou consulaire de l'autre pays, qui les transmettra à son gouvernement.

Art. 5. — Les Français dans les États-Unis du Mexique et les Mexicains en France pourront, comme les nationaux, acquérir, posséder et transmettre par succession, testament, donation ou de quelque autre manière que ce soit, les biens meubles situés dans les territoires respectifs, sans qu'ils puissent être tenus à acquitter des droits de succession ou de mutation autres ni plus élevés que ceux qui seraient imposés dans des cas semblables aux nationaux eux-mêmes.

En ce qui concerne la possession des immeubles, les Français au Mexique et les Mexicains en France seront traités comme les sujets ou citoyens de la nation la plus favorisée.

Art. 6. — La succession aux biens immobiliers sera régie par les lois du pays dans lequel les immeubles seront situés, et la connaissance de toute demande ou contestation concernant les successions immobilières appartiendra exclusivement aux tribunaux de ce pays.

Les réclamations relatives aux droits de succession sur les effets mobiliers laissés dans l'un des deux pays par les sujets de l'autre, soit qu'à l'époque de leur décès ils y fussent établis, soit qu'ils y fussent simplement de passage, seront jugés par les tribunaux ou autorités compétentes du pays où ces effets se trouveront, mais d'après la législation de l'État auquel appartenait le défunt.

Art. 7. — Les Français dans les États-Unis du Mexique et les Mexicains en France seront exempts de tout service personnel, soit dans les armées de terre ou de mer, soit dans les gardes ou milices nationales, ainsi que de toutes réquisitions ou contributions de guerre, des prêts et emprunts forcés, en tant que ces réquisitions, emprunts ou contributions ne seraient pas imposés sur la propriété foncière, auquel cas ils devront les payer comme les nationaux.

Dans les autres cas, ils ne pourront pas être assujettis pour leurs propriétés soit mobilières, soit immobilières, à d'autres charges ou impôts que ceux auxquels seraient soumis les nationaux eux-mêmes ou les citoyens de la nation la plus favorisée.

Il est bien entendu que celui qui réclamera l'application de la dernière partie de cet article sera libre de choisir celui des deux traitements qui lui paraîtra le plus avantageux.

Art. 8. — Les navires, cargaisons, marchandises ou effets appartenant à des citoyens de l'un ou de l'autre État, ne pourront être respectivement soumis à aucun embargo ni retenus pour une expédition militaire quelconque, ni pour quelque usage public que ce soit, sans une indemnité préalablement débattue par les parties intéressées, fixée et acquittée, suffisante pour compenser les pertes, dommages et retards qui seraient la conséquence du service auquel ils auraient été astreints.

Art. 9. — Les citoyens de chacun des deux États jouiront respectivement dans l'autre d'une entière liberté de conscience et pourront exercer leur culte de la manière que leur permettront la Constitution et les lois du pays.

Art. 10. — Si malheureusement la paix venait à être rompue entre les deux États, il est convenu, dans le but de diminuer les maux de la guerre, que les ressortissants de l'un d'eux, résidant dans les villes, ports et territoires de l'autre, exerçant le commerce ou toute autre profession, pourront y demeurer et continuer leurs affaires, en tant qu'ils ne commettent aucune offense contre les lois du pays. Dans le cas où leur conduite leur ferait perdre ce privilège, et où les Gouvernements respectifs jugeraient nécessaire de les faire sortir du pays, il leur serait concédé un délai suffisant pour qu'ils pussent régler leurs intérêts.

En aucun cas de guerre ou de collision entre les deux nations, les propriétés ou biens, de quelque nature qu'ils soient, des ressortissants respectifs ne seront assujettis à aucune saisie ou séquestre, ni à d'autres charges et impositions que celles exigées des nationaux. De même, pendant l'interruption de la paix, les deniers dus par les particuliers, non plus que les titres de crédit public, ni les actions de banque ou autres, ne pourront être saisis, séquestrés ou confisqués au préjudice des citoyens respectifs et au bénéfice des pays où ils se trouveront.

Art. 11. — Les Parties contractantes sont convenues d'accorder réciproquement à leurs Envoyés, Ministres et Agents respectifs, les mêmes privilèges, faveurs, et franchises dont jouissent ou jouiront à l'avenir les Envoyés, Ministres et Agents publics de la nation la plus favorisée.

Les mêmes Parties contractantes, animées du désir d'éviter tout ce qui pourrait troubler leurs relations amicales, conviennent que leurs représentants diplomatiques n'interviendront point officiellement, si ce n'est pour obtenir, s'il y a lieu, un arrangement amical, au sujet des réclamations ou plaintes des particuliers concernant des affaires qui sont du ressort de la justice civile ou pénale et qui seront déjà soumises aux tribunaux du pays, à moins qu'il ne s'agisse de déni de justice, de retards en justice contraires à l'usage ou à la loi, ou de la non-exécution d'un jugement ayant l'autorité de chose jugée ou, enfin, de cas dans lesquels malgré l'épuisement des moyens légaux fournis par la loi il y a violation évidente des traités existant entre les deux parties contractantes ou des règles du droit international tant public que privé, généralement reconnues par les nations civilisées.

Il est en outre convenu entre les Parties contractantes que leurs Gouvernements respectifs, excepté les cas dans lesquels il y aura faute ou manque de surveillance de la part des autorités du pays ou de ses agents, ne se rendront pas réciproquement responsables pour les dommages, oppressions ou exactions que les nationaux de l'une viendraient à subir sur le territoire de l'autre en temps d'insurrection ou de guerre civile de la part des insurgés, ou par le fait des tribus ou hordes sauvages qui refusent leur obéissance au Gouvernement.

Art. 12. — Les droits d'importation imposés en France sur les produits du sol et de l'industrie mexicaine et, dans les États-Unis du Mexique, sur les produits du sol et de l'industrie de France, ne pourront être autres ou plus élevés que ceux auxquels sont ou seront soumis les mêmes produits de la nation la plus favorisée. Le même principe sera observé pour l'exportation.

Aucune prohibition ou restriction d'importation ou d'exportation n'aura lieu dans le commerce réciproque des deux pays qu'elle ne soit également appliquée à toutes les autres nations, sauf pour des motifs sanitaires ou pour empêcher soit la propagation d'épizooties, soit la destruction des récoltes, où bien en vue d'événements de guerre.

Art. 13. — Les marchandises de toute nature venant de l'un des deux États ou y allant, seront réciproquement exemptées dans l'autre État de tous droits de transit, à moins qu'ils ne soient imposés sur les marchandises des autres nations.

Toutefois, la législation spéciale de chacun des deux États est maintenue pour les articles dont le transit est ou pourra être interdit, et les deux Hautes Parties contractantes se réservent le droit de soumettre à des autorisations spéciales le transit des armes et des munitions de guerre.

Art. 14. — Les deux Parties contractantes s'engagent réciproquement à n'accorder aux sujets d'aucune autre puissance, en matière de navigation ou de commerce, aucun privilège, aucune faveur ou immunité quelconque sans les étendre, pendant la durée desdites concessions, au commerce et à la navigation de l'autre Partie, et elles jouiront réciproquement de tous les privilèges, immunités et faveurs qui ont été ou seront concédés à toute autre nation.

Art. 15. — Pour tout ce qui concerne la police des ports, le chargement et le déchargement des navires et la garde des marchandises et effets, les sujets des deux puissances sont soumis aux lois et ordonnances locales.

Pour les ports mexicains sont comprises sous cette désignation les lois et ordonnances promulguées ou qui seront promulguées à l'avenir par le Gouvernement fédéral et, en outre, les ordonnances des autorités locales dans la circonscription de la police de santé.

Les Parties contractantes sont convenues de considérer comme limite de la souveraineté territoriale sur leurs côtes respectives, la distance de 20 *kilomètres* à compter de la ligne de la marée la plus basse. Toutefois, cette règle sera seulement appliquée pour l'exercice du contrôle de la douane, pour l'exécution des ordonnances de la douane et pour les prescriptions contre la contrebande, et ne sera, par contre, nullement appliquée dans toutes les autres questions de droit maritime international. Il est également entendu que chacune des Parties contractantes ne fera application de ladite étendue de la limite de la souveraineté aux navires de l'autre Partie contractante que si cette Partie contractante en agit de même envers les navires des autres nations avec lesquelles elle a des traités de commerce et de navigation.

Art. 16. — Les navires français venant dans les ports des États-Unis du Mexique et les navires mexicains venant dans les ports de France avec chargement ou sur lest ne paieront d'autres ni de plus forts droits de tonnage, de port, de phare, de pilotage, de quarantaine ou autres affectant la coque du navire, que ceux auxquels sont ou seraient assujettis les navires de la nation la plus favorisée.

En ce qui concerne le traitement local, le placement des navires, leur chargement ou déchargement, ainsi que les taxes ou charges quelconques dans les ports, bassins, docks, rades, havres et rivières des deux pays, et généralement pour toutes les formalités ou dispositions auxquelles peuvent être soumis les navires de commerce, leurs équipages et leurs cargaisons, les privilèges, faveurs ou avantages qui sont ou seraient accordés aux bâtiments de la nation la plus favorisée, ainsi qu'aux marchandises importées ou exportées par ces bâtiments, seront également accordés aux navires de l'autre pays, ainsi qu'aux marchandises importées ou exportées par ces navires.

Art. 17. — Seront complètement affranchis des droits de tonnage, de port et d'expédition, mais non de ceux de pilotage :

1° Les navires qui, entrés sur lest de quelque lieu que ce soit, en repartiront sur lest ;

2° Les navires qui, passant d'un port de l'un des deux États dans un ou plusieurs ports du même État, soit pour y déposer tout ou partie de leur cargaison, soit pour y composer ou compléter leur chargement, justifieront avoir déjà acquitté ces droits ;

3° Les bateaux à vapeur affectés au service de la poste, des voyageurs et des bagages ne faisant aucune opération de commerce ;

4° Les navires qui, entrés avec chargement dans un port, soit volontairement, soit en relâche forcée, en sortiront sans avoir fait aucune opération de commerce.

Toutefois, en ce qui concerne les navires mentionnés aux deux derniers paragraphes ci-dessus, les capitaines seront tenus de présenter à la douane, dans les trente-six heures de leur admission en libre pratique, une caution agréée par celle-ci et qui sera responsable, comme le capitaine, de l'acquittement des droits de tonnage, de port et d'expédition, en cas où les navires dont il s'agit feraient opération de commerce.

Ne sont pas considérés, en cas de relâche forcée, comme opération de commerce : le débarquement et le rechargement des marchandises pour la réparation du navire ou sa purification, quand il est mis en quarantaine ; le transbordement sur un autre navire en cas d'innavigabilité du premier ; les dépenses nécessaires au ravitaillement des équipages et la vente des marchandises avariées, lorsque l'administration des douanes en aura donné l'autorisation.

Art. 18. — Les droits de navigation, de tonnage et autres, qui se prélèvent en raison de la capacité des navires, devront être perçus, pour les navires français dans les ports des États-Unis du Mexique, d'après les papiers de bord du navire.

Il en sera de même pour les navires mexicains dans les ports de France.

Art. 19. — Les dispositions du présent traité ne sont point applicables à la navigation de côte ou cabotage, dont le régime demeure soumis aux lois respectives des deux États contractants.

Toutefois, les bâtiments français dans les États-Unis du Mexique et les bâtiments mexicains en France pourront décharger une partie de leur cargaison dans le port de prime abord et se rendre ensuite avec le reste de cette cargaison dans d'autres ports du même État, soit pour y achever de débarquer leur chargement d'arrivée, soit pour y compléter leur chargement de retour, en ne payant dans chaque port d'autres ni de plus forts droits que ceux que paient en pareil cas les bâtiments de la nation la plus favorisée.

Art. 20. — Il est fait également exception à l'application des dispositions du présent traité en tout ce qui concerne l'industrie de la pêche dont l'exercice demeure soumis aux lois des deux États contractants.

Art. 21. — Toutes les fois que les sujets d'une des Parties contractantes, par suite de mauvais temps ou par toute autre raison, se réfugieraient avec leurs navires dans les ports, anses, rivières ou territoires de l'autre Partie contractante, ils devront être reçus et traités avec amitié, sans préjudice des mesures de précaution qui seraient jugées nécessaires de la part du Gouvernement intéressé pour prévenir la contrebande. On devra en outre leur accorder toute facilité et assistance pour réparer les dommages soufferts, prendre des vivres et se mettre en état de continuer le voyage, sans obstacles et empêchement d'aucune sorte. Dans le territoire de chacune des Parties contractantes, les navires de commerce de l'autre Partie contractante dont les équipages ne seraient plus au complet par suite de maladies ou d'autres causes, pourront engager les matelots nécessaires pour continuer leur voyage, en se conformant, toutefois, aux lois et ordonnances locales et sous la condition que l'embauchage des matelots soit volontaire de la part de ces derniers.

Art. 22. — Si le navire d'un sujet des parties contractantes fait naufrage ou s'échoue, ou éprouve d'autres avaries sur les côtes et dans l'intérieur du territoire de l'autre Partie contractante, on devra lui accorder toute l'assistance et la protection que, dans le territoire où l'avarie a eu lieu, l'on accorde aux navires indigènes. Dans le cas où cela serait nécessaire la cargaison peut être déchargée sous réserve des mesures qui seraient jugées nécessaires par le Gouvernement intéressé pour empêcher la contrebande et sans que les marchandises sauvées et autres effets aient à payer des droits ou à supporter des charges quelconques, à moins qu'ils ne soient destinés à la consommation dans l'intérieur du pays, auquel cas ils seront traités comme, en semblable circonstance, ceux de la nation la plus favorisée.

Art. 23. — Seront considérés comme Français dans les ports des États-Unis du Mexique et comme Mexicains en France, les navires qui appartiendront aux citoyens de l'un des deux pays, navigueront sous les pavillons respectifs et seront porteurs des papiers de bord ainsi que des documents exigés par les lois de chacun des deux États pour la justification de la nationalité des bâtiments de commerce.

Art. 24. — Les bâtiments de guerre de l'une des deux puissances pourront entrer, séjourner et se radouber dans ceux des ports de l'autre dont l'accès est permis à la nation la plus favorisée ; ils y seront soumis aux mêmes règles et y jouiront des mêmes honneurs, avantages, privilèges et exemptions concédés à cette dernière.

Art. 25. — Les paquebots chargés d'un service postal et appartenant soit à l'État, soit à des Compagnies subventionnées par l'un des deux États, ne pourront être détournés de leur destination, ni sujets à saisie-arrêt, embargo ou arrêt de prince.

Art. 26. — Les citoyens mexicains jouiront dans les colonies et possessions françaises des mêmes droits et privilèges et de la même liberté de commerce et de navigation que ceux qui sont ou seront accordés aux sujets ou citoyens de la nation la plus favorisée, et réciproquement les habitants des colonies et possessions de la France jouiront dans toute leur extension des mêmes droits et privilèges et de la même liberté de commerce et de navigation qui, par ce traité, sont accordés dans les États-Unis du Mexique aux Français, à leur commerce et à leurs bâtiments.

Art. 27. — En attendant la conclusion d'une convention consulaire, les deux Hautes Parties contractantes conviennent que les consuls, vice-consuls et agents consulaires des deux pays jouiront respectivement des mêmes droits, privilèges et immunités qui ont été ou qui seraient concédés aux consuls, vice-consuls et agents consulaires de la nation la plus favorisée.

Art. 28. — Les dispositions du présent traité sont applicables à l'Algérie.

Art. 29. — Le présent traité sera ratifié et les ratifications en seront échangées aussitôt après l'accomplissement des formalités prescrites par les lois constitutionnelles des États contractants.

Il sera exécutoire à partir du jour dudit échange jusqu'au 1er février 1892; il sera promulgué dans le délai de deux mois à dater du même jour. Dans le cas où aucune des deux Hautes Parties contractantes n'aurait notifié douze mois avant le 1er février 1892 son intention d'en faire cesser les effets, il demeurera obligatoire jusqu'à l'expiration d'une année à partir du jour où l'une ou l'autre des Hautes Parties contractantes l'aura dénoncé.

Les Hautes Parties contractantes se réservent la faculté d'introduire, d'un commun accord, dans ce traité, les modifications qui ne seraient pas en opposition avec son esprit ou ses principes et dont l'utilité serait démontrée par l'expérience.

En foi de quoi les Plénipotentiaires respectifs ont signé le présent traité et y ont apposé leurs cachets.

Fait à Mexico, le 27 novembre mil huit cent quatre-vingt-six.

Signé : G. PARTIOT (L. S.).

Signé : G. RAIGOSA (L. S.).

Convention internationale concernant la police de la pêche dans la mer du Nord, en dehors des eaux territoriales [1].

(Extraits de quelques articles seulement.) 6 mai 1882.

Art. 1er. — Les dispositions de la présente convention, qui a pour objet de régler la police de la pêche dans la mer du Nord,

---

1. Tous les navires chargés de surveiller la pêche possèdent un exemplaire de cette convention.

en dehors des eaux territoriales, sont applicables aux nationaux des Hautes Parties contractantes.

Art. 2. — Les pêcheurs nationaux jouiront du droit exclusif de pêche, dans le rayon de trois milles à partir de la laisse de basse mer, le long de toute l'étendue des côtes de leurs pays respectifs, ainsi que des îles et des bancs qui en dépendent.

Pour les baies, le rayon de trois milles sera mesuré à partir d'une ligne droite, tirée en travers de la baie, dans la partie la plus rapprochée de l'entrée, au premier point où l'ouverture n'excédera pas dix milles.

Le présent article ne porte aucune atteinte à la libre circulation reconnue aux bateaux de pêche naviguant ou mouillant dans les eaux territoriales, à la charge par eux de se conformer aux règles spéciales de police édictées par les puissances riveraines.

Art. 3. — Les milles mentionnés dans l'article précédent sont des milles géographiques de soixante au degré de latitude.

Art. 4. — Limites de la mer du Nord. . . . .

. . . .

. . . .

Art. 5. — Immatriculation des bateaux. Tableau des ports d'attache . . . .

. . . .

. . . .

Déclaration adressée le 16 avril 1856 par le Congrès de Paris, pour régler divers points de droit maritime.

(Sanctionnée et promulguée en France par décret du 28 avril 1856.)

Les plénipotentiaires qui ont signé le traité de Paris du 30 mars 1856, réunis en conférence, considérant :

Que le droit maritime, en temps de guerre, a été pendant long-temps l'objet de contestations regrettables ;

Que l'incertitude du droit et des devoirs, en pareille matière, donne lieu entre les neutres et les belligérants à des divergences d'opinion qui peuvent faire naître des difficultés sérieuses et même des conflits ;

Qu'il y a avantage, par conséquent, à établir une doctrine uniforme sur un point aussi important ;

Que les plénipotentiaires assemblés au Congrès de Paris ne sauraient mieux répondre aux intentions dont leurs gouvernements

sont animés qu'en cherchant à introduire dans les rapports internationaux des principes fixes à cet égard ;

Dûment autorisés, les susdits plénipotentiaires sont convenus
de se concerter sur les moyens d'atteindre ce but et, étant tombés
d'accord, ont arrêté la déclaration solennelle ci-après :

1° La course est et demeure abolie ;

2° Le pavillon neutre couvre la marchandise ennemie, à l'exception de la contrebande de guerre ;

3° La marchandise neutre, à l'exception de la contrebande de
guerre, n'est pas saisissable sous pavillon ennemi;

4° Les blocus, pour être obligatoires, doivent être effectifs,
c'est-à-dire maintenus par une force suffisante pour interdire
réellement l'accès du littoral de l'ennemi.

Les gouvernements des plénipotentiaires soussignés s'engagent
à porter cette déclaration à la connaissance des États qui n'ont
pas été appelés à participer au Congrès de Paris, et à les inviter
à y accéder.

Convaincus que les maximes qu'ils viennent de proclamer ne
sauraient être accueillies qu'avec gratitude par le monde entier,
les plénipotentiaires soussignés ne doutent pas que les efforts de
leurs gouvernements, pour en généraliser l'adoption, ne soient
couronnés d'un plein succès.

La présente déclaration n'est et sera obligatoire qu'entre les
puissances qui y ont ou qui y auront accédé [1].

Fait à Paris, le 16 avril 1856.

Suivent les signatures.

Traité de Paris du 30 mars 1856.

Art. 8. — S'il survenait entre la Sublime-Porte et l'une ou
plusieurs autres puissances signataires, un dissentiment qui me-
naçât le maintien de leurs relations, la Sublime Porte et chacune
de ces puissances, avant de recourir à l'emploi de la force, met-
tront les autres parties contractantes en mesure de prévenir cette
extrémité par leur action médiatrice.

---

[1]. La France et la Grande-Bretagne se sont chargées, de concert,
de porter cette déclaration à la connaissance des États qui n'ont
point participé au Congrès de Paris et de provoquer leur accession.

Convention dite de Genève.

Articles additionnels a la convention du 22 aout 1864, pour l'amélioration du sort des militaires blessés dans les armées en campagne.

(Articles relatifs à la marine.)

Art. 6. — Les embarcations qui, à leurs risques et périls, pendant et après le combat, recueillent, ou qui, ayant recueilli des naufragés ou des blessés, les portent à bord d'un navire soit neutre, soit hospitalier, jouiront jusqu'à l'accomplissement de leur mission de la part de neutralité que les circonstances du combat et la situation des navires en conflit permettront de leur appliquer.

L'appréciation de ces circonstances est confiée à l'humanité de tous les combattants.

Les naufragés et les blessés ainsi recueillis et sauvés ne pourront servir pendant la durée de la guerre.

Art. 7. — Le personnel religieux, médical et hospitalier de tout bâtiment capturé est déclaré neutre. Il emporte, en quittant le navire, les instruments de chirurgie qui sont sa propriété particulière.

Art. 8. — Le personnel désigné dans l'article précédent doit continuer à remplir ses fonctions sur le bâtiment capturé, concourir aux évacuations de blessés faites par le vainqueur, puis il doit être libre de rejoindre son pays.

Art. 9. — Les bâtiments-hôpitaux militaires restent soumis aux lois de la guerre en ce qui concerne leur matériel ; ils deviennent la propriété du capteur, mais il ne pourra les détourner de leur affectation spéciale pendant la durée de la guerre. (La France a proposé et l'Angleterre et l'Allemagne du Nord ont accepté que les bâtiments lazarets destinés déjà à cet usage pendant la paix, jouissent d'une neutralité complète en ce qui concerne le matériel et le personnel.)

Art. 10. — Tout bâtiment de commerce, à quelque nation qu'il appartienne, chargé exclusivement de blessés et de malades dont il opère l'évacuation, est couvert par la neutralité : mais le fait seul de la visite, notifié sur le journal du bord, par un croiseur ennemi, rend les blessés et les malades incapables de servir pendant la durée de la guerre. Le croiseur aura même le droit de mettre à bord un commissaire pour accompagner le convoi et vérifier ainsi la bonne foi de l'opération.

Si le bâtiment de commerce contenait en outre un chargement, la neutralité le couvrirait encore, pourvu que ce chargement ne fût pas de nature à être confisqué par le belligérant.

Les belligérants conservent le droit d'interdire aux bâtiments neutralisés toute communication et toute direction qu'ils jugeraient nuisibles aux secrets de leurs opérations.

Dans les cas urgents, des conventions particulières pourront être faites par les commandants en chef pour neutraliser momentanément, d'une manière spéciale, les navires destinés à l'évacuation des blessés et des malades.

Art. 11. — Les marins et les militaires embarqués, blessés ou malades, à quelque nation qu'ils appartiennent, seront protégés et soignés par les capteurs.

Art. 12. — Le drapeau distinctif à joindre au pavillon national pour indiquer un navire ou une embarcation quelconque qui réclame le bénéfice de la neutralité en vertu des principes de cette convention, est le pavillon blanc à croix rouge.

Les belligérants exercent à cet égard toute vérification qu'ils jugent nécessaire.

Les bâtiments-hôpitaux militaires seront distingués par une peinture extérieure blanche avec batterie verte.

Art. 13. — Les navires hospitaliers équipés aux frais des sociétés de secours reconnues par les gouvernements signataires de cette convention, pourvus de commissions émanées du souverain qui aura donné l'autorisation expresse de leur armement et d'un document de l'autorité maritime compétente, stipulant qu'ils ont été soumis à son contrôle pendant leur armement et à leur départ final, et qu'ils étaient alors uniquement appropriés au but de leur mission, seront considérés comme neutres, ainsi que tout leur personnel.

Ils seront respectés et protégés par les belligérants.

Ils se feront reconnaître en hissant, avec leur pavillon national, le pavillon blanc à croix rouge. La marque distinctive de leur personnel, dans l'exercice de ses fonctions, sera un brassard aux mêmes couleurs ; leur peinture extérieure sera blanche avec batterie rouge.

Ces navires porteront secours et assistance aux blessés et aux naufragés des belligérants, sans distinction de nationalité.

Ils ne devront gêner, en aucune manière, les mouvements des combattants.

Pendant et après le combat, ils agiront à leurs risques et périls.

Les belligérants auront sur eux le droit de contrôle et de visite ; ils pourront refuser leur concours, leur enjoindre de s'éloigner et les détenir si la gravité des circonstances l'exigeait.

Les blessés et les naufragés recueillis par ces navires ne pourront être réclamés par aucun des combattants, et il leur sera imposé de ne pas servir pendant la durée de la guerre.

Art. 14. — Dans les guerres maritimes, toute forte présomption que l'un des belligérants profite du bénéfice de la neutralité dans un autre intérêt que celui des blessés et des malades, permet à l'autre belligérant, jusqu'à preuve du contraire, de suspendre la convention à son égard.

Si cette présomption devient une certitude, la convention peut même lui être dénoncée pour toute la durée de la guerre.

Art. 15. — Le présent acte sera dressé en un seul exemplaire original, etc.

En foi de quoi, etc.

Fait à Genève, le 20 octobre 1868.

Traité conclu le 17 décembre 1885 entre le gouvernement de la République française et le gouvernement de Sa Majesté la reine de Madagascar.

Le gouvernement de la République française et celui de Sa Majesté la reine de Madagascar, voulant empêcher à jamais le renouvellement des difficultés qui se sont produites récemment, et désireux de resserrer leurs anciennes relations d'amitié, ont résolu de conclure une convention à cet effet et ont nommé pour plénipotentiaires, savoir :

Pour la République française,

M. Paul-Émile Miot, contre-amiral commandant en chef la division navale de la mer des Indes,

Et M. Salvator Patrimonio, ministre plénipotentiaire ;

Et pour le gouvernement de Sa Majesté la reine de Madagascar,

M. le général Digby Willougby, officier général, commandant les troupes malgaches et ministre plénipotentiaire ;

Lesquels, après avoir échangé leurs pleins pouvoirs, trouvés en bonne et due forme, sont convenus des articles qui suivent sous réserve de ratification :

Art. 1er. — Le gouvernement de la République représentera Madagascar dans toutes ses relations extérieures. Les Malgaches à l'étranger seront placés sous la protection de la France.

Art. 2. — Un résident, représentant le gouvernement de la République, présidera aux relations extérieures de Madagascar, sans s'immiscer dans l'administration intérieure des États de Sa Majesté la reine.

Art. 3. — Il résidera à Tananarive, avec une escorte militaire. Le résident aura droit d'audience privée et personnelle auprès de Sa Majesté la reine.

Art. 4. — Les autorités dépendant de la reine n'interviendront pas dans les contestations entre Français ou entre Français et étrangers. Les litiges entre Français et Malgaches seront jugés par le résident assisté d'un juge malgache.

Art. 5. — Les Français seront régis par la loi française pour la répression de tous les crimes et délits commis par eux à Madagascar.

Art. 6. — Les citoyens français pourront résider, circuler et faire le commerce librement dans toute l'étendue des États de la reine.

Ils auront la faculté de louer pour une durée indéterminée, par bail emphytéotique renouvelable au seul gré des parties, les terres, maisons, magasins et toute propriété immobilière. Ils pourront choisir librement et prendre à leur service, à quelque titre que ce soit, tout Malgache libre de tout engagement antérieur. Les baux et contrats d'engagement de travailleurs seront passés par acte authentique devant le résident français et les magistrats du pays, et leur stricte exécution garantie par le gouvernement.

Dans le cas où un Français devenu locataire d'une propriété immobilière viendrait à mourir, ses héritiers entreraient en jouissance du bail conclu par lui pour le temps qui resterait à courir avec faculté de renouvellement. Les Français ne seront soumis qu'aux taxes foncières acquittées par les Malgaches.

Nul ne pourra pénétrer dans les propriétés, établissements et maisons occupées par les Français ou par les personnes au service des Français que sur leur consentement et avec l'agrément du résident.

Art. 7. — Sa Majesté la reine de Madagascar confirme expressément les garanties stipulées par le traité du 8 août 1868 en faveur de la liberté de conscience et de la tolérance religieuse.

Art. 8. — Le gouvernement de la reine s'engage à payer la somme de 10 millions de francs, applicable tant au règlement des réclamations françaises liquidées antérieurement au conflit survenu entre les deux parties qu'à la réparation de tous les dommages causés aux particuliers étrangers par le fait de ce conflit. L'examen et le règlement de ces indemnités est dévolu au gouvernement français.

Art. 9. — Jusqu'au parfait paiement de ladite somme de dix millions de francs, Tamatave sera occupé par les troupes françaises.

Art. 10. — Aucune réclamation ne sera admise au sujet des mesures qui ont dû être prises jusqu'à ce jour par les autorités militaires françaises.

Art. 11. — Le gouvernement de la République s'engage à prêter assistance à la reine de Madagascar pour la défense de ses États.

Art. 12. — Sa Majesté la reine de Madagascar continuera, comme par le passé, de présider à l'administration intérieure de toute l'île.

Art. 13. — En considération des engagements pris par Sa Majesté la reine, le gouvernement de la République consent à se désister de toute répétition à titre d'indemnité de guerre.

Art. 14. — Le gouvernement de la République, afin de seconder la marche du gouvernement et du peuple malgaches dans la voie de la civilisation et du progrès, s'engage à mettre à la disposition de la reine les instructeurs militaires, ingénieurs, professeurs et chefs d'ateliers qui lui seront demandés.

Art. 15. — Le gouvernement de la reine s'engage expressément à traiter avec bienveillance les Sakalaves et les Antankares et à tenir compte des indications qui lui seront fournies à cet égard par le gouvernement de la République.

Toutefois le gouvernement de la République se réserve le droit d'occuper la baie de Diego Suarez et d'y faire des installations à sa convenance.

Art. 16. — Le Président de la République et Sa Majesté la reine de Madagascar accordent une amnistie générale pleine et entière, avec levée de tous les séquestres mis sur leurs biens, à ceux de leurs sujets respectifs qui, jusqu'à la conclusion du traité et auparavant, se sont compromis pour le service de l'autre partie contractante.

Art. 17. — Les traités et conventions existant actuellement entre le gouvernement de la République et celui de Sa Majesté la reine de Madagascar sont expressément confirmés dans celles de leurs dispositions qui ne sont point contraires aux présentes stipulations.

Art. 18. — Le présent traité ayant été rédigé en français et en malgache et les deux versions ayant exactement le même sens, le texte français sera officiel et fera foi, sous tous les rapports, aussi bien que le texte malgache.

Art. 19. — Le présent traité sera ratifié dans le délai de trois mois, ou plus tôt, si faire se pourra.

Fait en double expédition à bord de la *Naïade,* en rade de Tamatave le 17 décembre 1885.

Traité des îles Sous-le-Vent.

La convention du 19 juin 1847, relative à la non-intervention de la France aux îles de Raiatea, Bora-Bora et Hu-Aheine, dites îles Sous-le-Vent de l'archipel Taïtien, est abrogée ; l'Angleterre reconnaît notre souveraineté sur ces îles. Cet arrangement met fin à une situation anormale qui a soulevé de nombreuses difficultés.

La question des *îles Sous-le-Vent* est si peu connue que quelques mots d'explication nous paraissent utiles. Les groupes dont il s'agit sont incontestablement des dépendances de Taïti ; mais, lorsque, en 1842, nous avons établi notre protectorat sur les îles de l'archipel de la Société, l'Angleterre nous assaillit de réclamations, et, finalement, on signa, en 1847, avec elle la convention suivante :

Sa Majesté la reine du Royaume-Uni de la Grande-Bretagne et d'Irlande et Sa Majesté le roi des Français, désirant mettre fin à une cause de discussion entre leurs gouvernements respectifs au sujet des îles de l'Océan Pacifique, mentionnées ci-dessous, ont jugé bon de prendre l'engagement réciproque :

1° De reconnaître formellement l'indépendance des îles de Hu-Aheine, Raiatea et Bora-Bora, situées sous le vent de Taïti, et des petites îles adjacentes qui dépendent de cette dernière ;

2° De ne jamais prendre possession des susdites îles, de l'une ou de plusieurs d'entre elles, soit d'une façon effective sous le titre de protectorat, soit sous quelque forme que ce soit ;

3° De ne jamais reconnaître que la souveraineté d'un chef ou d'un prince de Taïti puisse s'étendre en même temps sur une ou plusieurs des îles mentionnées ci-dessus, ou bien qu'un chef ou un prince régnant sur une ou plusieurs de ces dernières îles puisse en même temps régner à Taïti, l'indépendance réciproque des îles mentionnées ci-dessus et de l'île de Taïti et dépendances étant acceptée en principe.

Instructions générales de 1878, pour le temps de guerre.

Ce document n'a pas été inséré au *Bulletin officiel de la marine*, mais, en temps de guerre, chaque bâtiment de l'État en est pourvu.

CÉRÉMONIAL.

Salves et visites en mer.

(Extrait du Règlement sur le service à bord, du 20 mai 1885 [1].)

. . . .

Art. 828. — Aucun salut ne peut être de plus de vingt et un coups de canon.

Art. 829. — 1. En cas de rencontre à la mer ou sur une rade française ou étrangère, les marques distinctives des officiers généraux et des capitaines de vaisseau chefs de division doivent être saluées par leurs inférieurs de grade ou d'ancienneté ; le nombre de coups de canon est déterminé par le tableau suivant :

Saluts aux marques distinctives des officiers de marine français.

GRADES ET FONCTIONS.	NOMBRE DE COUPS DE CANON.	
	En France.	Hors de France.
Amiral pourvu d'un commandement en chef.	17	19
Vice-amiral pourvu d'une commission de commandement d'amiral	15	17
Vice-amiral commandant en chef.	11	15
Vice-amiral commandant en sous-ordre . . .	9	13
Contre-amiral commandant en chef.	9	13
Contre-amiral commandant en sous-ordre. .	7	11
Capitaine de vaisseau, chef de division. . .	7	11
Capitaine de vaisseau, chef de division commandant en sous-ordre.	5	9

2. Les chiffres de la deuxième colonne seront appliqués aux

---

1. Les articles 823 et 824 du même règlement indiquent les honneurs à rendre aux agents diplomatiques, consuls, vice-consuls et agents consulaires. — L'article 827 règle la question des réceptions à bord. — La participation des navires de guerre aux démonstrations publiques, en pays étranger, est exposée pages 306 et 334, (4e part., *Ann.*). — En ce qui concerne les honneurs à rendre aux souverains étrangers, voir les articles 796 et 797 du décret précité.

saluts à faire aux marques distinctives des officiers étrangers dans les ports et rades de France.

3. Les commandants des bâtiments ne portant pas de marque distinctive ne se saluent pas entre eux.

Art. 830. — 1. Entre bâtiments français les saluts faits à une marque distinctive sont immédiatement rendus.

2. Le nombre des coups de canon du salut à rendre est déterminé par la marque distinctive et la nature du commandement de l'officier qui a salué le premier, et d'après les fixations du tableau ci-dessus.

3. Le salut à rendre au commandant d'un bâtiment ne portant pas de marque distinctive est de trois coups de canon.

4. Les saluts lors des visites ne sont pas rendus.

Art. 831. — Toute visite d'un officier général de la marine ou d'un capitaine de vaisseau chef de division n'est considérée comme officielle, et le salut à coups de canon qui peut en être la conséquence n'a lieu que lorsque le canot où il se trouve porte sur l'avant la marque distinctive du grade ou de la fonction de cet officier.

Art. 832. — 1. Sur les rades françaises ou étrangères, tout officier commandant un ou plusieurs bâtiments doit saluer les marques distinctives de commandement supérieures à la sienne, à quelque nation qu'elles appartiennent. A grade égal, l'arrivant salue le premier.

Si plusieurs marques distinctives de commandement appartenant à la même nation sont réunies, la plus élevée est seule saluée.

On se conforme pour le nombre des coups de canon aux dispositions réglementaires en vigueur dans les marines auxquelles appartiennent les officiers qu'on doit saluer. S'il est jugé nécessaire, on traite préalablement du salut.

A la mer, les mêmes saluts peuvent être faits.

2. Les mêmes saluts sont faits lors d'une première visite officielle.

3. En pays étranger, tout officier commandant doit également saluer les hauts fonctionnaires du pays ou les représentants des puissances étrangères qui viennent à son bord ; il règle ces saluts selon le rang de ces personnages et en se conformant aux usages de leur pays.

4. Pendant ces saluts, le pavillon de la nation étrangère est hissé au mât de misaine, sauf le cas prévu à l'article 840.

Art. 833. — 1. Tout commandant en chef d'une force navale et tout commandant d'un bâtiment isolé, en arrivant au mouillage en pays étranger, doit saluer la terre, après s'être assuré que le salut de vingt et un coups de canon sera rendu immédiatement et coup pour coup.

Pendant ce salut, le pavillon de la nation étrangère est hissé au grand mât. sauf le cas prévu à l'article 840.

2. Pendant la durée de leur campagne, les bâtiments faisant partie d'une division navale ne saluent qu'une fois la terre dans un même port situé dans les limites de la station à laquelle cette division navale est affectée.

3. Toutefois, le salut à terre pourra être renouvelé, dans un même port, à un intervalle d'une année, lorsque les circonstances ou les usages établis dans les localités le nécessitent.

Art. 834. — 1. Lors des fêtes et solennités nationales des puissances alliées ou amies de la France, et lorsqu'il leur en a été préalablement donné avis officiel, les bâtiments français participent à ces fêtes et solennités par des saluts et des pavois.

2. Lorsque, en pays étranger, il y a lieu de célébrer des fêtes et solennités nationales, le commandant supérieur français s'entend avec le fonctionnaire diplomatique ou consulaire de France pour informer l'autorité locale de son intention de célébrer ces fêtes ou solennités. Il en fait avertir directement, la veille, le commandant supérieur de la rade où il se trouve, et, s'il le juge convenable, les commandants supérieurs des forces navales étrangères qui sont au même mouillage.

3. Lorsque les commandants étrangers s'associent par des saluts et pavois à ces fêtes ou solennités, le commandant supérieur français envoie un officier leur transmettre ses remercîments.

4. Dans tous les cas, le commandant supérieur se conforme autant que possible, pour ces cérémonies, aux usages reçus dans le pays où il se trouve ou dans le pays dont une solennité est célébrée.

5. Dans tout pavois et dans tout salut, la flamme nationale ou la marque distinctive du commandement reste arborée.

Art. 835. — 1. Toutes les fois qu'un bâtiment français est salué par un bâtiment de guerre étranger, le salut est rendu coup pour coup, quels que soient les grades respectifs des officiers commandants, et soit qu'ils aient traité ou non du salut, pourvu toutefois que ce salut n'excède pas vingt et un coups de canon.

Le pavillon de la nation étrangère est arboré au mât auquel le pavillon français a été hissé à bord du bâtiment qui a salué le premier, sauf le cas prévu à l'article 840.

2. Si un bâtiment est salué par un navire du commerce étranger, il rend le salut par un nombre de coups de canon qui est toujours inférieur de deux coups au moins au salut qui lui a été fait.

Art. 836. — 1. On ne rend pas les saluts faits :

1° A l'occasion des fêtes ou solennités nationales ;

2° Au Président de la République, quand il entre dans une rade ou la quitte ou lorsqu'il est salué par un bâtiment étranger qu'il visite ;

3° Aux officiers généraux des armées de terre et de mer, aux fonctionnaires diplomatiques et consulaires, aux gouverneurs et commandants de colonies, lorsqu'ils font une visite à bord d'un bâtiment étranger.

2. Par réciprocité, les bâtiments étrangers ne sont pas tenus de rendre les saluts faits par un bâtiment français aux souverains et chefs d'État, ou dans les circonstances mentionnées aux alinéas 1° et 3° du § 1er.

Art. 837. — Les saluts aux marques distinctives françaises ou étrangères, ainsi que les saluts personnels, ne sont faits que lors d'une première rencontre, en rade ou à la mer, ou lors d'une première visite. Ils ne peuvent être renouvelés qu'après un intervalle d'un an ou lors d'une séparation définitive.

Art. 838. — En armée, en escadre ou en division, et dans toute rencontre, le commandant supérieur seul fait et rend les saluts, à moins qu'il n'en ordonne autrement.

Art. 839. — Nul bâtiment ne peut faire ou rendre un salut, en présence d'un commandant supérieur, sans son autorisation.

Art. 840. — Quand une marque distinctive de commandement est arborée au grand mât ou au mât de misaine, les pavillons étrangers qu'il y a lieu d'arborer pour faire un salut sont hissés au mât où ne flotte pas cette marque distinctive.

Art. 841. — 1. Les bâtiments armés de moins de six canons sont dispensés de faire des saluts. Dans ce nombre ne sont pas compris les canons de 24$\%_m$ et au-dessus.

2. Le commandant ne doit s'écarter de cette règle qu'autant qu'il jugerait qu'il peut en résulter des inconvénients pour les relations établies ou à établir avec une puissance étrangère ou ses représentants et, dans ce cas, il en rend compte à son chef direct.

Art. 842. — Lorsqu'un navire du commerce français fait à un bâtiment de l'État un salut à coups de canon, il lui est rendu un salut de deux coups de canon.

Art. 843. — Les saluts à coups de canon mentionnés au présent chapitre n'ont lieu qu'autant qu'il n'en peut résulter d'inconvénient, eu égard à la position de la force navale ou à celle des bâtiments.

Art. 844. — Le salut fait à un bâtiment de l'État par un navire du commerce français ou étranger, au moyen de son pavillon national, est rendu en faisant marquer une fois le pavillon national.

DES VISITES.

Art. 850. — 1. Les amiraux de France commandant une armée navale doivent la première visite aux ambassadeurs de France. Ils attendent la visite de tous les autres fonctionnaires diplomatiques et consulaires.

2. Les vice-amiraux commandants en chef doivent la première visite aux ambassadeurs, aux envoyés extraordinaires et ministres plénipotentiaires et aux ministres résidents. Ils attendent la visite des chargés d'affaires et des fonctionnaires consulaires de tous rangs.

3. Les contre-amiraux commandants en chef doivent la première visite aux ambassadeurs, aux envoyés extraordinaires et ministres plénipotentiaires, aux ministres résidents et aux chargés d'affaires *en titre*, c'est-à-dire munis de lettres de créance officielles.

Ils attendent la première visite des chargés d'affaires intérimaires dans les ports qui se trouvent dans la limite de leur commandement ou pour lesquels ils ont une mission. Lorsqu'ils arrivent éventuellement en relâche dans le port de la résidence d'un chargé d'affaires intérimaire, ils doivent la première visite à cet agent.

Dans tous les cas, les contre-amiraux commandants en chef attendent la première visite des fonctionnaires consulaires de tous rangs (consuls généraux, consuls, etc.).

4. Les capitaines de vaisseau chefs de division doivent la première visite à tous les fonctionnaires diplomatiques énumérés ci-dessus, ainsi qu'aux consuls généraux et aux consuls gérant un consulat général. Ils attendent la visite des consuls et autres fonctionnaires consulaires de tous rangs.

Lorsqu'ils font ou rendent une visite officielle aux consuls généraux ou aux consuls, ils sont reçus, au débarcadère, par les officiers du consulat.

5. Les capitaines de vaisseau commandants doivent la première visite aux fonctionnaires diplomatiques énumérés ci-dessus. Ils la doivent également aux consuls généraux, aux consuls et aux gérants des consulats généraux et des consulats, si ces gérants sont consuls suppléants, vice-consuls ou chanceliers. Ils attendent la visite des vice-consuls, des agents consulaires et des gérants de consulats qui ne sont ni consuls suppléants, ni vice-consuls, ni chanceliers. Lorsqu'ils font une visite officielle aux consuls généraux ou aux consuls, ils sont reçus au débarcadère par les officiers du consulat.

6. Les capitaines de frégate et lieutenants de vaisseau commandants ont les mêmes obligations que les capitaines de vaisseau commandants. Ils doivent, en outre, la première visite aux vice-consuls, mais ils l'attendent des agents consulaires, à moins que ceux-ci ne soient gérants d'un consulat.

7. La visite officielle n'a lieu de part et d'autre qu'à la première arrivée du bâtiment dans la rade ou dans le port de la résidence des fonctionnaires diplomatiques et consulaires.

8. Cette visite est rendue dans les vingt-quatre heures, lorsque le temps permet les communications.

Art. 851. — 1. Toutes les fois qu'un ou plusieurs bâtiments étrangers arrivent sur une rade française ou étrangère où se trouvent un ou plusieurs bâtiments français, le commandant supérieur des bâtiments français, quel que soit son grade, envoie un officier offrir les compliments d'usage à bord du bâtiment arrivant ou, s'il en arrive plusieurs, à bord de celui qui porte une marque distinctive de commandement.

2. Le commandant supérieur français attend ensuite la visite du commandant arrivant, si ce dernier est du même grade ou d'un grade inférieur au sien ; s'il est d'un grade supérieur, le commandant supérieur français va lui faire la première visite dès que le commandant qui arrive a envoyé un officier lui porter ses remercîments.

3. Lorsque le bâtiment étranger arrivant porte une marque distinctive de commandement, le commandant supérieur français, si son bâtiment n'en porte pas, va faire la première visite, sans attendre qu'un officier du bâtiment étranger soit venu à son bord.

4. Lorsque le commandant d'un bâtiment français arrive à un mouillage en pays étranger, il ne fait de visite au commandant supérieur des bâtiments de guerre de ce pays, qui se trouveraient au même mouillage, qu'autant qu'à son arrivée un officier lui aura été envoyé pour le complimenter.

5. Il se conforme au même principe, relativement aux commandants supérieurs des bâtiments d'autres puissances qui se trouveraient au même mouillage.

6. Lors de la rencontre sur une rade de deux forces navales française et étrangère, tous les commandants des bâtiments qui arrivent doivent, lorsque les visites officielles entre les commandants supérieurs ont été échangées, aller rendre visite au commandant supérieur et aux commandants des bâtiments précédemment sur rade.

7. Les officiers généraux rendent en personne les visites qui leur ont été faites par des officiers généraux ou des capitaines de

vaisseau. Ils peuvent se faire représenter par un officier supérieur de leur état-major général pour rendre la visite aux officiers commandants d'un grade inférieur à celui de capitaine de vaisseau.

Les capitaines de vaisseau et autres officiers commandants des grades inférieurs rendent en personne les visites qui leur ont été faites par tous les officiers commandants, quels que soient leurs grades.

8. La première visite est toujours faite au commandant supérieur de la place. Un officier général peut se faire représenter pour cette visite par son chef d'état-major ou par un officier de l'état-major général, selon le grade de ce commandant supérieur.

9. Dans tous les cas, le commandant d'un bâtiment français arrivant ne fait aucune première visite officielle à terre à des autorités étrangères, maritimes ou autres, avant d'avoir consulté à ce sujet le commandant supérieur des bâtiments français qui sont au mouillage au moment de son arrivée et, à défaut, sans s'être concerté avec le fonctionnaire diplomatique ou consulaire de France.

10. Toutes les visites sont rendues dans les vingt-quatre heures.

Art. 852. — Lorsqu'un fonctionnaire diplomatique ou consulaire, ou un chef de service à terre, a besoin d'une embarcation convenable pour faire ou rendre une visite officielle à bord d'un bâtiment, le commandant de ce bâtiment en met une à sa disposition, tant pour l'amener à bord que pour le reconduire à terre.

Déclaration de neutralité de la France à propos de la lutte engagée aux États-Unis d'Amérique (10 juin 1861).

Sa Majesté l'Empereur des Français, prenant en considération l'état de paix qui existe entre la France et les États-Unis d'Amérique, a résolu de maintenir une stricte neutralité dans la lutte engagée entre le gouvernement de l'Union et les États qui prétendent former une confédération particulière.

En conséquence, Sa Majesté, vu l'article 14 de l'ordonnance de la marine du mois d'août 1681, l'article 3 de la loi du 10 avril 1825, les articles 84 et 85 du Code pénal, 65 et suivants du décret du 24 mars 1852, 313 et suivants du Code pénal et l'article 21 du Code Napoléon, déclare :

1° Il ne sera permis à aucun navire de guerre ou corsaire de l'un ou de l'autre des belligérants d'entrer et de séjourner avec des prises dans nos ports ou rades, pendant plus de vingt-quatre heures, hors le cas de relâche forcée ;

2° Aucune vente d'objets provenant de prises ne pourra avoir lieu dans nosdits ports ou rades ;

3° Il est interdit à tout Français de prendre commission de l'une des deux parties pour armer des vaisseaux en guerre ou d'accepter des lettres de marque pour faire la course maritime ou de concourir d'une manière quelconque à l'équipement ou à l'armement d'un navire de guerre ou corsaire de l'une des deux parties ;

4° Il est également interdit à tout Français résidant en France ou à l'étranger de s'enrôler ou de prendre du service, soit dans l'armée de terre, soit à bord des bâtiments de guerre ou des corsaires de l'un ou de l'autre des belligérants ;

5° Les Français résidant en France ou à l'étranger devront également s'abstenir de tout fait qui, commis en violation des droits de l'empire ou du droit des gens, pourrait être considéré comme un acte hostile à l'une des deux parties et contraire à la neutralité que nous avons résolu d'observer.

Les contrevenants aux défenses et recommandations contenues dans la présente déclaration seront poursuivis, s'il y a lieu, conformément aux dispositions de la loi du 10 avril 1825 et aux articles 84 et 85 du Code pénal, sans préjudice de l'application qu'il pourrait y avoir lieu de faire auxdits contrevenants des dispositions de l'article 21 du Code Napoléon et des articles 65 et suivants du décret du 24 mars 1852 sur la marine marchande, 313 et suivants du Code pénal pour l'armée de mer.

Sa Majesté déclare en outre que tout Français qui ne se sera pas conformé aux présentes prescriptions ne pourra prétendre à aucune protection de son gouvernement contre les actes ou mesures quels qu'ils soient que les belligérants pourraient exercer ou décréter.

CANAL DE SUEZ.

Projet de neutralisation.

Nota. — Ce projet, au moment où nous mettons sous presse, n'est pas encore ratifié. Nous en publions le texte à titre de renseignements :

Art. 1er. — Le canal maritime de Suez sera toujours libre et ouvert, en temps de guerre comme en temps de paix, à tout navire de commerce ou de guerre, sans distinction de pavillon.

En conséquence, les hautes parties contractantes conviennent de ne porter aucune atteinte au libre usage du canal, en temps de guerre comme en temps de paix.

Le canal ne sera jamais assujetti à l'exercice du droit de blocus.

Art. 2. — Les hautes parties contractantes, reconnaissant que le canal d'eau douce est indispensable au canal maritime, prennent acte des engagements de S. A. le khédive envers la Compagnie universelle du canal de Suez en ce qui concerne le canal d'eau douce.

Elles s'engagent à ne porter aucune atteinte à la sécurité de ce canal et de ses dérivations, dont le fonctionnement ne pourra être l'objet d'aucune tentative d'obstruction.

Art. 3. — Les hautes parties contractantes s'engagent de même à respecter le matériel, les établissements, constructions et travaux du canal maritime et du canal d'eau douce.

Art. 4. — Il ne sera élevé aucune fortification pouvant servir à une opération offensive contre le canal maritime sur un point qui le commande ou qui le menace.

Aucun point en commandant ou en menaçant le parcours ou l'accès ne pourra être occupé militairement.

Art. 5. — L'article 5 nouveau établit que, le canal maritime restant ouvert comme passage de guerre, aucun acte de guerre ou d'hostilité ne pourra avoir lieu cependant dans ses approches ou ports d'accès, ainsi que sur les berges du canal, dans une zone à déterminer par les travaux de la commission internationale de surveillance du canal.

Art. 6. — En temps de guerre, les puissances belligérantes ne débarqueront ni ne prendront dans le canal et dans les ports d'accès, ni troupes, ni munitions, ni matériel de guerre.

Art. 7. — Les prises sont soumises, sous tous les rapports, au même régime que les navires de guerre des belligérants.

Art. 8. — Les puissances ne maintiendront dans les eaux du canal (y compris le lac Timsah et les lacs Amers) aucun bâtiment de guerre.

Toutefois, dans les ports d'accès de Port-Saïd et de Suez, elles pourront faire stationner des bâtiments de guerre dont le nombre ne devra pas excéder deux pour chaque puissance.

Art. 9. — Les représentants en Égypte des puissances signataires du présent traité seront chargés de veiller à son exécution. En toute circonstance qui menacerait la sécurité ou le passage libre du canal, ils se réuniront sur la convocation de leur doyen pour procéder aux constatations nécessaires.

Ils feront connaître au gouvernement khédivial le danger qu'ils auront reconnu, afin que celui-ci prenne les mesures propres à assurer la protection et le libre usage du canal. Ils se réuniront en tout cas, une fois par an, pour s'assurer que le présent traité est dûment exécuté. Ils réclameront notamment la suppression de tout ouvrage ou la dispersion de tout rassemblement qui, sur l'une ou sur l'autre rive du canal, pourrait avoir pour but ou pour effet de porter atteinte à la liberté et à l'entière sécurité de la navigation.

Art. 10. — Le gouvernement égyptien prendra, dans la limite de ses pouvoirs, tels qu'ils résultent des firmans, les mesures nécessaires pour faire respecter l'exécution dudit traité.

Dans le cas où le gouvernement égyptien ne disposerait pas de moyens suffisants, il devra faire appel à la Sublime-Porte, laquelle se concertera avec les autres puissances signataires de la déclaration de Londres du 17 mars 1885, en vue d'arrêter d'un commun accord les mesures à prendre pour répondre à cet appel.

Art. 11. — De même, les prescriptions des articles 4, 5, 6 et 8 ne feront pas obstacle aux mesures que S. M. I. le sultan et S. A. le khédive, dans les limites des firmans concédés, seraient dans la nécessité de prendre pour assurer la défense de l'Égypte et le maintien de l'ordre public.

Dans le cas où le sultan ou le khédive se trouverait dans la nécessité de se prévaloir des exceptions prévues par le présent article, les puissances signataires de la déclaration de Londres en seraient avisées.

Art. 12. — Les mesures qui seront prises dans les cas prévus par les articles 10 et 11 du présent traité ne devront pas faire obstacle au libre usage du canal.

Dans ces mêmes cas, l'érection de fortifications permanentes demeure interdite.

Art. 13. — Les hautes parties contractantes conviennent, par application du principe d'égalité en ce qui concerne le libre usage du canal, principe qui forme l'une des bases du présent traité, qu'aucune d'elles ne recherchera, par rapport au canal, d'avantages territoriaux ou commerciaux, ni de privilèges dans les arrangements internationaux qui pourront intervenir.

Sont d'ailleurs réservés les droits de la Turquie comme puissance territoriale.

Art. 14. — En dehors des obligations prévues expressément par les clauses du présent traité, il n'est porté aucune atteinte aux droits souverains de S. M. I. le sultan et aux droits et immunités de S. A. le khédive, tels qu'ils résultent des firmans.

Art. 15. — Les hautes parties contractantes conviennent que les engagements résultant du présent traité ne seront pas limités par la durée des actes de concession de la Compagnie universelle du canal de Suez.

Art. 16. — Les stipulations du présent traité ne font pas obstacle aux mesures sanitaires en vigueur en Égypte.

Art. 17. — Les hautes parties contractantes s'engagent à porter le présent traité à la connaissance des États qui ne l'ont pas signé en les invitant à y accéder.

NOUVELLES-HÉBRIDES

Convention anglo-française signée le 24 octobre 1887 par les parties contractantes.

Art. 1er. — Le gouvernement de Sa Majesté Britannique consent à procéder à l'abrogation de la déclaration de 1847, relative au protectorat des îles sous le Vent, aussitôt qu'aura été mis à exécution l'accord ci-après formulé pour la protection à l'avenir des personnes et des biens aux Nouvelles-Hébrides.

Art. 2. — Les officiers de marine appartenant aux stations anglaises et françaises du Pacifique sont chargés de maintenir l'ordre et de protéger les personnes et les biens des sujets français et britanniques dans les Nouvelles-Hébrides.

Art. 3. — Une déclaration à cet effet sera signée par les deux gouvernements.

Art. 4. — Les règlements destinés à guider ces officiers de marine seront élaborés par les deux gouvernements, approuvés par eux et transmis aux commandants français et anglais dans un délai qui ne dépassera pas quatre mois, à partir de la signature de la présente convention.

Art. 5. — Dès que ces règlements auront été approuvés et que les postes militaires français auront, par suite, été relevés des Nouvelles-Hébrides, le gouvernement de Sa Majesté Britannique procédera à l'abrogation de la déclaration de 1847 [1].

Instructions récentes concernant les Nouvelles-Hébrides arrêtées par les gouvernements français et anglais pour la Commission navale mixte.

1° Dans le cas où la tranquillité et le bon ordre seraient troublés en un point quelconque des Nouvelles-Hébrides où seraient

---

1. Dans cette déclaration, les gouvernements anglais et français stipulaient qu'ils respecteraient l'indépendance des Nouvelles-Hébrides.

établis des sujets britanniques ou des citoyens français ; ou encore, dans le cas où un danger menacerait les biens ou les personnes, la commission se réunira sur-le-champ et prendra telles mesures qu'elle jugera préférables, eu égard aux circonstances, pour la répression des troubles ou la protection des intérêts en péril.

2° Aucun commandant de bâtiment, soit anglais, soit français, ne pourra engager une action indépendante ou isolée, excepté dans les conditions mentionnées ci-après.

3° On n'aura recours à l'emploi de la force militaire que si la commission juge cet emploi indispensable.

4° En cas de débarquement de forces militaires ou navales, ces forces ne resteront pas à terre plus longtemps qu'il ne sera jugé nécessaire par la commission.

5° Dans le cas où les circonstances ne comporteraient aucun retard, et où il y aurait urgence à agir immédiatement, sans attendre la réunion de la commission, les commandants anglais et français qui se trouveront le plus rapprochés du théâtre des événements prendront les mesures nécessaires pour la protection des intérêts en péril, de concert, si cela est possible, ou séparément s'il y a des empêchements à ce qu'ils se concertent. Ils adresseront aussitôt à leurs commandants de station respectifs un rapport sur les mesures prises, et ils attendront les ordres ultérieurs de la commission. Les commandants de station se communiqueront l'un à l'autre ce rapport, dès qu'ils le recevront.

6° La commission n'aura pas de pouvoirs, ni autres ni plus étendus que ceux qui lui sont expressément délégués par ces règlements. Elle n'interviendra pas dans les différends relatifs à la propriété des terres, et ne dépossédera de ses terres aucune personne, quelle qu'elle soit, indigène ou étrangère.

Fait à Paris, en double expédition, le 26ᵉ jour du mois de janvier 1888.

LYTTON.   FLOURENS.

ACTE DE PRISE DE POSSESSION.

Prise de possession des duchés de Parme, Plaisance et Guastalla, après le décès de l'Impératrice Marie-Louise.

Charles-Louis de Bourbon, infant d'Espagne, par la grâce de Dieu, duc de Parme, Plaisance, etc.

Le Dieu tout-puissant ayant, dans ses impénétrables décrets, appelé à lui l'archiduchesse Marie-Louise d'Autriche, votre bien-aimée souveraine, notre famille va revenir, après de longues années, au milieu de vous, en vertu des traités qui la rétablissent sur le trône de ses aïeux.

En prenant le gouvernement de cet État, nous vous assurons que tous nos soins seront consacrés à votre bonheur. Nous sommes fermement décidé à régner sur vous avec justice et amour, à vous procurer tout le bien-être possible, et à considérer comme notre premier devoir le respect dû aux lois, le maintien de l'ordre public et de la tranquillité de nos bons et fidèles sujets.

La profonde vénération que nous conservons pour la mémoire de la glorieuse princesse qui nous a précédé sur ce trône, et la conviction dans laquelle nous sommes que les institutions établies par elle, telles que nous les trouvons en vigueur, sont utiles à votre bien-être actuel, nous portent à vous déclarer que nous n'entendons y apporter aucun changement, mais que nous entendons marcher sur ses traces dans les voies de piété, d'amour, de justice et de fermeté qu'elle a suivies.

Nous confirmons les ministres, les autorités civiles et militaires actuellement en exercice dans leurs fonctions, en vertu de décrets souverains de l'auguste défunte votre souveraine, et nous espérons que leur constante fidélité et leur attachement nous aideront à porter le poids des devoirs de la souveraineté dans ces temps difficiles.

Mes bien-aimés sujets, le souvenir de mes aïeux doit être vivant encore dans la mémoire de beaucoup d'entre vous; nous nous estimerons heureux de suivre leur exemple et de nous montrer à vous père tendre et affectionné, bien convaincu que vous vous

montrerez également fils affectionnés, respectueux et soumis, afin
qu'il y ait entre nous paix et accord, et que Dieu répande sur
nous toutes ses célestes bénédictions [1].

Convention commerciale signée avec la Chine
le 27 juin 1887.

Art. 1er. — Le traité signé à Tien-Tsin le 25 avril 1886
sera immédiatement, après l'échange des ratifications, fidèlement
mis à exécution dans toutes ses clauses, sauf, bien entendu,
celles que la présente convention a pour but de modifier.

Art. 2. — En exécution de l'article 1er du traité du 25 avril
1886, il est convenu entre les hautes parties contractantes que
la ville de Long-Tcheou au Quang-si et celle de Mongtseu au
Yunnan, sont ouvertes au commerce franco-annamite. Il est entendu que Manhoa, qui se trouve sur la route fluviale de Laokaï
à Mongtseu, est ouverte au commerce comme Long-Tcheou et
Mongtseu et que le gouvernement français aura le droit d'y
entretenir un agent relevant du consulat de cette dernière ville.

Art. 3. — En vue de développer le plus rapidement possible
le commerce entre la Chine et le Tonkin, les droits d'importation
et d'exportation stipulés dans les articles 6 et 7 du traité du 25
avril 1886 sont provisoirement modifiés ainsi qu'il suit :

Les marchandises étrangères importées en Chine par les villes
ouvertes auront à acquitter le droit du tarif général de la douane
maritime diminué de trois dixièmes. Les marchandises chinoises
exportées au Tonkin paieront le droit d'exportation dudit tarif
général diminué des quatre dixièmes.

Art. 4. — Les produits d'origine chinoise qui auront acquitté
le droit d'importation conformément au paragraphe 1er de l'article
11 du traité du 25 avril 1886, et seront transportés à travers le
Tonkin vers un port annamite, pourront être soumis, à la sortie
de ce port, s'ils sont à destination d'un autre pays que la Chine,
au droit d'exportation fixé par le tarif des douanes franco-anna-
mites.

---

1. Un simple particulier n'a pas le droit, sans ordres, de s'emparer
d'une île au nom de son gouvernement. Il peut seulement, le cas
échéant, faire un acte de prise de possession, passer un contrat avec
le chef d'une île, par exemple, en y insérant une clause dans laquelle il est spécifié que les engagements pris par les parties contractantes ne seront définitifs et n'auront de valeur qu'après avoir été
ratifiés par le pouvoir.

Art. 5. — Le gouvernement chinois autorise l'exportation de l'opium indigène au Tonkin par la frontière de terre, moyennant un droit d'exportation de 20 taëls par picul ou 100 livres chinoises.

Les Français et protégés français ne pourront acheter l'opium qu'à Long-tcheou, Mongtseu et Manhoa. Les droits de likin et de barrières que les commerçants indigènes auront à payer sur ce produit ne dépasseront pas 20 taëls par picul.

Les commerçants chinois qui auront apporté l'opium de l'intérieur remettront à l'acheteur, en même temps que la marchandise, les reçus constatant que le likin a été intégralement acquitté, et l'acheteur présentera ces reçus à la douane qui les annulera au moment où il effectuera le paiement du droit d'exportation.

Il est entendu que cet opium, dans le cas où il rentrerait en Chine, soit par la frontière de terre, soit par un des ports ouverts, ne pourra être assimilé aux produits d'origine chinoise réimportés.

Art. 6. — Les bateaux français et annamites, à l'exception, toutefois, des bâtiments de guerre et des navires employés au transport de troupes, d'armes ou de munitions de guerre, pourront circuler de Lang-Son à Caobang, et réciproquement, en passant par les rivières (Song-ki-kong et rivière de Caobang) qui relient Lang-Son à Long-Tcheou et Long-Tcheou à Caobang.

Il sera prélevé sur ces bateaux, pour chaque parcours, un droit de tonnage de cinq centièmes de taël par tonneau, mais les marchandises composant le chargement n'auront à acquitter aucun droit.

Les marchandises à destination de la Chine pourront être transportées par les rivières dont il est question dans le paragraphe 1er du présent article, aussi bien que par les routes de terre, et notamment par la route mandarinale qui conduit de Lang-Son à Long-Tcheou ; mais jusqu'au jour où le gouvernement chinois aura établi un poste de douane à la frontière, les marchandises qui passeront par ces routes de terre ne pourront être vendues qu'après avoir acquitté les droits à Long-Tcheou.

Art. 7. — Il est entendu que la France jouira de plein droit, et sans qu'il soit besoin de négociations préalables, de tous les privilèges et immunités, de quelque nature qu'ils soient et de tous les avantages commerciaux qui pourraient être accordés, dans la suite, à la nation la plus favorisée, par des traités et conventions ayant pour objet le règlement des rapports politiques ou commerciaux entre la Chine et les pays situés au sud et au sud-ouest de l'Annam.

Art. 8. — Ayant arrêté d'un commun accord les dispositions ci-dessus, les plénipotentiaires ont apposé leurs signatures et leurs sceaux sur deux exemplaires du texte français de la présente convention, ainsi que sur la traduction chinoise qui accompagne chacun de ces exemplaires.

Art. 9. — Les stipulations de la présente convention additionnelle seront mises en vigueur comme si elles étaient inscrites dans le texte même du traité du 25 avril 1886, à partir du jour de l'échange des ratifications desdits traités et conventions.

Art. 10. — La présente convention sera ratifiée dès à présent par Sa Majesté l'Empereur de Chine, et dès qu'elle aura été ratifiée par le Président de la République, l'échange des ratifications aura lieu à Pékin.

Convention de navigation signée à Rome, le 30 avril 1886, entre la France et l'Italie.

Le Président de la République française et S. M. le Roi d'Italie désirant régler d'une manière réciproquement avantageuse les relations maritimes entre les deux États, ont décidé de conclure, à cet effet, une convention de navigation et ont nommé pour les plénipotentiaires respectifs, savoir :

Le Président de la République française :

M. Albert Decrais, etc.,

Sa Majesté le roi d'Italie :

M. le comte Charles-Félix-Nicolas di Robilant, etc.

. . . .

Lesquels, après s'être communiqué leurs pleins pouvoirs trouvés en bonne et due forme, sont convenus des articles suivants :

Art. 1er. — Les navires italiens, chargés ou non, et leurs cargaisons en France et en Algérie, et les navires français, chargés ou non, et leurs cargaisons en Italie, à leur arrivée d'un port quelconque et quel que soit le lieu d'origine ou de destination de leurs cargaisons, jouiront, sous tous les rapports, à l'entrée, pendant leur séjour et à la sortie, du même traitement que les navires nationaux et leurs cargaisons.

Art. 2. — Les hautes parties contractantes se réservent la faculté d'imposer des droits de tonnage, de débarquement et d'embarquement affectés à la dépense des établissements nécessaires au port d'importation ou d'exportation. Toutefois, ces taxes, qu'elles soient perçues par l'État, les villes, les chambres

de commerce ou par toute autre corporation, ne pourront être
ni autres, ni plus élevées que celles qui sont ou seraient applicables aux navires nationaux et à leurs cargaisons, à quelque
port qu'ils appartiennent, la volonté des hautes parties contractantes étant que, sous ce rapport aussi, les bâtiments français et
les bâtiments italiens, ainsi que leurs cargaisons, soient traités
sur le pied d'une parfaite égalité.

En ce qui concerne le traitement local, le placement des navires, leur chargement ou leur déchargement, ainsi que les taxes
ou charges quelconques dans les ports, bassins, docks, rades,
havres et rivières des deux hautes parties contractantes et généralement pour toutes les formalités ou dispositions auxquelles
peuvent être soumis les navires de commerce, leurs équipages et
leurs cargaisons, les privilèges, faveurs ou avantages qui sont ou
qui seraient accordés aux bâtiments nationaux ainsi qu'aux marchandises importées ou exportées par ces bâtiments, seront également accordés aux navires de l'autre partie contractante, ainsi
qu'aux marchandises importées ou exportées par ces navires.

Art. 3. — Les navires de l'un des deux États qui devront faire
viser les patentes de santé par les consuls, vice-consuls et agents
consulaires de l'autre partie contractante seront exonérés du
paiement des droits de visa portés aux tarifs consulaires respectifs.

Art. 4. — Seront complètement affranchis des droits de navigation, de port, de tonnage et d'expédition dans les ports respectifs :

1º Les navires qui, entrés sur lest de quelque lieu que ce soit,
en repartiront sur lest ;

2º Les navires qui, passant d'un port de l'un des deux États
dans un ou plusieurs ports du même État, soit pour y déposer
tout ou partie de leur cargaison, soit pour y composer ou compléter leur chargement, justifieront avoir acquitté ces droits suivant la règle appliquée dans chacun des deux pays au pavillon
national ;

3º Les navires qui, entrés avec chargement dans un port, soit
volontairement, soit en relâche forcée, en sortiront sans avoir
fait aucune opération de commerce.

Les navires de l'un des deux États, arrivant en relâche forcée
dans un port de l'autre, jouiront de toutes les facilités qui sont
ou seraient accordées au pavillon national quant aux formalités
sanitaires, de douane et autres.

Ne seront pas considérés, en cas de relâche forcée, comme
opérations de commerce, le débarquement et le rechargement des

marchandises pour la réparation des navires, le transbordement sur un autre navire, en cas d'innavigabilité du premier. Les dépenses nécessaires au ravitaillement des équipages, et la vente des marchandises avariées, lorsque l'administration des douanes en aura donné l'autorisation.

Art. 5. — Les capitaines et patrons des bâtiments français et italiens seront réciproquement exempts de toute obligation de recourir, dans les ports respectifs des deux États, aux courtiers maritimes ou autres expéditionnaires officiels, en dehors des cas où l'intervention desdits courtiers ou expéditionnaires est requise par les lois des pays respectifs. Pour les formalités à remplir auprès des tribunaux de commerce, hors le cas de contestation judiciaire, dans les bureaux de la douane et des autres administrations publiques, ils auront le droit de se faire assister par leurs consuls, vice-consuls, agents consulaires, ou par les délégués de ceux-ci.

Dans le cas où ils auraient recours à l'assistance des courtiers maritimes, les droits de conduite ne seront dus à ces derniers que s'ils ont été effectivement requis pour l'accomplissement de l'ensemble des formalités et des obligations qui sont comprises dans la conduite du navire d'après l'usage.

Dans le cas contraire, il ne leur sera payé que la rétribution affectée au service spécial pour lequel leur concours aura été réclamé.

Art. 6. — Seront respectivement considérés comme navires français ou italiens, ceux qui, naviguant sous le pavillon de l'un des deux États, seront possédés et enregistrés selon les lois du pays et munis de titres et patentes régulièrement délivrés par les autorités compétentes.

Art. 7. — En dehors du cas de vente judiciaire, les navires de l'un des deux États ne pourront être nationalisés dans l'autre sans une déclaration de retrait de pavillon délivrée par l'autorité de l'État dont ils relèvent.

Art. 8. — Tous les produits et autres objets de commerce, dont l'importation ou l'exportation pourra légalement avoir lieu dans les États de l'une des hautes parties contractantes par navires nationaux, pourront également y être importés ou en être exportés librement par des navires de l'autre puissance.

Les marchandises importées dans les ports de l'une des hautes parties contractantes par des navires de l'autre pourront y être livrées à la consommation, au transit ou à la réexportation, ou enfin être mises en entrepôt au gré des propriétaires ou de leurs ayants cause. Elles ne paieront respectivement de plus forts droits de douane, ni d'autres de toute nature perçus au profit de l'État, des communes, des corporations locales, de particuliers ou d'établissements quelconques, que si elles étaient importées sous pavillon national.

Art. 9.—. Les marchandises de toute nature qui seront exportées des ports italiens par des navires français ou des ports français ou algériens par des navires italiens, pour quelque destination que ce soit, ne seront point assujetties à d'autres droits ni formalités de sortie que si elles étaient exportées par des navires nationaux et elles jouiront, sous l'un et l'autre pavillon, de toute restitution de droits et autres faveurs qui leur seront accordées dans les États respectifs.

Art. 10. — Les navires français et les navires italiens sont réciproquement autorisés à faire la navigation d'escale dans les ports des deux États aux mêmes conditions que les navires nationaux.

En conséquence, les navires français entrant dans un port italien et, réciproquement, les navires italiens entrant dans un port de France ou d'Algérie et qui n'y voudraient décharger qu'une partie de leur cargaison pourront, en se conformant aux lois et règlements des États respectifs, conserver à leur bord la partie de leur cargaison qui serait destinée à un autre port, soit du même pays, soit d'un autre, et la réexporter sans être astreints à payer, pour cette dernière partie de leur cargaison, aucun droit de douane, sauf celui de surveillance, lequel d'ailleurs ne pourra être perçu qu'au taux fixé par la navigation nationale, ni à payer des droits autres ou plus élevés que ceux qui seraient perçus, en pareil cas, sur les bâtiments nationaux.

Il est également entendu que ces mêmes navires pourront commencer leur chargement dans un port et le continuer dans un ou plusieurs autres ports de la même partie contractante ou l'y achever, sans être astreints à payer des droits autres que ceux auxquels sont soumis les bâtiments nationaux.

Art. 11. — La navigation de cabotage dans les deux pays sera respectivement réservée au pavillon national.

Art. 12. — Les pêcheurs italiens sur les côtes méditerranéennes de l'Italie seront maintenus en possession des facultés qui leur sont actuellement accordées pour l'exercice de leur industrie sous la protection des lois et règlements respectifs sur la pêche, y compris ce qui concerne la juridiction des prud'homies et autres corporations locales.

Les pêcheurs italiens continueront à être tenus au paiement des redevances actuellement perçues par les prud'homies locales ; toutefois, ces redevances ne pourront être augmentées pendant la durée de la présente convention.

Les pêcheurs français en Italie ne pourront, pendant la même durée, être soumis à de plus forts droits que ceux qui sont actuellement en vigueur.

Art. 13. — Les pêcheurs italiens en France et en Algérie, et les pêcheurs français en Italie ne seront point astreints à payer les droits des invalides de la marine et il est entendu qu'ils ne bénéficieront, en aucun cas, des avantages que la caisse des invalides assure aux pêcheurs nationaux.

La franchise douanière, dont les pêcheurs des deux États jouissent actuellement pour leurs provisions, les agrès de pêche et le corail brut provenant de leur pêche, sera maintenue.

Art. 14. — Les pêcheurs de corail italiens continueront d'être admis à exercer leur industrie sur les côtes de l'Algérie, moyennant le paiement annuel d'un droit de patente fixé à 12 fr. par tonneau de jauge. Les pêcheurs et leurs bateaux devront rester soumis aux lois qui régissent en Algérie la pêche et la police de la navigation.

Art. 15. — Les consuls, vice-consuls et agents consulaires des deux États continueront à exercer sur les équipages des bateaux de pêche de leur nation la juridiction qui leur est conférée par le droit maritime et la convention consulaire en vigueur entre les deux pays.

Les matelots de l'un des deux États ne pourront être embarqués sur les bateaux de pêche de l'autre, s'ils ne sont en mesure de prouver, par un certificat de l'autorité dont ils relèvent, qu'ils sont libres de tout engagement.

Art. 16. — Les bâtiments italiens dans les colonies et possessions françaises seront, sous tous les rapports, à leur entrée, pendant leur séjour, ainsi qu'à leur sortie, qu'ils soient chargés ou sur lest et sans distinction de provenance, traités comme les navires de la nation européenne la plus favorisée.

Art. 17. — Les paquebots chargés d'un service postal, appartenant soit à l'État, soit à des compagnies subventionnées par lui ne pourront être, dans les ports de l'autre partie contractante, détournés de leur destination, ni être sujets à saisie-arrêt, embargo ou arrêt de prince.

Art. 18. — La présente convention entrera en vigueur huit jours après l'échange des ratifications et restera exécutoire jusqu'au 1ᵉʳ février 1892. Toutefois, si l'une des hautes parties contractantes usait de la faculté résultant de l'article 18 du traité de commerce du 3 novembre 1881 entre la France et l'Italie pour faire cesser les effets dudit traité à partir du 1ᵉʳ janvier 1888, la présente convention prendrait fin à la même date.

S'il n'a pas été usé de cette faculté, la présente convention restera en vigueur jusqu'au 1ᵉʳ février 1892 et, au delà de cette période, elle demeurera obligatoire jusqu'à l'expiration d'une année à partir du jour où l'une ou l'autre des hautes parties contractantes l'aura dénoncée.

Art. 19. — La présente convention sera ratifiée et les ratifications en seront échangées à Rome aussitôt que faire se pourra.

En foi de quoi les plénipotentiaires l'ont signée et y ont apposé leurs cachets.

Fait à Rome, en double original, le trentième jour du mois d'avril de l'an mil huit cent quatre-vingt-six.

Signé : Albert Decrais.
Signé : Maurice Rouvier.
Signé : C. Robilant.
Signé : P. Boselli.

Questions diverses à étudier et renseignements à prendre dans les pays étrangers visités par les bâtiments de guerre.

1°. Renseignements militaires. — Des instructions particulières sont données à ce sujet aux commandants.

2° Agriculture. — Conditions de travail de l'Européen et de l'indigène ; ressources offertes à l'immigration ; considérations générales.

3° Industrie. — Manufactures en exercice pour chaque espèce de produit ; rendements probables et bénéfices réalisables ; machines nouvelles ; industries nouvelles ; mines ; ports.

4° Commerce. — Nomenclature et quantité des marchandises importées ou exportées par voie de terre ou de mer avec indication de la provenance, de la nationalité, des maisons expéditrices consignataires ou réceptionnaires ; prix courant de ces marchandises ; prix du transport. Navires entrés et sortis sur lest ; provenance, nationalité, tonnage, chargement ; prix du fret.

Appel à la concurrence.

Etablissements de crédit publics et privés ; mouvement des traites, du numéraire ; avances ou crédits accordés ; cours du change ; chambres de commerce.

Créations de maisons ou d'agences commerciales, etc.

Moyen d'amener une substitution des marchandises françaises aux marchandises étrangères d'importation.

Géographie physique, politique et économique.

Voir aussi au sujet de ces renseignements le chapitre VI (Des consulats et des consuls), titre : « Envoi de renseignements commerciaux ; questions susceptibles d'être étudiées dans les colonies étrangères. »

Principales stipulations d'un traité de paix, d'amitié et de commerce, conclu à Yeddo entre la France et le Japon, le 9 octobre 1858. (A titre de renseignement.)

DATE ET DURÉE DES TRAITÉS.

Promulgué par décret du 21 mars 1860.

Conclu sans limitation de durée, mais avec faculté, pour les parties contractantes, à partir du 15 août 1872 ou après cette époque, ayant prévenu une année d'avance, de demander la révision du traité pour y faire les modifications nécessaires.

Engagement d'échanger les ratifications dans l'année ; si cependant cet échange n'avait pas eu lieu avant le 15 août 1859 (il a eu lieu le 22 septembre), le traité n'en serait pas moins mis à exécution à dater de ce jour-là.

Les articles réglementaires de commerce sont considérés comme faisant partie intégrante du traité.

L'agent diplomatique français au Japon, de concert avec les fonctionnaires japonais désignés, pourra établir les règlements nécessaires pour l'exécution desdits articles.

NAVIGATION.

Ouverture au commerce et aux sujets français de plusieurs ports et villes.

Liberté pour tout bâtiment français arrivant devant l'un des ports ouverts de prendre un pilote pour entrer dans le port et même, lorsqu'il aura acquitté toutes les charges légales et sera prêt à partir, de prendre un pilote pour sortir du port.

Faculté pour tout négociant français ayant importé des marchandises dans l'un des ports ouverts et payé les droits, d'obtenir de la douane japonaise un certificat constatant ce paiement et d'exporter son chargement dans l'un des autres ports ouverts sans avoir à payer de droits additionnels.

COMMERCE.

Faculté pour les Français d'importer, dans tous les ports du Japon ouverts au commerce, de leur propre pays ou des ports étrangers et d'y vendre, d'y acheter et d'en exporter pour leurs propres ports ou pour ceux des autres pays, toutes marchandises qui ne seraient pas de contrebande en payant, sans autre charge, les droits du tarif annexé.

Liberté pour les Français d'acheter des Japonais et de leur vendre tous articles quelconques, sans l'intervention d'aucun employé japonais, à l'exception des munitions de guerre, qui ne pourront être vendues qu'au gouvernement japonais et aux étrangers.

Liberté pour les Japonais d'acheter, de vendre, garder et employer tout article vendu par des Français.

Exemption de toute taxe sur toutes marchandises importées dans les ports ouverts par des sujets français et ayant payé les droits, lesquelles marchandises pourront être transportées par des Japonais dans tout l'Empire.

Admission de toute monnaie étrangère au Japon, pour la valeur de son poids comparé à celui de la monnaie japonaise analogue, et libre usage, pour les sujets français et japonais, des monnaies japonaises ou étrangères dans tous les paiements.

Engagement, pour l'année qui suivra l'ouverture de chaque port, de fournir aux sujets français de la monnaie japonaise en échange, à poids égal et de même nature que celle qu'ils leur donneront, et sans prime.

Faculté d'exporter toute monnaie japonaise autre que de cuivre, ainsi que l'or et l'argent étrangers non monnayés.

Droit de préemption accordé à la douane japonaise, dans le cas où elle ne serait pas satisfaite de l'évaluation donnée par les négociants à leurs marchandises ; elle pourra offrir aux négociants de les acheter au prix qu'elle aura fixé ; en cas de refus de l'offre, les négociants payeront les droits proportionnels à cette estimation ; en cas d'acceptation, ils toucheront la valeur offerte sans escompte ni rabais.

Enfin, libre jouissance assurée au gouvernement français et à ses sujets de tous avantages qui ont été ou qui seraient accordés par le Japon aux gouvernements et aux sujets de toute autre nation.

Océanie

L'annexion des îles sous le vent.

Le 16 mars 1888, le gouverneur de Tahiti, M. Lacascade, adressait aux habitants des îles sous le vent une proclamation dont voici quelques passages : ·

Habitants des îles sous le Vent,

Il y a longtemps que nous connaissions les vœux que vous formiez pour votre réunion à la France ; mais, par le traité de 1847, elle ne pouvait, sans manquer à ses engagements, donner satisfaction à ce désir.

Aujourd'hui, ce traité n'existe plus : il a été abrogé d'un commun accord par les parties contractantes.

Je viens, dès lors, vous apporter le glorieux drapeau de la France, que, d'accord avec les membres de vos gouvernements, vous m'avez demandé d'arborer sur vos îles : il est le symbole de la liberté et de la civilisation telle que l'entend la grande République française, qui ne veut voir dans les hommes, à quelque race qu'ils appartiennent, que des frères.

. . . .

. . . .

Aimez donc la France, votre nouvelle patrie, et défendez son drapeau, à l'abri duquel vous êtes certains de toujours trouver sécurité et protection.

En même temps, le gouverneur lançait la proclamation suivante :

Nous, Gouverneur des établissements français de l'Océanie,

Vu la convention intervenue entre la France et l'Angleterre, à la date du 26 octobre dernier, et qui porte abrogation de la déclaration de 1847 relative aux îles sous le vent de Tahiti ;

Prenant en considération les demandes d'annexion qui nous ont été adressées par les populations de ces îles ;

Agissant, en outre, en vertu des ordres que nous avons reçus et des pouvoirs qui nous sont confiés ;

Proclamons :

Art. 1er. — Les îles Raiatea-Tabaa, Huahine et Bora-Bora, ainsi que toutes les dépendances, notamment Tubuai-Manu (dit

Maiao), Maupiti, Scilly, Mapihœa, Bellinghausen, sont, à l'avenir, placées sans partage ni réserve sous la souveraineté pleine et entière de la France.

Art. 2.— Le pavillon national de la France y sera seul arboré dès ce jour, en présence des autorités civiles et militaires qui nous accompagnent, des fonctionnaires indigènes et des troupes de terre et de mer, qui présenteront les armes au moment où le drapeau sera hissé.

Il sera salué de vingt et un coups de canon.

Art. 3. — Les anciens souverains de Raiatea-Tabaa, de Bora-Bora et de Huahine continueront à être traités avec tous les égards qui leur sont actuellement dus. Ils sont placés sous la haute tutelle de la France, qui leur assurera une situation honorable.

Art. 4. — Les chefs et sous-chefs de districts, les toohitu, les juges, les pasteurs et tous autres agents quelconques actuellement en exercice conserveront leurs fonctions, ainsi que les soldes qui y sont attachées.

Art. 5. — Il n'est rien changé présentement à l'administration municipale des districts ; les conseils élus continueront également à connaître des affaires du pays sous la présidence de notre délégué.

Art. 6. — La justice continuera à être rendue dans la même forme que par le passé à l'égard des indigènes.

Toutefois, les étrangers, Européens ou autres, ne relèveront à l'avenir que des tribunaux français.

Art. 7.— L'exercice de tous les cultes reconnus par les lois françaises est libre ; nul ne sera inquiété dans la pratique de sa religion.

Signé : Th. LACASCADE.

16 mars 1888.

Convention postale conclue entre la France et l'Italie, le 4 septembre 1860.

Art. 6. — Lorsque les paquebots employés par l'administration des postes de France ou par l'administration des postes sardes pour le transport des correspondances dans la Méditerranée seront des bâtiments nationaux propriété de l'État, ou des bâtiments frétés ou subventionnés par l'État, ils seront considérés et reçus comme vaisseaux de guerre, dans les ports des deux pays où ils aborderont régulièrement ou accidentellement, et ils y jouiront des mêmes honneurs et privilèges. Ces paquebots seront exempts, dans lesdits ports, tant à leur entrée qu'à leur sortie, de tous droits de tonnage, de navigation et de port, à moins qu'ils ne prennent ou ne débarquent des marchandises, auquel cas ils paieront ces droits sur le même pied que les bâtiments nationaux. Ils ne pourront, à aucun titre, être détournés de leur destination ni être sujets à saisie-arrêt, embargo ou arrêt de prince.

Art. 7. — Les paquebots des deux administrations pourront embarquer ou débarquer dans les ports des deux États où ils aborderont, soit régulièrement, soit accidentellement, des espèces et matières d'or ou d'argent ainsi que des passagers, de quelque nation qu'ils puissent être, avec leurs hardes ou effets personnels, sous la condition que les capitaines de ces paquebots se soumettront aux règlements sanitaires, de police et de douane de ces ports, concernant l'entrée et la sortie des voyageurs. Toutefois, les passagers admis sur ces paquebots *qui ne jugeraient pas à propos de descendre à terre pendant la relâche dans l'un des susdits ports ne pourront, sous aucun prétexte, être enlevés du bord ni assujettis à aucune perquisition, ni soumis à la formalité du visa de leurs passeports.* (Voir Ire Partie, incidents de l'*Aunis*, du *Calédonien* et de l'*Océanien*.)

Convention consulaire conclue, le 26 juillet 1862, entre la France et l'Italie.

Art. 5. — Les archives consulaires seront inviolables et les autorités locales ne pourront, sous aucun prétexte ni dans aucun cas, visiter ni saisir les papiers qui en feront partie. Ces papiers devront toujours être complètement séparés des livres ou papiers relatifs au commerce ou à l'industrie que pourraient exercer les consuls, vice-consuls ou agents consulaires respectifs.

Art. 12. — Les consuls généraux, consuls et vice-consuls ou agents consulaires pourront aller personnellement ou envoyer des délégués à bord des navires de leur nation, après qu'ils auront été admis en libre pratique ; interroger les capitaines et l'équipage ; examiner les papiers de bord ; recevoir les déclarations sur leur voyage, leur destination et les incidents de la traversée ; dresser les manifestes et faciliter l'expédition de leurs navires ; enfin les accompagner devant les tribunaux et dans les bureaux de l'administration du pays, pour leur servir d'interprètes et d'agents dans les affaires qu'ils auront à suivre ou les demandes qu'ils auraient à former. Il est convenu que les fonctionnaires de l'ordre judiciaire et les officiers et agents de la douane ne pourront, en aucun cas, opérer ni visites ni recherches à bord des navires, sans être accompagnés par le consul ou vice-consul de la nation à laquelle ces navires appartiennent. Ils devront également prévenir en temps opportun lesdits agents consulaires pour qu'ils assistent aux déclarations que les capitaines et les équipages auront à faire devant les tribunaux et dans les administrations locales, afin d'éviter ainsi toute erreur ou fausse interprétation, qui pourrait nuire à l'exacte administration de la justice. La citation qui sera adressée à cet effet aux consuls et vice-consuls indiquera une heure précise ; et, si les consuls et vice-consuls négligeaient de s'y rendre en personne ou de s'y faire représenter par un délégué, il sera procédé en leur absence.

Art. 13. — En tout ce qui concerne la police des ports, le chargement et le déchargement des navires et la sûreté des marchandises, biens et effets, on observera les lois, ordonnances et règlements du pays. Les consuls généraux, consuls et vice-consuls ou agents consulaires seront chargés *exclusivement du maintien de l'ordre intérieur à bord des navires marchands de leur nation ;* ils régleront eux-mêmes les contestations de toute nature qui seraient survenues entre le capitaine, les officiers du navire et les matelots, et spécialement celles relatives à la solde et à l'accomplissement des engagements réciproquement contractés. *Les autorités locales ne pourront intervenir* que lorsque les désordres survenus à bord des navires seraient de nature à troubler la tranquillité et l'ordre publics, à *terre ou dans le port,* ou quand une personne du pays ou ne faisant pas partie de l'équipage s'y trouvera mêlée. Dans tous les autres cas, les autorités précitées se borneront à prêter tout appui aux consuls et vice-consuls ou agents consulaires, si elles en sont requises par eux, pour faire arrêter et conduire en prison tout individu inscrit sur le rôle de l'équipage, chaque fois que, par un motif quelconque, lesdits agents le jugeront convenable. (Voir incident de l'*Aunis,* Ire Partie.)

Pavillons.

Art. 23. — *Service à bord.*

« Les navires de commerce portent le pavillon national à la
« poupe. Ceux qui, affrétés par l'État pour un service de guerre,
« sont commandés par des officiers de marine, portent au grand
« mât la flamme aux couleurs nationales. Sur les rades, et en l'ab-
« sence de tout bâtiment de l'État, le plus ancien des officiers de
« marine, commandant un navire de commerce, ou, à défaut, le plus
« ancien des capitaines des navires du commerce réunis au même
« mouillage peut arborer au mât de misaine un triangle bleu à
« queue blanche. »

Les navires de commerce sont subordonnés
aux navires de guerre.

Art. 113. — *Service à bord.*

« Le commandant d'un navire de guerre français a, hors des
« ports français, le droit de visite et de police sur tout navire de
« commerce, paquebot postal ou bâtiment de pêche français.

« Il prend connaissance des plaintes portées par les capitaines
« ou leurs équipages et fait rendre justice à qui de droit. En cas
« de délit maritime prévu par le décret-loi disciplinaire et pénal
« sur la marine marchande du 24 mars 1852, il défère le prévenu
« à un tribunal maritime commercial (Voir plus loin, *Tribunaux*
« *maritimes commerciaux*) ; en cas de faute de discipline, il statue
« conformément aux dispositions du même décret-loi.

« Lorsqu'un capitaine se rend coupable d'un acte répréhen-
« sible ne constituant pas un des délits prévus par le décret-loi, le
« commandant rend compte de la conduite de ce capitaine au Mi-
« nistre de la marine, qui statue.

« Sur les rades étrangères, le commandant exige que les capi-
« taines se conforment aux obligations que leur impose l'article
« 84 du susdit décret-loi, ainsi conçu : Tout capitaine, maître ou
« patron qui, à moins de légitimes motifs d'empêchement, s'abs-
« tient, à son arrivée sur une rade étrangère ou à son départ,
« de se rendre à bord du bâtiment de guerre français comman-
« dant la rade, sera puni d'une amende de 25 à 100 fr. à la-

« quelle il peut être joint un emprisonnement de six jours à un
« mois.

« En France, comme à l'étranger, le commandant peut mander
« les capitaines de commerce à son bord, s'il a à recevoir d'eux
« ou à leur faire quelque communication intéressant la police de la
« navigation ; s'ils refusent de se rendre à cette invitation, il
« provoque contre eux l'application de l'article 85 du décret-loi.

« S'il se trouve à bord d'un bâtiment de commerce une personne
« prévenue de crime, le commandant peut, lorsqu'il le juge néces-
« saire, faire détenir le prévenu à bord d'un bâtiment de l'État
« jusqu'à ce qu'une occasion se présente pour le rapatrier, afin
« qu'il soit traduit devant la juridiction compétente.

« Il peut également faire rechercher et débarquer tous marins
« dont la présence à bord n'a pas été légalement autorisée. »

Réquisitions.

ART. 135. — *Service à bord.*

« Le commandant d'un navire de guerre peut, en cas de né-
« cessité absolue, requérir des navires de commerce français,
« soit un service de remorque, soit des secours en hommes et en
« approvisionnements. Il peut avancer ou retarder momentané-
« ment leur départ, même s'il s'agit d'un paquebot postal ; mais
« il est tenu de justifier sans délai, envers le ministre de la ma-
« rine, de la nécessité qui l'a conduit à prendre ces mesures.

« Dans ce cas, il fait dresser, contradictoirement avec les ca-
« pitaines du commerce dont il a requis les services, un état indi-
« quant la nature et la durée des secours, l'espèce et la quantité
« des objets fournis et le temps dont il a avancé ou retardé leur
« départ ; il remet à ces capitaines des copies certifiées dudit état,
« destinées à régler ultérieurement l'indemnité qui pourrait être
« due. Il adresse, dans le plus bref délai, une expédition de cet
« état au Ministre de la marine.

« Il ne peut toutefois, dans aucune circonstance, requérir, pour
« les embarquer sur son bâtiment, des capitaines ou subrécargues
« de navires de commerce. »

Rapports des navires de guerre avec les consuls.

ART. 137. — *Service à bord.*

« Le commandant d'un navire de guerre se trouvant dans un
« port étranger doit s'adresser aux agents diplomatiques ou aux
« autorités consulaires de France, et, à défaut, aux autorités lo-
« cales, pour obtenir des informations sur tout ce qui peut inté-
« resser la mission dont il est chargé, et, en général, les services
« de l'État.

« Lorsque se produisent des événements politiques de nature à
« motiver l'intervention d'un ou plusieurs bâtiments, si le com-
« mandant n'a pas reçu à cet égard les instructions du Ministre
« de la marine, il se concerte avec les agents diplomatiques ou
« les autorités consulaires de France ayant qualité pour prendre
« l'initiative de cette démonstration.

« Si le commandant est empêché pour des raisons d'hygiène,
« de service ou autres, dont il est seul juge, de donner satisfac-
« tion aux demandes écrites et motivées que lui adressent les
« agents diplomatiques et les autorités consulaires de France, il
« informe par écrit l'agent qui en a fait la demande ainsi que le
« Ministre de la marine, des causes qui déterminent son absten-
« tion. » (Voir chapitre VI, Ire Partie.)

Participation des navires de guerre aux démonstrations publiques, en pays étranger.

Les navires de guerre de passage dans des eaux territoriales
étrangères s'associent aux démonstrations publiques dont ils ont
été avisés officiellement. Il en est de même pour les manifesta-
tions faites par les bâtiments de guerre d'une puissance tierce, à
l'occasion de certains anniversaires, à moins que ces cérémonies
soient de nature à froisser les sentiments nationaux du pays auquel ils appartiennent. Dans ce cas, on s'éloigne du port où on
observe une attitude passive.

Lorsque, en pays étrangers, il y a lieu de célébrer des fêtes ou
solennités françaises, les commandants doivent s'entendre avec
les fonctionnaires diplomatiques ou agents consulaires de France
pour informer l'autorité locale de leur intention de célébrer ces
fêtes ou solennités. Ils en font avertir directement, la veille, le

commandant supérieur de la rade où ils se trouvent, et, s'ils le jugent convenable, les commandants des forces navales étrangères qui sont au même mouillage.

Lorsque les commandants étrangers s'associent par des saluts et des pavois à ces fêtes ou solennités, le commandant français envoie un officier leur transmettre ses remerciements. Les saluts faits à ces occasions ne sont pas rendus.

On se conforme, dans la mesure du possible, pour ces cérémonies, aux usages reçus dans le pays où l'on se trouve, ou dans le pays dont une solennité est célébrée.

Si, à l'occasion des cérémonies publiques qui se célèbrent à terre, les commandants débarquent avec leur état-major, les questions de préséance entre les officiers français et étrangers sont réglées d'après le grade, et, à grade égal, d'après l'ancienneté.

Des tribunaux maritimes commerciaux.

Les tribunaux maritimes commerciaux ne sont appelés à connaître que des délits maritimes contre lesquels les tribunaux ordinaires sont impuissants.

Ces délits sont : 1° les fautes de discipline réitérées ; 2° la désobéissance accompagnée d'un refus formel d'obéir ; 3° la désobéissance avec injures ou menaces ; 4° les rixes ou voies de fait entre les hommes de l'équipage lorsqu'elles ne donnent pas lieu à une maladie ou à une incapacité de travail de plus de 30 jours ; 5° l'ivresse avec désordre ; 6° l'emploi sans autorisation d'une embarcation du navire ; 7° la dégradation d'objets à l'usage du bord ; 8° l'altération de vivres ou de marchandises par le mélange de substances non malfaisantes ; 9° le détournement ou le gaspillage des vivres ou des liquides à l'usage du bord ; 10° l'embarquement clandestin d'armes à feu, d'armes blanches, de poudre à tirer, de matières inflammables ou de liqueurs spiritueuses ; 11° le vol commis par un officier-marinier, un matelot, un novice ou un mousse, quand la valeur de l'objet n'excède pas dix francs, et qu'il n'y a pas eu effraction ; 12° la désertion ; 13° les voies de fait contre un supérieur, lorsqu'elles ne donnent pas lieu à une maladie ou à une incapacité de travail de plus de 30 jours ; 14° la rébellion envers le capitaine ou l'officier commandant le quart, lorsqu'elle a lieu en réunion d'un nombre quelconque de personnes, sans excéder le tiers des hommes de l'équipage, y compris les officiers.

Le tribunal maritime commercial se compose toujours de cinq membres ; il n'est pas permanent. Il est composé suivant qu'il fonctionne à bord d'un bâtiment de guerre ou à terre.

Sur un bâtiment de guerre, il est composé ainsi qu'il suit :

1. Le commandant du bâtiment, *président ;*

Juges.
2. L'officier de vaisseau le plus élevé en grade après le second, ou, à défaut, le second lui-même.
3. Le plus âgé des capitaines
4. Le plus âgé des officiers
5. Le plus âgé des maîtres d'équipage
des navires de commerce présents sur les lieux.

Le dispositif des jugements doit relater, en termes formels, que le capitaine, l'officier et le maître d'équipage appelés à siéger au tribunal sont les plus âgés parmi ceux qui sont présents sur les lieux.

Dans le cas où il n'y aurait sur les lieux que le navire de commerce à bord duquel se trouve l'inculpé, la composition du tribunal est modifiée comme il suit :

1. Le commandant du bâtiment de guerre, *président ;*
2 et 3. Les deux plus anciens officiers de marine après le commandant ;
4. Le plus ancien second maître ;
5. Un officier ou un matelot du navire où le délit a été commis.

Le tribunal se réunit sur la convocation du commandant de la rade. Le rapporteur est pris parmi les membres du tribunal et désigné par le président. Les fonctions de greffier sont remplies par l'officier d'administration.

Un tribunal de cette espèce ne peut se réunir à bord d'un navire de guerre que si sa composition est conforme aux prescriptions des articles 12 et 13 du décret-loi sur la marine marchande du 24 mars 1852 et si l'armement comporte un officier d'administration.

TRAITÉ DE GARANTIE

*Traité entre l'Autriche, la France et la Grande-Bretagne
pour garantir l'indépendance et l'intégrité de l'Empire Ottoman.*

Art. 1ᵉʳ. — Les hautes parties contractantes garantissent conjointement et séparément l'indépendance et l'intégrité de l'Empire Ottoman, consignées dans le traité conclu à Paris le 30 mars 1856.

Art. 2. — Toute infraction aux stipulations dudit traité sera considérée par les puissances signataires du présent traité comme un *casus belli*. Elles s'entendront avec la Sublime-Porte pour les mesures qui seront devenues nécessaires, et régleront entre elles, sans délai, l'emploi à faire de leurs forces militaires et navales.

Art. 3. — Le présent traité sera ratifié, et les ratifications seront échangées dans la quinzaine, ou plus tôt, s'il est possible.

En foi de quoi les plénipotentiaires respectifs ont signé ledit traité et y ont apposé le sceau de leurs armes.

Fait à Paris, le 15e jour d'avril, en l'an 1856.

(Suivent les signatures.)

Nota. Les ratifications de ce traité ont été échangées le 29 avril.

Règles internationales établies pour prévenir les abordages.

(Du 1er septembre 1884.)

Art. 1er. — *Déductions : Navires à voiles. Navires à vapeur.*

A dater du 1er septembre 1884, les bâtiments de la marine nationale, ainsi que les navires du commerce, seront assujettis aux prescriptions ci-après, qui ont pour objet de prévenir les abordages.

Dans les règles qui suivent, tout navire à vapeur qui ne marche qu'à l'aide de ses voiles est considéré comme bâtiment à voiles, tout navire à vapeur dont la machine est en action est considéré comme navire à vapeur, qu'il se serve de ses voiles ou qu'il ne s'en serve pas.

Règles concernant les feux.

Art. 2. — *Feux.*

Les feux mentionnés dans les articles suivants, numérotés 3, 4 ,5, 6, 7, 8, 9, 10 et 11 doivent être tenus allumés par tous les temps, depuis le coucher du soleil jusqu'à son lever.

Aucun autre feu ne devra paraître à l'extérieur du navire.

Art. 3. — *Feux que doivent avoir les bâtiments à vapeur.*

Tout navire à vapeur de mer, quand il est en marche, doit
porter :

(A) Sur le mât de misaine ou en avant du mât de misaine, à
une hauteur d'au moins 6 mètres au-dessus du plat-bord, et si la
largeur du navire est de plus de 6 mètres, à une hauteur au-dessus du plat-bord au moins égale à la largeur du navire, un feu
blanc brillant placé de manière à fournir une lumière uniforme et
sans interruption sur tout le parcours d'un arc horizontal de vingt
quarts ou rumbs de vent.

Il devra être fixé de telle sorte que la lumière se projette de
chaque côté du navire depuis l'avant jusqu'à deux quarts de l'arrière du travers. La portée de ce feu devra être assez grande pour
qu'il soit visible à cinq milles de distance par une nuit noire, mais
atmosphère pure.

(B) A tribord, un feu vert établi de manière à projeter une lumière uniforme et sans interruption sur tout le parcours d'un arc
horizontal de dix quarts de compas, compris entre l'avant du navire et deux quarts de l'arrière du travers à tribord ; il doit avoir
une portée telle qu'il soit visible à au moins deux milles de distance
par une nuit noire, mais atmosphère pure.

(C) A bâbord, un feu rouge établi de manière à projeter une
lumière uniforme et sans interruption sur tout le parcours d'un
arc horizontal de dix quarts de compas, compris entre l'avant du
navire et deux quarts de l'arrière du travers à bâbord ; il doit
avoir une portée telle qu'il soit visible au moins à deux milles de
distance par une nuit noire, mais atmosphère pure.

(D) Ces feux de côté vert et rouge doivent être pourvus, du
côté du navire par rapport à eux, d'écrans se projetant en avant
d'au moins 91 centimètres, de telle sorte que leur lumière ne
puisse pas être aperçue de tribord devant pour le feu rouge et de
bâbord devant pour le feu vert.

Art. 4. — *Feux des navires à vapeur remorquant.*

Tout navire à vapeur qui remorque un autre bâtiment doit porter, outre ses feux de côté, deux feux blancs brillants, placés
verticalement à 91 centimètres de distance au moins l'un au-dessus de l'autre, afin de le distinguer des autres bâtiments à vapeur.
Chacun de ces feux doit être du même genre et installé de la
même manière que le feu blanc brillant porté au mât de misaine
par les autres navires à vapeur.

Art. 5. — *Signaux de jour et de nuit à bord des navires
qui ne sont pas maîtres de leur manœuvre.*

(A) Tout navire à voiles ou à vapeur qui, par une cause accidentelle, n'est pas libre de ses mouvements doit, si c'est pendant
la nuit, mettre à la place assignée au feu blanc brillant que les
bâtiments à vapeur sont tenus d'avoir en avant du mât de misaine,
trois feux rouges placés dans des lanternes sphériques d'au moins
25 centimètres de diamètre et disposées verticalement à une distance l'une de l'autre d'au moins 91 centimètres ; ils doivent
avoir une telle portée qu'ils soient visibles à au moins deux milles de
distance par une nuit noire, mais atmosphère pure ; si c'est le
jour, il doit porter en avant de la tête du mât de misaine, et pas
plus bas que cette tête de mât, trois boules noires de 61 centimètres de diamètre chacune, placées verticalement, l'une au-dessous de l'autre, à une distance d'au moins 91 centimètres.

(B) Tout navire à voiles ou à vapeur employé soit à poser,
soit à relever un cable télégraphique, doit, si c'est pendant la
nuit, mettre, à la place assignée au feu blanc brillant que les bâtiments à vapeur sont tenus d'avoir en avant du mât de misaine,
trois feux placés dans des lanternes sphériques d'au moins 25 centimètres de diamètre et disposées verticalement à une distance
l'une de l'autre d'au moins 1^m,82 ; le feu supérieur et le feu inférieur devront être rouges et celui du milieu devra être blanc et
les feux rouges devront avoir la même portée que le feu blanc. Si
c'est le jour, il doit porter en avant de la tête du mât de misaine
et pas plus bas que cette tête de mât, trois boules de 61 centimètres de diamètre au moins chacune, placées verticalement l'une
au-dessous de l'autre à une distance d'au moins 1^m,82 ; la boule
supérieure et la boule inférieure devront être de forme sphérique et de couleur rouge et celle du milieu devra être de la
forme d'un diamant (deux cônes réunis par la base) et de couleur
blanche.

(C) Les navires cités dans cet article ne doivent pas avoir les
feux de côté allumés lorsqu'ils n'ont aucun sillage ; ils doivent au
contraire les tenir allumés s'ils sont en marche, soit à la voile,
soit à la vapeur.

(D) Les lanternes et les boules que cet article oblige à montrer
servent à avertir les autres navires que celui qui les montre n'est
pas manœuvrable et, par suite, ne peut se garer. Les signaux que
doivent faire les bâtiments en détresse et demandant du secours
sont spécifiés dans l'article 27.

ART. 6. — *Feux des navires à voiles.*

Tout navire à voiles qui fait route ou qui est remorqué, doit
porter les feux indiqués par l'article 3 pour un bâtiment à vapeur
en marche, à l'exception du feu blanc, qu'il ne doit avoir en aucun cas.

ART. 7. — *Feux exceptionnels pour les petits navires à voiles.*

Toutes les fois que les feux de côté rouge et vert ne pourront
pas être fixés à leur poste, comme cela a lieu à bord des petits
navires pendant le mauvais temps, on devra tenir ces feux sur le
pont, à leurs côtés respectifs du bâtiment, allumés et prêts à être
montrés. Si l'on approche d'un autre bâtiment ou si l'on en est
approché, on doit montrer ces feux à leurs bords respectifs en
temps utile pour empêcher l'abordage, les placer de manière qu'ils
soient le plus visibles possible et de telle sorte que le feu vert ne
puisse pas s'apercevoir de bâbord ni le feu rouge de tribord.

Afin de rendre plus facile et plus sûr l'emploi de ces feux por-
tatifs, les lanternes doivent être peintes extérieurement de la
couleur du feu qu'elles contiennent et munies d'écrans conve-
nables.

ART. 8. — *Feux pour les navires au mouillage.*

Tout navire, soit à voiles, soit à vapeur, doit, lorsqu'il est au
mouillage, avoir un feu blanc dans une lanterne sphérique d'au
moins 20 centimètres de diamètre, placé le plus en vue possible à
une hauteur au-dessus du plat-bord qui n'excède pas 6 mètres ;
ce feu doit montrer une lumière claire, uniforme, sans interruption et visible tout autour de l'horizon, à une distance d'au moins
un mille.

ART. 9. — *Feux pour les bateaux-pilotes.*

Les bateaux-pilotes, quand ils sont sur leur station de pilotage
pour leur service, ne doivent pas porter les mêmes feux que les
autres navires ; ils doivent avoir à la tête du mât un feu blanc visible tout autour de l'horizon ; ils doivent également montrer à de
courts intervalles, ne dépassant jamais quinze minutes, un ou
plusieurs feux intermittents.

Quand un bateau-pilote n'est pas dans sa zone et occupé au service du pilotage, il doit porter les mêmes feux que les autres navires.

ART. 10. — *Feux pour les bateaux de pêche avec ou sans filets à la traîne et pour les bateaux non pontés.*

Les embarcations non pontées et les bateaux de pêche de moins de 20 tonneaux (jauge nette) étant en marche, sans avoir leurs filets, chaluts, dragues ou lignes à l'eau, ne seront pas obligés de porter les feux de couleur de côté ; mais, dans ce cas, chaque bateau devra, en leur lieu et place, avoir prêt sous la main un fanal muni sur l'un des côtés d'un verre vert et sur l'autre d'un verre rouge ; et s'il s'approche d'un navire ou s'il en voit approcher un, il devra montrer ce fanal assez à temps pour prévenir un abordage, et de manière que le feu vert ne soit pas vu sur le côté de bâbord, ni le feu rouge sur le côté de tribord.

(La partie suivante de cet article s'applique seulement aux bateaux et embarcations de pêche, au large de la côte d'Europe, dans le nord du cap Finistère.)

(A) Tous les bateaux et toutes les embarcations de pêche de 20 tonneaux (jauge nette) et au-dessus, lorsqu'ils sont en marche et ne se trouvent pas dans l'un des cas où ils ont à montrer les feux désignés par les prescriptions suivantes de cet article, doivent porter et montrer les mêmes feux que les autres bâtiments en marche.

(B) Tous les bateaux qui seront en pêche avec des filets flottants ou dérivants devront montrer deux feux blancs placés de manière qu'ils soient le plus visibles possible. Ces feux seront disposés de façon que leur écartement vertical soit de 1^m,80 au moins et de 3 mètres au plus ; et de manière aussi que leur écartement horizontal, mesuré dans le sens de la quille du navire, soit de 1^m,50 au moins et de 3 mètres au plus. Le feu inférieur devra être plus sur l'avant et les deux feux devront être placés de telle sorte qu'ils puissent être aperçus de tous les points de l'horizon, par une nuit noire, avec atmosphère pure, à une distance de trois mille au moins.

(C) Un bateau pêchant à la ligne et ayant ses lignes dehors *devra porter les mêmes feux qu'un bateau en pêche avec des filets flottants ou dérivants.*

(D) Si un bateau en pêche devient stationnaire par suite d'un engagement de son appareil de pêche dans un rocher ou tout autre obstacle, il devra montrer le feu blanc et faire le signal de brume d'un bâtiment au mouillage.

(E) Les bateaux de pêche et les embarcations non pontées peuvent, en toute circonstance, faire usage d'un feu intermittent (c'est-à-dire alternativement montré et caché), en plus des autres feux exigés par cet article. Tous les feux intermittents montrés par un bateau qui chalute, drague ou pêche avec un filet à drague quelconque, devront être montrés de l'arrière du bateau.

Toutefois, si le bateau est tenu à l'arrière par son chalut, à sa drague ou à son filet à drague, le feu intermittent devra être montré de l'avant.

(F) Chaque bateau de pêche ou embarcation non pontée étant à l'ancre, entre le coucher et le lever du soleil, devra montrer un feu blanc visible tout autour de l'horizon, à une distance d'un mille au moins.

(G) Par temps de brume, un bateau en pêche avec des filets flottants ou dérivants et attaché à ses filets, un bateau chalutant, draguant ou pêchant avec des filets à drague quelconque, un bateau pêchant à la ligne et ayant ses lignes dehors, devra, à intervalles de deux minutes au plus, sonner alternativement du cornet de brume et de la cloche.

ART. 11. — *Tout navire rattrapé doit montrer un feu.*

Un navire qui est rattrapé par un autre bâtiment doit montrer au-dessus de sa poupe un feu blanc ou un feu intermittent destiné à avertir le navire qui approche.

Signaux phoniques par temps de brume, brouillard, etc.

ART. 12. — *Signaux phoniques de brume, de brouillard ou de neige.*

Tout navire à vapeur doit être pourvu :

1° D'un sifflet à vapeur ou de tout autre système efficace de sons au moyen de la vapeur, placé de manière que le son ne soit gêné par aucun obstacle ;

2° D'un cornet de brume d'une sonorité suffisante et qu'on puisse faire entendre au moyen d'un soufflet ou de tout autre instrument ;

3° D'une cloche assez puissante [1].

---

1. Dans tous les cas où ce règlement prescrit l'emploi d'une cloche, un tambour sera substitué à cet instrument à bord des navires ottomans.

Tout navire à voiles doit être pourvu d'un cornet et d'une cloche analogues.

En temps de brume, de brouillard ou de neige, soit de nuit, soit de jour, les avertissements indiqués ci-dessous seront employés par les bâtiments.

(A) Tout navire à vapeur, lorsqu'il est en marche, doit faire entendre un coup prolongé de son sifflet à vapeur ou de tout autre mécanisme à vapeur à des intervalles qui ne doivent pas excéder deux minutes.

(B) Tout navire à voiles, lorsqu'il est en marche, doit faire les signaux suivants, avec son cornet, à des intervalles de deux minutes au plus : un coup lorsqu'il est tribord amures ; deux coups l'un après l'autre quand il est bâbord amures ; trois coups l'un après l'autre quand il a le vent de l'arrière du travers.

(C) Tout navire à voiles ou à vapeur qui ne fait pas route, doit sonner la cloche à des intervalles qui n'excèdent pas deux minutes.

ART. 13. — *La vitesse des bâtiments doit être modérée lorsqu'il y a brume, brouillard ou neige.*

Tout navire, soit à voiles, soit à vapeur, ne doit aller qu'à une vitesse modérée pendant les temps de brouillard, de brume ou de neige.

Règles relatives à la route et à la manière de gouverner.

ART. 14. — *Entre deux navires à voiles.*

Quand deux navires à voiles font des routes qui les rapprochent l'un de l'autre, de manière à faire courir le risque d'abordage, l'un des deux s'écartera de la route de l'autre, d'après les règles suivantes :

(A) Le navire qui court largue doit s'écarter de la route de celui qui est au plus près ;

(B) Le navire qui est au plus près bâbord amures doit s'écarter de la route de celui qui est au plus près tribord amures ;

(C) Si les deux navires courent largue, mais avec les amures de bords différents, le bâtiment qui a le vent par bâbord s'écarte de la route de celui qui le reçoit par tribord ;

(D) Si les deux navires courent largue ayant tous deux le vent du même bord, celui qui est au vent doit s'écarter de la route de celui qui est sous le vent;

(E) Le bâtiment qui est vent arrière doit s'écarter de la route de l'autre navire.

ART. 15. — Entre deux navires à vapeur.

Si deux navires marchant à la vapeur courent l'un sur l'autre en faisant des routes directement opposées ou à très peu près, de manière à faire craindre un abordage, chacun d'eux devra venir sur tribord afin de laisser l'autre navire passer à bâbord.

Cet article s'applique uniquement au cas où les bâtiments ont le cap l'un sur l'autre en suivant des rumbs de vent tout à fait ou presque tout à fait opposés, de telle sorte que l'abordage soit à craindre. Il ne s'applique pas à des navires qui, s'ils continuent leur route, se croiseront certainement sans se toucher.

Les seuls cas que vise cet article sont ceux dans lesquels chacun des deux bâtiments a le cap sur l'autre, les deux plans longitudinaux étant complètement ou à très peu près sur le prolongement l'un de l'autre; en d'autres termes, les cas dans lesquels, pendant le jour, chaque bâtiment voit les mâts de l'autre navire l'un par l'autre ou à très peu près, et tout à fait ou à très peu près dans le prolongement de son cap; et, pendant la nuit, le cas où chaque bâtiment est placé de manière à voir à la fois les deux feux de côté de l'autre.

Il ne s'applique pas au cas où, pendant le jour, un bâtiment en aperçoit un autre droit devant lui et coupant sa route; ni au cas où, pendant la nuit, chaque bâtiment présentant son feu rouge, voit le feu de même couleur de l'autre navire; où chaque bâtiment présentant son feu vert, voit le feu de même couleur de l'autre navire; ni aux cas où un bâtiment aperçoit droit devant lui un feu rouge sans voir de feu vert, ou aperçoit droit devant lui un feu vert sans voir de feu rouge; enfin, ni au cas où un bâtiment aperçoit à la fois un feu vert et un feu rouge dans toute autre direction que droit devant ou à peu près.

ART. 16. — Entre deux navires à vapeur se croisant.

Lorsque deux navires, marchant à la vapeur, font des routes qui se croisent de manière à faire craindre un abordage, le bâtiment qui voit l'autre par tribord doit s'écarter de la route de cet autre navire.

Art. 17. — *Entre un navire à voiles et un navire à vapeur :*

Si deux navires, l'un à voiles et l'autre à vapeur, courent de manière à risquer de se rencontrer, le navire sous vapeur doit s'écarter de la route de celui qui est à voiles.

Art. 18. — *Diminuer de vitesse, stopper et même marcher en arrière.*

Tout navire à vapeur qui en approche un autre au point de faire craindre un abordage doit diminuer de vitesse ou stopper et même marcher en arrière si cela est nécessaire.

Art. 19. — *Signaux phoniques facultatifs.*

En changeant sa route, conformément à l'autorisation ou aux prescriptions de ce règlement, un bâtiment à vapeur qui est en marche peut indiquer ce changement à tout autre navire en vue, au moyen des avertissements suivants donnés avec le sifflet à vapeur :

Un coup bref pour dire : Je viens sur tribord ;

Deux coups brefs pour dire : Je viens sur bâbord ;

Trois coups brefs pour dire : Je vais en arrière à toute vitesse.

L'emploi de ces avertissements est facultatif ; mais, si l'on s'en sert, il faut que les mouvements du navire soient d'accord avec la signification des coups de sifflet.

Art. 20. — *Navires en gagnant d'autres.*

Quelles que soient les prescriptions des articles qui précèdent, tout bâtiment à vapeur ou à voiles qui en rattrape un autre doit s'écarter de la route de celui-ci.

Art. 21. — *Navires à vapeur dans les passes.*

Dans les passes étroites, tout navire à vapeur doit, quand la recommandation est d'une exécution possible et sans danger pour lui, prendre la droite du chenal.

Art. 22. — *Interprétations.*

Quand, d'après les règles tracées ci-dessus, l'un des navires doit changer sa route, l'autre bâtiment doit continuer la sienne.

Art. 23. — *Circonstances exceptionnelles.*

En suivant et interprétant les prescriptions qui précèdent, on doit tenir compte de tous les dangers de la navigation, ainsi que des circonstances particulières qui peuvent forcer de s'écarter de ces règles pour éviter un danger immédiat.

Art. 24. — *Dans aucun cas un navire ne doit négliger les précautions commandées par l'expérience et les circonstances.*

Rien de ce qui est recommandé ici ne peut exonérer un navire, ou son propriétaire, ou son capitaine, ou son équipage, des conséquences d'une négligence quelconque, soit au sujet des feux ou signaux, soit de la part des hommes de veille, soit enfin au sujet de toute précaution que commandent l'expérience ordinaire du marin et les circonstances particulières dans lesquelles le bâtiment se trouve.

Art. 25. — *Réserve des règlements des ports.*

Rien dans ces règles ne doit entraver l'application des règles spéciales dûment édictées par l'autorité locale, relativement à la navigation dans une rade, dans une rivière, ou enfin dans une étendue d'eau intérieure quelconque.

Art. 26. — *Feux spéciaux pour les bâtiments de guerre naviguant ensemble ou pour les convois.*

Ces règles ne doivent en rien gêner la mise à exécution de toute prescription spéciale faite par un gouvernement quelconque quant à un plus grand nombre de feux de position ou de signaux à mettre à bord des bâtiments de guerre au nombre de deux ou davantage, ainsi qu'à bord des bâtiments à voiles naviguant en convoi.

Art. 27.

Lorsqu'un bâtiment est en détresse et demande des secours à d'autres navires ou à la terre, il doit faire usage des signaux suivants, ensemble ou séparément, savoir :

Pendant le jour :

1° Coups de canon tirés à intervalles d'une minute environ ;
2° Le signal de détresse du Code international indiqué par N. C.;

3° Le signal de grande distance, consistant en un pavillon carré ayant, au-dessus ou au-dessous, une boule ou quelque chose ressemblant à une boule.

Pendant la nuit :

1° Coups de canon tirés à intervalles d'une minute environ ;

2° Flammes sur le navire, telles qu'on peut les produire au moyen d'un baril à goudron ou à huile en combustion, etc.;

3° Bombes ou fusées, de quelque genre ou couleur que ce soit, lancées une à une, à de courts intervalles.

Fait à Mont-sous-Vaudrey, le 1ᵉʳ septembre 1884.

Signé : Jules GRÉVY.

Par le Président de la République :

Le Vice-Amiral,

Ministre de la Marine et des Colonies,

Signé : A. PEYRON.

PRINCIPAUX AUTEURS CITÉS ET CONSULTÉS

Bluntschli. — Le Droit international codifié.

P. Chevrey-Rameau. — Répertoire diplomatique et consulaire.

Calvo. — Le Droit international théorique et pratique.

Cauchy. — Le Droit maritime international, considéré dans ses origines et dans ses rapports avec les progrès de la civilisation.

Comte de Garden. — Code diplomatique de l'Europe.

Desjardins. — Le Congrès de Paris (1856) et la jurisprudence internationale.

De Martens. — Le Guide diplomatique.

Gessner. — Le Droit des neutres sur mer.

Grotius. — *De Jure belli ac pacis.*

Guelle (J.). — Précis des lois de la guerre.

Hautefeuille. — Droits et devoirs des nations neutres en temps de guerre maritime.

Hubner. — De la Saisie des bâtiments neutres.

Heffter. — Le Droit international de l'Europe.

Kant. — Métaphysique du droit.

Kamarowsky (Comte de). — Le Tribunal international.

Le Guidon de la mer.

Lorimer. — Principes de droit international.

Milovanowitch. — Les Traités de garantie au xixe siècle.

Moissoni. — Consulat de la mer.

Montesquieu. — L'Esprit des Lois.

Ortolan. — Règles internationales et diplomatie de la mer.

Phillimore. — Commentaires sur le droit international.

Pradier-Fodéré. — Cours de droit diplomatique; Traité de droit international public européen et américain.

Pérels. — Manuel de droit maritime international.

Valin. — Commentaire sur l'ordonnance de la marine du mois d'août 1681.

Vattel. — Le Droit des gens ou Principes de la loi naturelle appliquée à la conduite et aux affaires des nations et des souverains.

Vassili. — Études sur la Société de Berlin.

Wheaton. — Éléments du droit international.

TABLE DES MATIÈRES

Iʳᵉ PARTIE

ÉTAT DE PAIX

CHAPITRE Iᵉʳ.

CHAPITRE II.

CHAPITRE III.

CHAPITRE IV.

CHAPITRE V.

CHAPITRE VI.

IIᵉ PARTIE

ÉTAT DE GUERRE

CHAPITRE VII.

CHAPITRE VIII.

CHAPITRE IX.

CHAPITRE X.

CHAPITRE XI.

CHAPITRE XII.

Pages.

CHAPITRE XIII.

IIIe PARTIE

DIPLOMATIE ET NÉGOCIATIONS

CHAPITRE XIV.

CHAPITRE XV.

Pages.

IVᵉ PARTIE

ANNEXES

TABLE

ALPHABÉTIQUE ET MÉTHODIQUE DES MATIÈRES

D

S

T

Nancy. — Imprimerie Berger-Levrault et Cⁱᵉ.